云南文化史丛书

编辑委员会

云 南 文 化 史 丛 书

范建华 主编

爨文化史

范建华 著

GUANGXI NORMAL UNIVERSITY PRESS

广西师范大学出版社

·桂林·

CUAN WENHUASHI

图书在版编目（CIP）数据

爨文化史 / 范建华著. —桂林：广西师范大学
出版社，2019.4（2021.6 重印）
（云南文化史丛书 / 范建华主编）
ISBN 978-7-5598-1746-4

Ⅰ. ①爨… Ⅱ. ①范… Ⅲ. ①文化史－云南
Ⅳ. ①K297.4

中国版本图书馆 CIP 数据核字（2019）第 071037 号

广西师范大学出版社出版发行

（ 广西桂林市五里店路 9 号　邮政编码：541004 ）

　网址：http://www.bbtpress.com
出版人：黄轩庄
全国新华书店经销
广西广大印务有限责任公司印刷
（桂林市临桂区秧塘工业园西城大道北侧广西师范大学出版社集团
有限公司创意产业园内　邮政编码：541199）
开本：787 mm×1 092 mm　1/16
印张：20.25　字数：297 千字
2019 年 4 月第 1 版　　2021 年 6 月第 2 次印刷
定价：128.00 元

如发现印装质量问题，影响阅读，请与出版社发行部门联系调换。

目 录

总　论

　　云南，人类的故乡之一。在滇中、滇东、滇南、滇西都发现了大量旧石器、新石器时代的文化遗址，其中尤以元谋人的发现最为突出，但由于特殊的地理环境与复杂的历史原因，古人类被湮没了。到了文明时代，云南的历史发展较之中原为缓。不过，在这块神奇土地上，先民们的发展进程在时间上虽属滞后，但在文化内涵上却形成了独特风格，在中国灿烂的文化史上散发出了夺目的光彩。

　　云南复杂的地理环境和众多的文化源流，形成了多区域、多文化、多中心的发展格局：以滇池区域为中心的古滇文化，是云南青铜文明高度发达的集中体现；稍后崛起于盘江流域的爨文化，则是云南中古时期文明的代表；继之而起在洱海区域形成并得到高度发展的南诏、大理文化，具有鲜明的地方民族特色；元、明以后，汉族大量涌入云南，汉文化在交通沿线和相对发达的坝区逐渐取代当地文化而成为主导文化，这才使云南的本土文化与中原文化趋近归流而处于后进发展的时代。

　　因而，研究云南的历史，不能简单地称其为中国历史的重要组成部分，而应深刻认识到，云南历史在祖国历史整体发展的前提下，遵循自身发展的轨迹，形成了极为独特的文化内蕴。划分云南历史的不同阶段，不能机械地按中原历史分期法，只能以云南自身发展过程中形成的不同阶段、不同特点的文化类型来界定。大体说起来，云南的历史文化主体可分为史前文化时期（远古至春秋）、古滇文化时期（春秋至东汉）、爨文化时期（三国至唐中叶）、南诏大理文化时期（唐中叶至元初）、汉文化主流时期（元初至今）五个阶段。爨文化时期在云南两千年文化发展史上占有十分重要的地位。下面就各个时期云南文化的主流作一分述。

一、史前时期（远古至春秋）

（一）远古人类与旧石器时代文化遗址

开远森林古猿化石　森林古猿是现代猿类和人类的共同祖先——始祖猿。1956 年 2 月，在开远小龙潭西北第三纪煤系地层中发现一批牙齿化石，经鉴定为森林古猿牙齿。这是我国境内第一次发现古猿化石。此后，又在这里发现了 5 颗森林古猿牙齿化石。这些森林古猿化石的发现，为我国古人类研究提供了有力证据。

禄丰腊玛古猿化石　腊玛古猿生活在距今 1400 万年—200 万年前，被古人类学家认为是距今 2000 万年前的森林石猿与距今 100 万年前的猿人之间的过渡型猿类。1980 年，在禄丰县发现了 3 个比较完整的头骨化石，这是目前世界上发现的唯一的腊玛古猿头骨化石，距今约 800 万年。据研究，禄丰腊玛古猿被认为是已知所有腊玛古猿中最接近人类的种群。

元谋人　1965 年，在元谋上那蚌村附近发现了 2 颗古人类的牙齿化石，经鉴定，为一成年男性个体的左、右上内侧门齿，距今约 170 万年。专家认为，元谋人基本上属直立人类型，不同于猿类和智人。与北京人相比，其门齿稍大而粗糙，也呈铲形结构，形态与北京人相似而更显原始性。1973 年以来，在元谋人牙齿化石出土地又出土了打制石器和石片 7 件，在同一地点表层地面采集到打制石器 10 件，内有刮削器和三角尖状器。元谋人是我国目前所发现的最早的早期直立人之一，属于旧石器时代初期文化类型。

西畴人　1965 年，在西畴县仙人洞洞穴遗址中首次发现古人类牙齿化石，1972 年又发掘出土 5 枚牙齿化石。这 5 枚牙齿化石属于两个以上个体，从形态特征和测量数据看，都接近现代人。与牙齿化石一起出土的动物化石有鼠、虎、象、马、牛等 32 种，从地层和共存物可知，其年代大约距今 20 万年—10 万年的更新世晚期。

丽江人　1960 年，在丽江县木家桥发现了 3 根古人类股骨化石。1975 年又在同一地点发现了一件完整的古人类头骨化石，为一少年女性。这件头骨与现代人十分接近，从额面上部扁平程度和最小额宽，可知其具有显著的蒙古利亚人种的特征。与化石共同出土的还有一件鹿角器，其两面都有钻孔痕迹，但未钻透。并在同一地层中发现 6 件打制石器。根据出土地层，可以确定丽江人生活的年代大约为 5 万年—1 万年以前，属于旧石器时代晚期。

路南旧石器文化采集点　1961 年 1 月，古脊椎动物与古人类研究所在路南巴盘江两岸 7 个点的地面采集到 100 多件石片和石器。这些石片和石器大部分为打制而成，石片打击点集中，半锥体突出，系石锤击打而成。其中一件凸边刮削器，在凸刃上有第二次加工的痕迹，均匀细致，经专家鉴定，属旧石器时代晚期的遗物。

呈贡龙潭山旧石器文化采集点　1975 年，在呈贡县龙潭山地面采集到一批打制石器，主要有刮削器、砍砸器等。石器制作时以砾石天然面为台面，用石锤击打而成，打击点集中，半锥体突出。在同一地点的地表和洞内堆积层中还发现了骨器、烧炭等文化遗物，说明龙潭山人已学会使用火，其文化属旧石器时代晚期类型。

富源大河旧石器洞穴遗址　2001 年、2002 年和 2006 年，云南省文物考古研究所、曲靖市文物管理所和富源县文物管理所对位于云南省富源县大河乡茨托村癞石山上的洞穴遗址进行了发掘，洞穴总长 35 米，遗址面积 300 平方米，共获得石制品 2000 余件，动物化石 1000 余件，人牙化石 3 枚。经碳十四测定，大河遗址文化层的年代为距今 4.4 万年—3.6 万年，其文化现象极为丰富，有人工垫石地面、火塘等。石制品的种类主要有：盘状石核、柱状石核、长方形石核、三角形石片、似石叶、石片边刮器、端刮器、半月形刮削器、锯齿刃器、尖刃器、凹缺器、雕刻器、砍砸器等。石器制作技艺都是以锤击法为主，偶有锐棱砸击法，有指垫法和压制法的修理技术，除具有本地区文化的传统特点，又有典型的欧洲莫斯特文化[①]和勒瓦娄哇文化[②]技术特点。与石制品相伴生出土的动物化石有东方剑齿象、中国犀、巨貘、猕猴、虎、黑熊、野猪、牛、鹿、羚羊等。大河遗址的发现，反映出这个时期的中国也拥有高度发达的旧石器时代文明，弥补了10万年前—4万年前期间中国人类活动的空缺，填补了东亚和中国考古的空白。

（二）新石器时代文化遗址

迄今为止，已在云南30多个县的100多个地方发现了新石器时代文化遗址。至于零星出土和采集到的新石器和陶器，则几乎遍布全省。其中最具代表性的是宾川白羊村和元谋大墩子两处遗址，其余如昭通闸心场、鲁甸马厂、宣威尖角洞、云县忙怀、麻栗坡小河洞、孟连老鹰山、维西戈登村、姚安万家屯、保山马鞍山、景洪曼景兰等地，也都有新石器文化遗存出土。

宾川白羊村遗址　1973—1974年，在宾川县白羊村进行了重点发掘。这是一座原始村落遗址，位于河旁台地之上，文化遗存包括大量石器、陶器、骨器和房址、窖穴、墓葬等，文化堆积层达4米多厚。石器以磨制为主，有斧、锛、凿、刀、镞、纺轮、砺石、网坠等，以长条形石斧、石锛、新月形穿孔石刀和磨制石镞为典型器物。骨器有锥、针、凿、镞等。陶器为夹砂灰陶、夹砂褐陶及夹砂红陶，器形有罐、壶、釜、钵等，以各式陶罐、环底钵、浅腹大平底陶皿较为典型，纹饰主要有划纹、绳纹、点线纹、乳钉纹、印纹等。房址共有11座，均为长方形地面木结构建筑。房中有火塘，房基地附近有48个窖穴及大量灰白色粮食粉末和稻壳、稻秆等。另有墓葬34座，其中竖穴土坑墓24座，葬式有无头葬、二次葬、仰身葬和仰身屈肢葬等；瓮棺葬10座，葬具为普通陶瓮，有成人葬和孩童葬。

经碳十四测定，白羊村遗址年代距今3770±85年。通过白羊村遗址的出土

---

① 莫斯特文化：欧洲旧石器时代中期的一种文化。最初发现于法国的莫斯特（Le Moustier），故名。典型器物为尖状器和刮削器，广泛分布于欧洲、非洲和西亚，时代距今约20万年—1.5万年。
② 勒瓦娄哇文化：欧洲旧石器时代中期至晚期的一种文化。最初发现于法国巴黎附近的勒瓦娄哇（Levallois），故名。典型器物是用石锤在石核上经过修整的台面上直接打击下来的石片石器。

情况可知，洱海区域的远古先民们已过着定居的农耕生活，以水稻种植为主，兼狩猎和捕鱼，纺织、制陶等原始手工业已经出现。

元谋大墩子遗址　此亦为一处原始村落遗址。经发掘，其文化遗存极为丰富，有石器、陶器、骨器、牙器、角器、蚌器等，还有房址、窑穴、墓葬等，且为叠压层遗址。石器中，工具最多，主要有斧、锛、刀、凿、镞、刮削器、印模、纺轮、环等，以圆角梯形、圆角长条形石锛、石斧，新月形穿孔石刀和磨制精细的石镞为典型器物。骨器有针、凿、锥等。陶器以夹砂灰陶为主，次为夹砂橙黄陶和夹砂红陶，间有少量泥质红陶和泥质灰陶；制法上使用泥条筑法，手制为多，器形有罐、钵、瓮、瓶、盆、纺轮等；容器多侈口、小平底鼓腹，极少圈足器和带耳器，以小平底深腹罐和体形高大的瓮为典型器物；纹饰有绳纹、乳钉纹、剔制纹、印纹、篮纹和素面等。房址共有15座，均为长方形地面木结构建筑，分早、晚两个时期：早期四周开沟，沟底掘柱洞，插立木桩，编缀荆条，两侧涂草拌泥而成木胎泥墙；晚期建筑四周无沟槽，柱洞直接掘于地面。晚期房址常叠压在早期房址之上，说明这是一个具有连续性的村落遗址。房内有火塘，在一火塘中的3个陶罐中发现大量炭化粳稻。房址旁发现4个窑穴，内盛有大量白色禾草类的谷壳和叶子。在房址附近发现墓葬37座，其中竖穴土坑墓19座，瓮棺葬17座，圆坑墓1座，前者为成人葬，后两者为孩童葬。成人葬葬式复杂多样，有仰身断肢葬、仰身直肢葬、仰身屈肢葬、侧身直肢葬、侧身屈肢葬、俯身屈肢葬等，均无随葬品。瓮棺葬葬具为普通陶瓮，多有陶器、石器生活用品和装饰器物随葬。多数瓮棺有1—3个小孔，似乎是供灵魂出入用的，这与仰韶文化瓮棺相同。从发现的动物骨骼看，已驯化的动物有猪、狗、鸡和牛、羊。这说明大墩子文化的先民不仅从事定居的农业生产，还饲养家畜。经碳十四测定，遗址的年代为距今3225±90年。

滇池区域贝丘文化遗址　在滇池周围的昆明、呈贡、安宁、晋宁以及江川等地都有发现，大部分遗址有大量螺壳堆积，厚者竟达9米，属于典型的新石器时代贝丘遗址。遗址中出土的石器多为磨制，有斧、锛、锤、锥、砺石、刀形器等，典型器物为有肩石斧和有段石锛。陶器以泥质红陶为主，手制，火候低，质地差，器壁厚，制作粗糙。制作时以谷穗或谷壳做羼和料，所以器物上还可以看到谷壳的痕迹。器形主要有凹底浅碟、平底小碗和卷边小碗。亦有少量夹砂红陶和夹砂灰陶，分手制和轮制两种，器形较大，主要有侈口罐、圈足器、纺轮、网坠等，纹饰有斜线纹、斜方格纹、波纹等。从出土的器物看，滇池周围贝丘遗址的先民已经过着定居的农耕生活，种植稻谷，同时还从事捕捞和狩猎以补充农业收获的不足。

昭通闸心场和鲁甸马厂遗址　滇东北新石器文化遗址的代表。闸心场遗址位于一宽阔的谷地之上，仅出土石器4件，其中梯形和长条形石锛各1件，另有1件磨制极精细的扁圆形石器。同时还出土完整陶器2件，一为侈口平底罐，一为单耳长颈小瓶，其中单耳瓶是云南首次发现的器物。

马厂遗址位于一小山丘上，出土少量石器，有长条形有段石锛，新月形、长条形石刀。出土陶器9件，器形有碗、单耳小罐、平底瓶、纺轮、葫芦勺等，其中3件灰胎黑陶器打磨极光亮。单耳瓶和单耳侈口小罐是滇东北新石器文化的典型器物，黑陶器亦为云南其他地区所未见。

宣威尖角洞遗址　1983年7月，在宣威城东42公里格宜乡驻地西南约1公里处的尖角洞穴中发现。遗址内残存大量磨制石器，主要有斧、锛及穿孔石刀。陶器主要有罐、瓶、盘、碗、杯、纺轮等，制作较精细，纹饰有直线纹、斜线纹、网纹、人字纹、附加堆纹等。内有一完整的侈口高圈足的小碗，圈足高近似碗深，可倒转盛物，这种高圈足器在云南其他地方很少见，部分陶器外壁还残留有烟垢。从出土石器、陶器的形制可看出，尖角洞遗址兼有滇池与昭通两种地域文化类型的特征，属于滇池区域向滇东北过渡的一种典型的新石器时代文化遗址。

此外，在澜沧江中上游的云县、景东、澜沧等县，也发现了十余处新石器文化遗址。较为典型的是云县忙怀遗址，在这里出土了大量有肩石斧，石斧均为打制，相当粗糙，样式有钺形和靴形。同时，这里还发现了一些石钻、网坠和制作陶器的石印模，亦出土了少量陶片。这一文化类型的典型特征是硕大的有肩石斧。虽然没有发现磨制石器，但从已可制陶这一点出发，可以断定它们仍为新石器时代的文化遗址。

滇东南地区也有不少新石器时代文化遗存发现，比较典型的有麻栗坡县的小河洞遗址，孟连县的老鹰山和景洪市的曼景兰、曼听等处遗址。这些遗址出土的石器多为江边天然砾石打磨而成，局部磨光，少数通体磨光。器形有斧、锛、锄、尖状器、盘状器、研磨器、敲砸器、印模等，以通体磨光的有肩石斧为典型器物。陶器多为泥质黄褐陶、夹砂灰陶和夹砂褐陶，还有少量夹砂红陶。器形有罐、碗、器盖等，纹饰较简单，有绳纹、方格纹和素面。

从上述云南旧石器、新石器时代文化遗址出土的各种器物及有关文物可知：

（1）云南是人类的故乡之一。从开远森林古猿、禄丰腊玛古猿到元谋人，说明人类进化史上各个阶段都能在云南找到其演变进程的踪迹和实物。

（2）从元谋人、西畴人、丽江人到路南巴盘江人、呈贡龙潭山人的发现，表明旧石器时代各个阶段古人类的遗迹在云南都有显现。

（3）从宾川白羊村文化、元谋大墩子文化以及滇池区域贝丘文化和昭通闸心场、鲁甸马厂、宣威尖角洞、云县忙怀、麻栗坡小河洞等众多新石器时代文化遗址遗存可以看出，到了新石器时代，云南各地均有古人类分布，且新石器时代的先民已开始过着以水稻种植为主的定居农耕生活，原始手工业如制陶、纺织和以饲养猪、牛、羊、狗为主的畜牧业亦已开始出现。

（4）从墓葬形制、陪葬物以及瓮棺葬可以看出，云南新石器时代的先民已有了审美观念和灵魂不灭的原始思维。而从侧身屈肢葬、无头葬等葬式，则可以看出原始部落战争和等级观念的萌芽。云南文明历史的曙光已经到来。

剑川海门口遗址　位于剑川县甸南镇海门口村，1957年和1978年曾两次进行过发掘工作。2008年1月8日至5月25日，经国家文物局批准，由云南省文物考古研究所、大理州文物管理所和剑川县文物管理所组成联合考古队，进行了第三次发掘。这次发掘完成发掘面积1395平方米，探明遗址范围总面积超过50000平方米。清理遗迹干栏式建筑形式房子2座（图1），火堆3个，木桩柱和横木4000多根，灰白色石块、人骨坑、柱洞等若干。出土遗物2000多件，

图1：海门口遗址是云南迄今为止出土面积最大的干栏式建筑群遗址，具有十分重要的文物研究价值。
（范建华　摄影）

有石器、骨角牙器、木器、陶器、铜器、铁器、动物骨骼和农作物八大类。其中，石器有斧、锛、刀、凿、镞、锥、针、磨盘、环形器、砺石、圆饼形器，并有玉刀、玉锛、玉珠等，还出土了一件石范。陶器以夹砂陶为主，有少量泥质陶，陶色以红褐和黑灰为主，还有黄褐陶和黑陶及磨光黑陶；纹饰有波浪纹、乳钉纹、圆点纹、方格纹、弦纹、堆贴纹；火候中等，有手制陶和轮制陶；器形有单耳罐、双耳罐、钵、盘、杯、盆、纺轮、网坠等。木器有木勺、拍、杵、刀、铲、耜、耙、桨、楔子等，其中有木桨10件，木耙有两齿、三齿和四齿。角骨器有骨锥、匕、铲、锡、簪、有角凿、矛、抿和牙饰件，角器多用鹿角磨制而成。铜器共出土17件，均为小件器物和铜块，器物有箭镞、锥、针、镯、铝、铃。铁器仅出土了几件，其中一件是铁刀，一件是铁镰。动物骨骼以猪骨最多，从猪牙上分已有家猪骨，另有鹿骨、牛骨、狗骨以及鸟禽类骨等。农作物有炭化稻、麦、粟种子，还有核桃和野栗子。海门口遗址是典型的早期干栏式建筑村落遗址，其保存之好、规模面积之大全国罕见。三次发掘共出土文物3000多件，其中彩绘陶在云南遗址中系第一次发现；共出土铜器44件，以锡青铜为主，亦有铅青铜；稻作已开始，还传入麦和粟，表现出南北农耕文化的交汇。经碳十四测定，遗址年代为距今约4000年的新石器晚期，青铜器时代初期至中期，是目前云南已发掘的最早的铜器时代遗址之一，为云南青铜文化的发源地之一。

二、古滇文化时期 [春秋—庄蹻开滇（前 280 年）至蜀汉建兴三年（225 年）]

这里使用"古滇文化"的概念，主要是为了有别于习惯上泛指的地域文化即云南文化的概念，而特指春秋至东汉末这一历史时期内以晋宁石寨山、江川李家山及楚雄万家坝、曲靖珠街八塔台等为代表的云南古代高度发达的青铜文化，同时也包括庄蹻开滇、秦修五尺道、汉通西南夷，最终将云南纳入封建王朝版图的恢宏历史过程。

滇池是云贵高原上最大的淡水湖泊，周围有着平坦广阔的土地。这里气候温和，水草丰美，从远古时代起，便是人类劳动、生息、繁衍的理想之地。早在新石器时代晚期，在滇池环湖沿岸就有古人类活动的足迹，人们以捕捞鱼虾和种植稻谷为生，并逐步形成"耕田，有邑聚""肥饶数千里"的格局。

战国末年，秦楚争霸，地处边陲的西南夷地区（秦汉时期对今云南全境、四川西南部和贵州西部地区的统称）也成了角逐的场所。秦惠文王更元九年（前316年），秦将司马错灭蜀取巴。楚顷襄王十九年（前280年），秦"又使司马错发陇西，因蜀攻楚黔中，拔之"[①]。至此，黔中亦为秦所有，形成了对楚国的钳形包围。为改变这一被动局面，楚顷襄王派其大将庄蹻率众入滇以求发展。

---

① 司马迁：《史记·秦本纪》，北京：中华书局点校本，1959，第213页。

据《史记·西南夷列传》记载："始楚威王（按：应为顷襄王）时，使将军庄蹻将兵循江上，略巴、蜀（按：《汉书》无'蜀'字，其说正确）、黔中以西。庄蹻者，故楚庄王苗裔也。蹻至滇池……以兵威定属楚。欲归报，会秦击夺楚巴、黔中郡，道塞不通，因还，以其众王滇，变服，从其俗，以长之。"①据方国瑜先生考证，庄蹻奉命远征，从楚郢都（荆州，今江陵）出发，溯长江而上至枳（今四川涪陵），然后循延水（今乌江）而上至夜郎（今贵州），再经黔西至滇池。但紧接着秦又复占巴郡和黔中郡，截断庄蹻归路，使其无以"归报"，庄蹻只得留在滇池地区。由于很快适应了滇池地区的社会环境，庄蹻得以用武力使滇池居民"定属楚"并被拥戴为"王"。又由于所带士卒有限，在滇池土著居民的包围之中，庄蹻只得"变服，从其俗"，以达到对土著民族"长之"的目的。②

在此之前，滇池地区经济文化就已较为发达，《史记》说"蹻至滇池，（地）方三百里，旁平地，肥饶数千里"③，居民"耕田，有邑聚"，即已开垦出了大片土地，种植业较为发达。又据考古资料证实，这一时期"滇池周围的居民也以经营原始农业为生活主要来源，种植的农作物主要是稻，据陶片上的谷壳痕迹来看，其品种也是一种粳稻"④。同时，捕捞经济也占有十分重要的位置，从而形成了独特的区域文化。庄蹻带来的楚兵多为男子，庄蹻王滇后他们也留了下来，跟当地女子婚配，在生产生活中承担了楚文化传播者的角色。较发达的楚文化扎根于滇池沿岸原有的文化土壤之中，有力地促进了滇池区域经济文化的发展，使其在西南夷各区域里显现出较高层次的古代文化。与此同时，原居滇池一带的本土居民经与楚人婚配后，形成了一个新的群体，被称为"滇人"。秦汉以后，滇人一直是西南夷地区文化较为发达的主体民族，曾创造出灿烂的古滇青铜文化。

---

① （汉）司马迁：《史记·西南夷列传》，第2993页。
② 方国瑜：《滇史论丛》，上海：上海人民出版社，1982，第21–27页。
③ （汉）司马迁：《史记·西南夷列传》，第2993页。
④ 汪宁生：《云南考古》，昆明：云南人民出版社，1980，第20页。

大约在公元前 7 世纪至前 6 世纪，即春秋中期，云南青铜文化便以滇池地区的古滇王国为代表，形成了独特的风格，到公元前 2 世纪末汉武帝时发展到了最高阶段并开始向铁器时代过渡。其代表为楚雄万家坝、祥云大波那、晋宁石寨山、江川李家山和曲靖珠街八塔台等古墓葬。

楚雄万家坝墓葬群　1975—1976 年，在楚雄万家坝发掘出了 79 座墓葬，均为竖穴土坑墓。其中 66 座较小，无葬具，随葬品或仅为随身武器、装饰品，或无任何随葬品。另有 13 座大墓，圹穴深广，具有腰坑和棺椁葬具，随葬品极为丰富，仅第 23 号墓就出土铜器 577 件之多。[①] 从随葬品的多少和随葬器物的性质可知，这时的古滇人已有了平民、奴隶和贵族的阶级分化。贵族的墓葬不仅大，而且常以作为特权和财富象征的铜鼓随葬。

从出土的青铜器看，属生产工具的有斧、锄、凿。其中有一种斧的形制做方刃，很像有肩石斧，这正好与云南新石器时代的典型器物有着内在的联系。属于武器的有剑、戈、矛、钺、镞等，属于乐器的有铜鼓、编钟和葫芦笙。万家坝铜鼓无纹饰，系釜向鼓的过渡性器物，被公认为世界上最早的铜鼓。此外，万家坝发现的编钟做圆筒状，上有羊角状钮，共 6 件，组成一编，习惯上称作"羊角编钟"。属于生活用具的有釜、勺、豆、尊等。釜侈口，宽唇，鼓腹，小平底，颇似铜鼓倒置。除铜器外，还出土了少量的陶器、木器和玉器，有玛瑙、琥珀和绿松石及玉镯。玉镯内圈有棱突起，是云南青铜文化的典型器物。万家坝墓葬的年代，经放射性碳素测定为公元前 400±80 年（M1）和公元前 690±90 年（M23）[②]。

祥云大波那墓葬　1961 年，在祥云县大波那发现了一座铜棺墓，出土青铜器 90 余件。铜棺由 7 块板组成，重约 300 千克。同时发现的还有铜制房屋模型和六畜模型。房屋顶部两角上翘呈"马鞍形"。铜棺的形制也是仿房屋的马鞍形。大波那出土的青铜器除铜棺外，生产生活用具也很有特点。出土的一种尖

---

① 详见云南省博物馆文物工作队：《云南楚雄县万家坝古墓群发掘简报》，载《文物》，1978（10），第1–18页。

② 北京大学历史系考古专业碳十四实验室：《碳十四年代测定报告》（续一），载《文物》，1978（5）。

头锄，有三角形銎直达尖端，銎口下凹，安上曲柄即可使用。墓葬中还出土了圆柱形铜条 3 根，长约 20 厘米，专家们认为可能是铜箸。如此说成立，则该铜条应是我国较早的筷子了。经放射性碳素测定，大波那墓葬的年代为公元前 465±75 年。[1]

晋宁石寨山墓葬群　石寨山位于晋宁县晋城西 5000 米的滇池之滨。自 1955 年至 1966 年，经过四次考古发掘，该墓葬群清理出战国至西汉时期古滇王族墓葬 50 座，出土文物 4000 余件，包括一枚"滇王之印"。在青铜器形制上，最有代表性的是铜鼓、贮贝器和"人物屋宇模型"的干栏式房屋。铜鼓是滇文化的重要特征之一，是贵族们显示身份的"庙堂重器"，亦是祭祀天地鬼神不可缺少的礼器。石寨山出土铜鼓 17 件，为我国一地出土铜鼓最多者，因而是石寨山和古滇文化的重要实物标志。贮贝器亦为石寨山文物的重点。在石寨山发现的作为货币的海贝，多贮藏在利用铜鼓或铜奁及其他器物加上底和盖改装而成的专用贮贝器内。石寨山一共出土贮贝器 31 件，其中 7 件在盖子上或腰部铸有人物活动场景，2 件表现战争场景，3 件表现某种杀人祭祀仪式，1 件表现纳贡场景，1 件表现女奴隶们在女主人监视之下进行纺织的场景。在一杀人祭祀场景（M12：26）中，铸有人物达 127 人。此外，还有一大批古滇文化的典型器物，如尖叶形铜镬、长条形铜锄、蛇头形茎首无格青铜剑、鸟头形铜啄、动物纹扣饰、曲颈铜斧、一字格短铜剑、蛙形矛以及各种动物形兵器等。

石寨山青铜器铸、刻着当时古滇人的生产劳动场景，反映了不同民族、不同阶层的社会生活，在兵器、礼器、生产工具、生活用具、金玉饰品上，从不同角度折射出战争、祭祀、朝贡、劳动等广阔的社会生活场面，把古滇王国的社会风貌表现得淋漓尽致。石寨山青铜器不仅塑造了成百上千的生动人物形象，还刻意突出了各种动物形象，如牛、虎、蛇、豹、马、牛、羊、孔雀、青蛙、獒犬等，共计 45 种。特别是"虎牛搏噬""二豹猎猪""豹狼争鹿"等生死搏斗的场面，惊心动魄，震撼人心。

---

① 中国科学院考古研究所实验室：《放射性碳素测定年代报告》（四），载《考古》，1977（3）。

古滇文化是云南文化史上最具代表性的文化遗存之一，石寨山是滇人生产力水平高度发达的集中体现，这一特点突出反映在青铜器的铸造上。

古滇文化青铜器铸造的成就当首推"失蜡法"。这一方法是先用蜡制成所要铸造的器物模型，然后在蜡模外敷泥成范，并留下铸孔，经烘烧脱去蜡模后，便能浇出完整的铸件。用这种方法能铸成各种复杂的铸件，又没有外范拼合的痕迹，表面光洁、美观。

江川李家山墓葬群　1972 年，在江川李家山发掘和清理了墓葬 27 座。出土的青铜器与石寨山相似，生产工具中除斧、长方锄、尖头锄、凿等外，还有刀削、爪镰、镰刀、锯等。武器有剑、戈、矛、斧、狼牙棒、镞和箭壶，以及防御性的护腕、护腿、胸甲和甲片。同时还出土了一件很特别的钺，形制为圆刃，连柄通体铜制，銎下系一小铃，銎上立一鸟。而在乐器方面，突出的是一件葫芦笙，其上有牛形附饰。生活用具方面，则出土了奁、针线筒、绕线板、仪仗和手杖的头饰。针线筒是云南青铜器中特有的器物，呈细长形，盖上常有动物附饰。李家山出土的奁和针线筒中，还保存了当时所用的铜针和线。在云南出土的众多铜器中，最好的一件是李家山发现的牛俎，俗称"牛虎铜案"，形制特别，铸工精良，堪称古滇文化"青铜王国"中的极品。其造型为牛背下凹如碟，牛尾伏一虎，牛腹下立一小牛，整体造型雄健而浑朴，独具风格。这件牛俎当是仿照中原俎的形制而作，并加以创新和改进，形成鲜明的地方特色。其功能主要应是供贵族宴飨或祭祀时盛肉、切肉之用。

昆明羊甫头墓地　羊甫头墓地，位于昆明市官渡区小板桥街道办事处羊甫头村。墓地规模宏大，总面积 40000 余平方米，发掘面积 10700 平方米，1998年 9 月至 1999 年 6 月、2016 年 7 月至 9 月，云南省文物考古研究所联合昆明市以及市官渡区文物考古部门对羊甫头墓地进行了考古发掘。墓葬群为典型的滇文化特征的竖穴土坑墓，葬俗多而奇特，叠葬最多达五层，另有合葬、丛葬及殉葬。随葬品有青铜工具、兵器、农具和大量漆木器、玉石器、金银器。该处出土各类器物 4000 多件，其中青铜器有铜矛、铜剑、铜戈、铜啄、铜斧、铜削、铜爪镰、铜臂甲、铜钏、铜扣饰等；其他器物有铜柄铁剑、石坠、玛瑙、绿松石、石纺轮、玉玦等；而出土的大量完整的漆木器柄把兵器、工具、农具和造型各异的漆木器（图2至图5），色彩鲜艳，保存完好，这是在云南考古中首次发现，填补了云南出土文物中漆木器的空白。

图2：羊甫头墓地出土的漆木器（戴宗品　提供）

图3：人头形木祖（戴宗品　提供）

图4：羊甫头墓地出土的漆木器（戴宗品　提供）

图 5：漆木孔雀（戴宗品　提供）

云南青铜文化到了石寨山和李家山时期已处于高度发达时期，如前面所说失蜡法铸造工艺除在造型艺术上具有奇妙构思外，对铜、锡比例的掌握也很科学。对出土青铜器进行化学分析，兵器掺锡约占20%，以加大硬度达到锋利坚固的效果；装饰品掺锡约为 10%，硬度变小以便随意弯曲。这样的合金成分是相当科学的。形制亦受中原文化的影响，例如戈演化出长"胡"有"穿"的形式，正是内地西周及春秋时期铜戈的通式，只是另加双翼以利安"柲"，可以说是滇人的创造。剑的形式也很独特，但剑上出现各种玉饰分明是受内地"玉具剑"的影响。至于在青铜文化晚期一些墓葬里出土的纯汉式器物，如镰斗、熏炉、鉴、钟等，可能来自内地，也可能系滇人所仿制。而可以确信来自内地的主要是那些大量出土的汉五铢钱和汉初半两钱等货币。晋宁出土的"滇王之印"则是汉王朝所颁赐的。

从"滇王之印"的发现，可印证《史记》所载"西南夷君长以什数，夜郎最大，其西靡莫之属以什数，滇最大……此皆魋结，耕田，有邑聚"[1]为信史。而出土青铜器的人物造型和所反映的古滇国社会生活的场景，亦与司马迁的记载基本吻合。

由此可以知道，古滇人是当时滇池区域的主体民族，其人数众多，在青铜器上随处可见，且形象较易识别，即男女均穿无领对襟外衣，长仅及膝，赤足。其中男子常以带束腰，亦即所谓"衣作尾"之俗。再就是男女均叠发为髻，中间以带束之，唯男子之髻在头顶，而妇女之髻则多拖于脑后，正是史料记载中

———————————

[1]（汉）司马迁：《史记·西南夷列传》，第2991页。

的"椎髻"①。

此外，从青铜器上还可辨认出服饰与滇人大同小异的"靡莫之属"，其中最为引人注目的是男女均梳辫子的"昆明人"。《史记》称："昆明，皆编发，随畜迁徙，毋常处，毋君长，地方可数千里。"②在杀人祭祀贮贝器或其他青铜器上，这些编发的昆明人常常是被滇人俘掠和猎头的主要对象。

结合史料记载和考古资料可以得知，春秋至西汉末这一时期，在滇池区域和今玉溪、曲靖、楚雄等广大地区形成了强大的古滇国，史载其国为"楚之苗裔也"，其主体民族被称为滇人，也有人将其称为滇僰或滇叟，他们创造了灿烂辉煌的古滇青铜文化。

古滇文化高度发达，使滇池沿岸逐渐成为区域性的政治、经济、文化中心，并辐射广大西南夷地区（在四川茂县、会理，贵州清镇、威宁和广西西林、贵港市等地相继发现与石寨山和李家山相类似的带有浓厚古滇文化色彩的铜柄铁剑、平格宽刃剑和铜鼓等文物），从而有力地推动了该地区各民族社会经济的进步及发展。所以司马迁说："秦灭诸侯，唯楚苗裔尚有滇王，汉诛西南夷，国多灭矣，唯滇复为宠王。"③

在滇人文化遗存所处的时代，云南历史上发生了三件大事：一是战国末年庄蹻入滇，二是秦通"五尺道"和"置吏"，三是汉武帝通"西南夷"设置郡县。三件大事均对云南的历史进程产生了巨大影响，成批移民开始涌入西南夷地区并逐渐冲击和改变古滇国的社会生活，使其最终被完全纳入中央王朝版图。

自秦始，历代统治者在西南夷"开道、设郡、置吏"，到汉武帝元封二年（前109年）设置益州郡，郡治滇池县（今昆明晋宁县），领二十四县（包括今昆明、曲靖、玉溪、红河、楚雄、大理等地、市的大部或全部），巩固了古滇文化中心区域的核心地位。到了东汉时期，中央王朝为进一步加强对西南夷的控制，便以益州郡为据点，积极经营哀牢夷地区（以今保山为中心的大理以西广

---

① 《史记》为"魋结"，《汉书》作"椎结"。
② （汉）司马迁：《史记·西南夷列传》，第2991页。
③ （汉）司马迁：《史记·西南夷列传》，第2997页。

大地区）。到明帝永平十年（67 年），以益州西部的嶲唐、不韦两县为主体设置了"益州西部属国都尉"。在此基础上，于永平十二年（69 年）设置了永昌郡。永昌郡的设置使相当于今天的整个云南完全纳入了中央王朝版图。后几经反复，最终促使云南逐渐由分散的越嶲（以今四川西昌为中心的南部地区）、牂柯（贵州西部、红河、文山等地）、益州（以昆明为中心的滇东、滇中地区）、永昌（以保山为中心的滇西、滇西南广大地区），开始形成一个文化圈，其核心是古滇文化，并包含了夜郎、邛都、句町、昆明、哀牢等各古代民族文化。中央王朝对西南夷的统治亦主要依托于益州郡，再加上滇池地区发达的经济文化对周边产生的深刻影响，所以自楚顷襄王十九年（前 280 年）庄蹻开滇始，一直到蜀汉建兴三年（225 年）诸葛亮南征迁"庲降都督"于味县（今曲靖市麒麟区），五百余年间，以滇池为中心的古代青铜文化，就是我们所说的古滇文化。

三、爨文化时期［蜀汉建兴三年（225 年）至唐天宝七载（748 年）］

爨文化是继古滇文化之后崛起于珠江正源南盘江流域的历史文化，其中心区域在今曲靖及昆明、玉溪、楚雄、红河等地，范围包括当时的建宁、兴古、朱提、云南、牂柯、越嶲、永昌七郡在内的整个南中地区，时间大致为蜀汉建兴三年（225 年）至唐天宝七载（748 年）。

这一历史时期大致可分为四个阶段：

第一阶段为诸蜀亮南征迁庲降都督于味县（225 年）至西晋武帝泰始七年（271 年）置宁州。这一阶段的特点是统一政治局面的出现和形成，大姓势力得到发展并成为中央王朝统治南中的社会基础，故可称为爨文化形成的准备期。

第二阶段为泰始七年（271 年）至东晋成帝咸康五年（339 年）。这一阶段是南中地区发生激烈社会变革的时期，大姓豪强势力与爨氏称霸的局面最终形成，从而使南中地区社会进入相对稳定时期，区内经济文化得到一定发展，因而是爨文化形成的初始时期。

第三阶段是从东晋咸康五年（339年）至隋文帝开皇年间（581—600年间）。这是爨文化高度发达的时期，政治上趋于稳定，爨氏实行既奉王朝正朔又自领刺史郡守，相对独立；经济上农牧并重，以农耕为主，经济持续发展；在文化艺术方面受中原影响极大又自成风格，以两爨碑为代表的实物资料是其典型代表；在宗教意识方面，以"鬼教"为其传统的原始宗教，发展成为政教合一的"鬼主"制度；"遑耶"姻亲制度则是其政治文化中浓厚的地方民族特色的体现。

第四阶段从隋史万岁征爨开始，到唐天宝七载（748年）为止，为爨文化的衰落时期。此期间，爨氏内部纷争加剧，中央王朝的统治势力加强，南诏在洱海兴起，并在唐王朝支持下东进，击灭诸爨，爨文化遭到毁灭性打击。20万户西爨白蛮大迁徙，促进了滇西的发展，并自此改变了云南历史的发展方向。

爨文化孕育成长于珠江正源的南盘江流域，此区域曾是古人类生活的地方。盘江流域的远古人类在滇东高原创造了光辉灿烂的古代文明，这一区域文化的中心为今曲靖、陆良两大坝区。其中，曲靖自古为"入滇门户"，素有"全滇锁钥"之称。特定的地理位置，使其较早地接受巴蜀、夜郎和中原文化的影响。加之辽阔的坝子（陆良为云南第一大坝子，曲靖为云南第五大坝子）、丰富的盘江水利资源、温和湿润的气候条件，这里成为云南开发较早的农耕经济区。1982年11月，在曲靖市麒麟区珠街乡三源董家村北一个叫马槽洞的山洞里发现了大面积炭化稻。炭化稻在距洞口25米处发现，分布约5平方米，大多为洞穴顶部渗透滴下来的岩浆形成的石灰华覆盖，厚度1.5—3厘米，有的炭化稻已嵌入石灰岩孔隙中。所见炭化稻均呈墨黑色，表面无光泽，较粗糙，轻压即碎，多数为脱壳米粒，经专家鉴定认为是人工栽培粳稻型。此外，在洞口壁上的胶结土中，还发现大量兽骨；在洞上部约20米的地方，发现了人类留下的遗物陶器残片，为夹砂灰陶，火候较低，制作较粗糙，可以认定是一处新石器时代古人类文化遗址。

1978—1982年，在曲靖珠街八塔台发现了大批古墓群，经对一号、二号堆进行的6次发掘，共发掘了各个时期的墓葬700余座，文化堆叠层高达7米，墓群类型多样，交叉堆积，上至春秋、下至元明的墓葬层层叠压，文化层历时2000余年。这种墓葬现象在国内考古史上实属罕见。在属于春秋至战国这一时期的30余座封土墓和土坑竖穴墓中出土了大量青铜时代的器物，而封土墓在云南青铜考古史上是首次发现。其中，战国至两汉时期墓葬220座，宋、元、明时期的火葬墓304座。该地总计出土各类文物1000余件，类别有兵器、生产工具、生活用品、装饰品、乐器和货币；材质而言，有青铜器、铁器、陶器、玉器，青铜器如剑、矛、戈、斧、凿等，铁器如铁矛、铁斧、铁凿、环首铁刀等，陶器如陶块、陶碗、陶鼎，除此之外铜鼓、铜铃亦有出土。值得注意的是，铜鼓与陶鼎在同一类墓葬中出现，这种"鼎立鼓群"的现象，说明中原汉族代表权力至高无上的鼎与西南少数民族的神器铜鼓，在这里受到同样的重视，正好说明两种文化的交融。

曲靖横大路墓地遗址　位于曲靖市越州镇横大路村，面积约4000平方米。1997年，云南省文物考古研究所、曲靖市文物管理所和麒麟区文物管理所对修曲（靖）陆（良）高速公路时被破坏部分进行了抢救性发掘，共发掘具有滇文

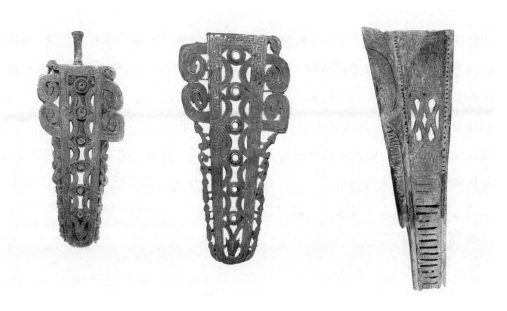

图6：刀鞘（范利军　提供）

图 7：铜壶（范利军　提供）　　　　　　　图 8：铜扣饰（范利军　提供）

化特征竖穴土坑墓 185 座、梁堆墓 3 座，出土陶器、玉器、骨器、铜器、铜铁合制器、皮革、金器等数百件。陶器为手制灰褐色为主，器形可分为釜形鼎、罐形鼎、侈口罐、大喇叭口罐、圆腹罐、特大圆腹罐、壶、豆、尊、盘等。青铜器共有 34 件，大都残缺不全，包括戈、剑、矛、削、扣饰、手镯、针形器等。经专家分析，横大路墓葬遗址为与八塔台同一类型、同一时期的古滇青铜时代墓地，时间大约为春秋早期至西汉晚期，作为与滇人同姓相扶的"劳浸、靡莫之属"的滇人支系墓葬，属于古滇文化中的"八塔台—横大路型"。（图 6 至图 16）

图 9：不同形状的扣饰（范利军　提供）

图 10：铜镂空片饰（范利军　提供）

图 14：铜镇（范利军　提供）

图 11：铜铃（范利军　提供）

图 12：铜耳环（范利军　提供）

图 13：铅弹丸（范利军　提供）

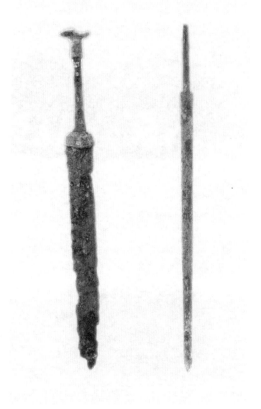

图 15：碳钢剑（范利军　提供）

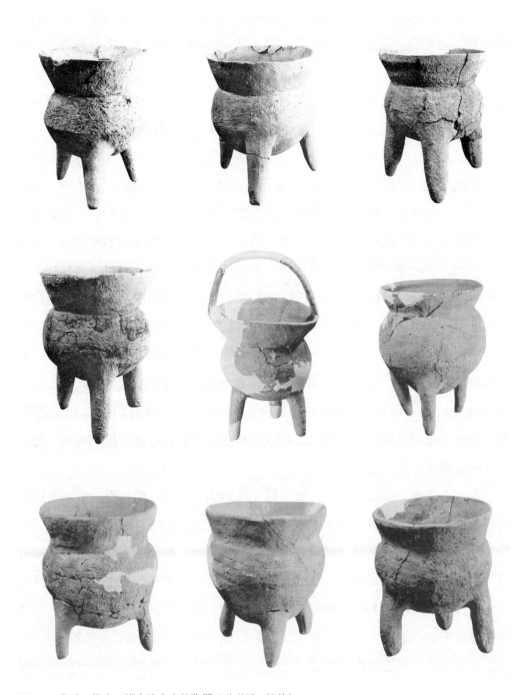

图16：曲靖八塔台—横大路出土的陶器（范利军　提供）

从出土的大多数青铜器的造型、风格看，八塔台—横大路遗址文化与石寨山应属同一类型，这又正好证实了司马迁所记载的"滇王者，其众数万人，其旁东北有劳浸、靡莫，皆同姓相扶"[①]的可靠性。可以认定，八塔台—横大路是与滇人同姓相扶的劳浸、靡莫之属留下来的遗址，同时又比滇池地区带有较多的中原文化的色彩。庄蹻之后，这些滇人"分侯支党，传数百年"[②]。

公元前221年，秦始皇统一六国，派常頞开"五尺道"，由僰道（今四川宜宾）抵味县（今曲靖市麒麟区）。这是官方修筑通往云南的第一条古道。公元前316年，司马错灭蜀后，秦在成都设蜀郡，任命李冰父子为郡守，开始修筑从成都循岷江而下抵达僰道县（今四川宜宾）的道路。李冰用集薪焚石、浇水爆裂之法，在陡峭的岩石上凿道成功。常頞继承李冰事业，将道路延伸到味县（今曲靖市麒麟区），以沟通滇与巴蜀的联系。因此道沿途山高水险，不易开凿，宽仅五尺（相当于今一米左右），故称"五尺道"。此道起于今四川宜宾，经高县、筠连入云南盐津、大关，再经昭通、镇雄折入贵州毕节、威宁、赫章，最后入宣威，抵曲靖，全程近1000千米。汉在秦的基础上拓宽道路，武帝命唐蒙修"南夷道"，亦即在五尺道的基础上拓展，从而进一步加强了曲靖与中原的联系，促进了中原文化的不断输入，刺激了盘江沿岸原有经济文化的发展，使其在云南的地位日益突出。

东汉末年黄巾起义失败后，魏、蜀、吴形成三国鼎立的局面。历来为巴蜀附庸的西南夷地区，此时被称为"南中"，仍受巴蜀节制。蜀汉立国之初，东汉以来在南中地区逐渐发展起来的地方实力派南中大姓（汉族移民上层）和夷帅（土著首领）趁中原纷争，纷纷起兵反蜀。蜀汉章武三年（223年），刘备病死前后，"高定恣睢于越巂，雍闿跋扈于建宁，朱褒反叛于牂柯"[③]，大姓、夷帅的联合反蜀达到高峰。建兴三年（225年），诸葛亮在政治招降失败的情况下，亲率三军南征。兵进越巂杀高定，五月渡泸（金沙江）战孟获于滇池，七月间

① （汉）司马迁：《史记·西南夷列传》，第2997页。
② （晋）常璩撰，刘琳校注：《华阳国志·南中志》成都：巴蜀书社，1984，第335页。
③ （晋）陈寿撰，（宋）裴松之注：《三国志·蜀书·李恢传》，北京：中华书局，1959，第1046页。

在盘江上游降服孟获。八月与下牂柯、趋建宁的马忠、李恢会师于滇池，南中遂平。战后诸葛亮实施"南抚夷越"的方针，将原西南夷四郡（即益州、越巂、牂柯、永昌）分为南中七郡（即建宁、牂柯、朱提、兴古、越巂、云南、永昌），并将原设在平夷（今贵州毕节）的军事管制机构——庲降都督，移至南中腹地的味县。自此，味县既是建宁郡治所，又是庲降都督驻地，七郡均受其节制，滇东盘江流域取代滇池区域成为云南新的文化中心区。

后至西晋"泰始六年（270 年）分益州南中建宁、云南、永昌、兴古四郡为宁州"[①]。其州治为庲降都督故地味县。宁州的设置，彻底改变了南中地区长期为巴蜀附庸的地位，使云南作为一个单独的行政区划居于全国十九州之列。而作为宁州治所的味县，其在南中各郡中的中心地位便不言而喻了。这一变化必然带来各种文化的变化与转型，加之汉族和中原其他民族的不断进入，盘江流域社会经济的发展，铁制工具的广泛使用，使得各种文化的碰撞与交流普遍发生。到了西晋末期，在盘江流域逐步形成了一种新的文化态势，为爨文化的诞生提供了必要的前提条件。

东晋时期，中原纷争，战乱频繁，两汉以来便已形成的南中大姓势力得到极大发展，建宁、晋宁等郡成为大姓势力最强盛的地区，主要有雍、爨、李、孟、毛、朱、霍、吕、董等大姓。此时，封建王朝已无力顾及南中，大姓间相互攻伐、相互吞并，最后剩下爨、霍、孟三家势力。成汉时，爨琛投靠李雄共同抗晋。东晋成帝咸和八年（333 年），成汉分宁州置交州，以原建宁太守霍彪为宁州刺史，爨琛为交州刺史，孟彦为建宁郡太守。在你死我活的争斗中，霍彪得到成汉政权的支持，势力最大，而孟彦欲兼并其势力，则投靠东晋。成帝咸康五年（339 年），东晋广州刺史邓岳伐蜀，军至兴古，孟彦趁机擒获霍彪，缚送至晋军杀之。成汉李寿闻讯派兵追击。孟彦随即被汉军所杀。霍、孟两姓势力在这次兼并中同归于尽，爨琛则趁机吞并其他大姓，形成了独霸南中的局面。

---

① （晋）常璩撰，刘琳校注：《华阳国志·大同志》，第604页。按：《华阳国志》为"泰始六年"，《晋书》《宋书》《通鉴》载置宁州均在泰始七年八月。

爨琛独霸局面形成后，爨氏对南中的统治，经宋、齐、梁、陈诸朝的更替而长盛不衰。这一时期，中原南北朝对峙，群雄纷争，成都数易其主。得蜀者力图自保，失蜀者自顾不暇。北方诸国则更是鞭长莫及。其间，中原王朝所任命的宁州刺史多在成都或建康（南京）遥领官衔，坐食俸禄，爨氏便自封自领刺史、太守，对南中实行割据统治，一直延续到唐中叶。

爨氏称霸南中四百余年［东晋咸康五年（339年）至唐天宝七载（748年）］，结束了西晋末年以来的混乱局面。在爨氏的统治之下，南中地区相对较为安定，故而不少内地人户为逃避战乱而纷纷迁入。这些汉族移民多转化为大姓的部曲或平民，成为爨氏大姓势力物质生活来源的创造者，亦是其赖以生存的社会基础。与此同时，自秦汉以来不断徙居南中的汉族移民，与当地的滇人及其同姓（同血缘关系）的靡莫之属杂居相处，在漫长的生产生活中互相融合，逐渐形成了一个新的人们共同体——爨人。爨人是当时南中的主体民族，其主要成分为汉族移民与当地经济文化较发达的滇人的融合体，所以吸收了两者的传统文化，在这一特定历史阶段创造出了具有独立风格的爨文化。诚然，也应当指出的是，爨地以宁州为空间范畴，被称为爨区。在爨区区域内虽以爨文化为主体，但并不排除其他的古老文化如昆明、夜郎、百越、氐羌、哀牢等文化在区内各民族中自我保存和发展。

爨文化有其鲜明的特点。首先是在经济生活中农畜并存，以农为主，畜牧为辅，且农与牧之间并无严格界限。史载，爨地"邑落相望，牛马被野"。"从曲、靖州已南，滇池已西，土俗惟业水田，种麻、豆、黍、稷，不过町疃。"又云："云南及西爨故地并只生沙牛……草深肥，牛更蕃生犊子。天宝中，一家便有数十头。"[①] 这是爨文化与北方草原民族单一的游牧经济和中原典型农耕经济的显著区别。这一经济特点，是由爨文化产生并赖以生存与发展的自然环境和传统习俗所决定的。

其次，爨文化有其自身的政治特点。政治制度，是研究一个文化体系的基

---

① 樊绰：《云南志补注·云南管内物产》，昆明：云南人民出版社，1995，第109页。

本问题之一。特定的文化内涵，必定有特定的政治制度和社会组织形式与其经济形态相适应。诸葛亮南征后，分南中四郡为七郡，这一设置，并未完全按地域来划分，而是在庲降都督节制之下，根据西南夷原有的民族结构来划分的。同时，既任命王朝官吏，又封土酋为长，这种政治制度上的"双轨制"对爨文化形成以后爨区的政治结构产生了巨大影响。大姓虽因移居南中时间较长而逐渐"夷化"，但与土生土长的土酋夷帅仍有较大区别，在南中统治阶层中拥有双重的特殊身份，既是王朝在南中的统治基础和依靠力量，又是土酋夷帅反抗王朝势力渗透的重要盟友。当王朝势力强大时，他们投靠王朝，成为王朝的统治基础；当王朝势力削弱时，他们又往往与土酋联合起来，割据称雄。大姓为了自身利益，与夷帅结成"遑耶"，亦即姻亲。在郡县一级，大姓受王朝之封成为郡县官吏，在村邑又通过姻亲关系来维护其对下层群体的统治。之所以产生这样一种结构，是因为爨地各部落之间尚未完全打破血缘关系，地缘关系尚处在初期和发展阶段。爨氏之于王朝实行的是郡县制，受王朝册封或委任，代表王朝行使统治权，但与爨区各民族、各部族间，实行的是姻亲制。且各部落之间有很大的独立性，各民族、各邑落村舍均有自己的宗教和政治首领——鬼主，几个有血亲关系的部落共奉一个大鬼主，整个爨区又奉爨氏集团的最高首领为诸爨大鬼主。鬼主是村邑和部落的直接统治者，又是神职人员。鬼主与鬼主之间除诸爨大鬼主外互不统属，而是通过姻亲和血亲结成联盟。爨区的这种特殊的政治制度，既不是部落联盟制，也不是奴隶制、农奴制，更不是封建制，而是一种特殊的社会制度。于是政治结构上便出现了上、下两套相对独立的系统，上层为爨氏集团和王朝官吏（包括王朝和爨氏任命的其他大姓），下层为村邑部落首领。这种特殊的社会政治组织系统，使其郡县制与姻亲制并重，既奉王朝正朔，又搞相对独立，从而决定了当时的爨区既不是一个完全的独立王国，也不是一个实实在在的地方行政区划。

再次，爨文化是一个多元的复合体。爨文化的创造者——爨人是一个复合型的人们共同体，这与严格意义上的"民族"不尽相同。爨人不是由某个单一民族直接发展演化而来，而是由以汉人、滇人为主，包括其他古老族群的人们融合而成的。这些融进爨人的不同成分，在新的组合形式下，必然带有自己的某些原有特征，这就使其在文化特征上，打上了多元的复合体组织形式的烙印。爨人信奉众多原始氏族的图腾——虎、牛、蛇、火、稻等。其中，以虎、火为图腾的，多来源于氏族系统的族群；而以牛、蛇、稻为图腾的，则多来源于百越系统的族群。各民族原有的这些图腾，在爨区内成了各族群都能共同接受的新崇拜物。对此，虽文献记载甚少，但在民族学田野调查中却时有发现。直到今天，云南省寻甸一带的彝族仍对蛇和稻十分崇拜。彝族女子的服饰中就带有蛇崇拜的许多痕迹，如其腰带为蛇形，头饰图案为蛇皮花纹，等等。当地至今仍保留着在"祖洞"①或房梁②上，放置一竹筒稻谷的习俗。这是一个值得认真研究的文化现象。不妨大胆设想，这一特殊现象后面，正是爨文化时期多元文化交融形成的崇拜习俗，在其经济生活发生很大变化之后仍保留着自身传统文化的某些要素。彝族这个长期被学术界认为是以山地游牧经济为主的民族，却保留着这些稻作民族的原始习俗，不正好说明这一点吗？

在爨文化时期的众多崇拜物中，蛇崇拜占有重要位置。爨人把蛇当作自己的神祇，把蛇看作吉祥、幸福、美丽的化身。撒尼人的著名史诗《阿诗玛》的主人翁阿诗玛，其名就是"蛇女"的意思。据研究，撒尼语"诗"即"蛇"之意，"玛"即"女孩"之意，且阿诗玛是"蛇年蛇月蛇日出生"，集吉祥、善良、美丽于一身的撒尼美女③。这种对蛇的崇拜，可溯源于古滇人的蛇崇拜，这是一种文化上的传承，也是爨人及其先民们农耕意识的体现，说明农耕意识和农业经济在爨文化精神、物质文明中的主导地位。

祖先崇拜，也是爨人的原始崇拜之一。爨人认为本部落的祖先是保护神，并且十分迷信"鬼"，信奉"鬼教"，每个部落必有一个鬼主，鬼主便是祖先的化身。鬼主能沟通天、地、人三者间的关系，具有人神参半的特殊身份。既不像汉族的巫，也不像纳西族的东巴，鬼主不仅是本部落的宗教职业者，同时还

① 供奉祖灵的山洞。
② 在滇东一带的彝族中，居室无汉式的正堂供桌，供奉家神和祖位的地方是房梁。
③ 详见叙事长诗《阿诗玛》。

是部落的统治者。这样一种身份，使鬼主在部落中拥有至高无上的权力，而这种权力是爨氏家族统治政治基层的力量。

我们说爨文化是多元的复合体，很重要的一点是其带有浓厚的汉文化色彩。举世闻名的"两爨碑"，无论是行文风格、职官题名，还是碑的形制，以及大爨碑碑额的饰物如朱雀、玄武、碑穿等，都有明显的汉文化特征。不过从"两爨碑"的艺术风格讲，它又带有南方民族特有的野、蛮、怪的气质风格[①]，既含有农耕民族严谨务实的文化心理，又有游牧民族粗犷奔放的蛮夷之气[②]。

总之，我们认为爨文化源于古滇文化，但又不是简单的继承，而是融多种文化为一炉的巨大创新。没有这种创新，就没有云南文化的生命源泉。对于古滇文化和南诏大理文化来说，爨文化起到了承上启下的历史作用。

四、南诏大理文化时期 [唐天宝七载（748 年）至元至元十三年（1276 年）]

洱海地区在隋唐以前较滇池地区和滇东落后，秦汉时主要活动着"随畜迁徙，毋常处，毋君长"[③]的古昆明族。汉晋以后，随着王朝势力的步步深入，中原汉族文化和滇中、滇东地区先进技术的不断传入，洱海地区逐渐得到发展。到了唐初，洱海周围形成了六大部落集团，即蒙舍诏（今巍山）、蒙嶲诏（今漾濞）、越嶲诏（今宾川）、浪穹诏（今洱源）、施浪诏（今洱源青索）、邆赕诏（今邓川），各部落"兵力相将，各有君长，无统帅"[④]。其中蒙舍诏居于其他五诏南部，被称为"南诏"。南诏君民承先辈之业，畜牧业十分发达，"孳牧繁衍，部众日盛"[⑤]；农业亦有长足长进，"耕于巍山之麓，

---

① 陈孝宁：《试论〈爨宝子碑〉的美学特征》，见范建华主编《爨文化论》，昆明：云南大学出版社，1991，第302页。

② 蒋大康：《从文化角度审视〈爨宝子碑〉的美学特征及价值》，见范建华主编《爨文化论》，第309页。

③（汉）司马迁：《史记·西南夷列传》，第2991页。

④（后晋）刘昫等撰：《旧唐书》，北京：中华书局，1975，第5280页。

⑤ 蒋彬：《南诏源流纪要》，转见方国瑜主编：《云南史料丛刊》，第四卷，昆明：云南大学出版社，1998。

数有神异"①,"浇田皆用源泉,水旱无损"②;手工业的发展则集中反映在铸剑技术的精湛上,《云南志》载:"南诏剑……造剑法:锻生铁,取进汁,如是者数次,烹炼之。剑成,即以犀装头,饰以金碧。"③经济的繁荣,必然在宏观上要求有一个强大的政治力量来保证其进一步发展。南诏便是在这样一种历史条件下得到唐王朝的扶持而迅速发展起来的。

唐初,吐蕃崛起于青藏高原,在北方屡屡进犯河湟地区,同时向西南方向扩张,成为对唐王朝威胁最大、持续时间最长的劲敌之一。唐王朝为此向西南寻求支持,以形成对吐蕃的牵制。时爨氏虽受节制,但"时有背叛,似是生梗"。于是唐王朝便选中了颇有忠心,又有一定实力的南诏贵族集团。与此同时,南诏贵族集团也迫切希望得到唐王朝的支持,以便扩大势力统一洱海地区。史载,南诏对唐王朝多有进贡,唐王朝亦对其多予加封。据《云南志》载:"当高宗时,(南诏)遣首领数诣京师朝参,皆得召见,赏锦袍、锦袖紫袍……当天后(武则天)时,逻盛炎入朝……既至谒见,大蒙恩奖,敕鸿胪安置,赐锦袍、金带、缯彩数百匹,归本国。开元初卒。其子盛逻皮立。盛逻皮卒,子皮逻阁立……二十六年诏授特进,封越国公,赐名归义。会有破洱河蛮之功,策授云南王。"④从中可知,从高宗到玄宗,南诏、唐关系一直十分密切。正是在唐王朝的扶持下,南诏军事实力迅速膨胀,到了皮逻阁时,其势力达到极盛。从开元初,经二十余年兼并战争,到开元二十六年(738年),南诏最终统一了洱海地区。

南诏虽在洱海地区崛起,但其政治、经济、文化实力仍远不如已统治云南四百年之久的滇东爨氏。为此,南诏便开始积蓄力量,寻找时机攻击爨氏。降及天宝初,唐王朝制订了"开路(开步头路)、筑城(筑安宁城)"的战略计划,以打通横贯爨区南北的通道,加强北面戎州都督府(驻今四川宜宾)与南部安

---

① 蒋彬:《南诏源流纪要》,转见方国瑜主编:《云南史料丛刊》,第四卷,昆明:云南大学出版社,1998。

② 樊绰:《云南志·云南管内物产》,第96页。

③ 樊绰:《云南志·云南管内物产》,第113页。

④ 樊绰:《云南志·六诏》,第38页。

南都督府（驻今越南河内）的联系，进一步控制爨区。其中，筑安宁城便是这一战略计划的重要组成部分之一。"（天宝）初，节度章仇兼琼……遣越巂都督竹灵倩，置府东爨，通路安南"[1]，修筑步头路上的枢纽重镇安宁城。"安宁（即今昆明市辖下安宁市）雄镇，诸爨要冲"[2]，西临南诏，东驭两爨，南望交趾，北联戎州，地理位置十分重要，且"诸爨蛮皆食安宁井盐"[3]。唐在安宁筑城，无疑是在爨区腹地插上一颗钉子，对诸爨的割据势力构成极大威胁，于是诸爨联合起来反唐。"南宁州都督爨归王、昆州刺史爨日进、黎州刺史爨祺、求州刺史爨守懿、螺山大鬼主爨彦昌、南宁州大鬼主爨崇道等，陷煞竹灵倩，兼破安宁。"[4]在这种情况下，玄宗遣使敕云南王蒙归义讨之。皮逻阁得唐玄宗支持，便开始了大规模对爨战争，以达到其向东扩张、全面控制云南的目的。同时，诸爨之间，受唐使李宓挑拨，内部自相残杀，给皮逻阁创造了良好战机。天宝六载（747年），居于曲轭（今马龙）又在形式上为诸爨共主的大鬼主爨崇道，杀了盘踞南宁（今曲靖市麒麟区）的叔父爨归王。爨归王妻阿姹密派使者求援于皮逻阁。皮逻阁欣然接受其邀，并将女儿嫁阿姹子爨守隅。爨守隅自袭父职为南宁州都督，与爨崇道抗衡。爨崇道"犹与守隅母子日相攻伐。阿姹又诉于归义，兴师问罪。行次昆川，信宿，而曲轭川溃散。崇道南走黎州。归义尽俘其家族羽党，并杀辅朝而取其女。崇道俄亦被杀。诸爨由是离弱"[5]。接着皮逻阁又将诸爨中唯一剩下的爨守隅母子迁到南诏。至此爨氏彻底衰亡了。

南诏虽灭了爨氏，但对爨区的统治并不稳固，爨氏残余势力并没有完全消除。为巩固对爨区的统治，天宝七载（748年），"归义（即皮逻阁）卒，诏立阁罗凤袭云南王"。阁罗凤继承父志，"遣昆川城使杨牟利以兵围胁西爨，徙

---

① 《南诏德化碑》，转见方国瑜主编：《云南史料丛刊》，第二卷，昆明：云南大学出版社，1998，第378页。

② 《南诏德化碑》，转见方国瑜主编：《云南史料丛刊》，第二卷，昆明：云南大学出版社，1998，第380页。

③ 樊绰：《云南志·云南管内物产》，第102页。

④ 《南诏德化碑》，转见方国瑜主编：《云南史料丛刊》，第二卷，昆明：云南大学出版社，1998，第378页。

⑤ 樊绰：《云南志·名类》，第48页。

二十余万户于永昌。乌蛮以言语不通，多散林谷，故得不徙。是后由曲、靖州，石城、升麻川、昆川南至龙和以来（应为'东'），荡然兵荒矣"[1]。滇东地区发达的经济文化遭到了毁灭性打击，爨文化衰落了。而徙往滇西的西爨白蛮，是当时云南先进的经济文化的代表，虽被迫西迁，却在客观上带去了先进的生产技术和发达的文化，并且与洱海区域已有一定发达程度的经济文化相交融，经过逐渐发展，形成了新的文化类型——南诏大理文化。

天宝七载南诏灭爨，成为云南历史上一次大转折，南诏最终控制了爨区，统一了云南，洱海地区也就取代盘江区域成为云南历史上的又一政治、经济、文化中心。

南诏灭爨后实力大增，便企图摆脱唐王朝的控制。这与唐王朝支持其统一六诏、西开寻传、南通骠国、北抗吐蕃、东灭诸爨的初衷是完全相悖的，于是南诏、唐矛盾加深，导致了天宝九载至十三载（750—754年）的战争。战争的结果是唐朝以鲜于仲通、李宓为首的三次征讨均遭惨败。相反，南诏与吐蕃修好，完全摆脱了唐王朝的控制，成了地方民族割据政权。此后历经约150年，到唐昭宗天复二年（902年），权臣郑买嗣篡位建大长和国，再经大天兴国[2]、大义宁国[3]三个王朝的短暂更替，到后晋天福二年（937年），大义宁国通海节度使（驻今通海县）段思平借东方三十七部之兵（原两爨故地），联合洱海地区的反杨势力，兴兵讨杨，推翻大义宁国，建立大理国。大理国历经三百余年，使南诏大理文化得到了进一步发展。

南诏大理文化的精神实质是佛教文化。南诏统一之前，社会的基本单位是"政教合一"的家族组织。南诏的主体民族是"乌蛮"和"白蛮"，与爨人有着渊源关系，受其文化的影响，最初在各部落里信奉的是鬼主。南诏立国以后，这种以家庭血缘关系为纽带的"祖先拜崇"在政治上造成分离，同时也不适应南诏作为统一国家的社会发展需要，而且在政治上受唐王朝的影响，需建立一

---

① 樊绰：《云南志·名类》，第48页。
② 杨干贞杀大长和国国君郑隆亶，拥郑氏之清平官赵善政所建，时间为928—929年。
③ 杨干贞废赵善政自立而改国号，时间为929—937年。

套典章制度来取代"鬼主制度",在精神世界则需创立统一宗教,以取代原有的祖先神灵崇拜。

当时,南诏周围的唐、吐蕃、骠国(今缅甸境)都是佛教极盛的国家。受此影响,南诏佛教得以兴起并得到极大发展。一般认为佛教在细奴逻时期开始传入,到劝丰祐、世隆时期达到鼎盛,且以密宗为主,信奉的主神是观音和大黑天神。从南诏大理时期遗存至今的大型寺院建筑、石窟群、崖画、绘画作品等可以看出,佛教充斥着南诏社会生活的各个领域。现有的大理崇圣寺三塔、昆明东、西寺塔、大姚白塔,以及剑川石窟、昆明古幢、西昌博什瓦黑岩画、《张胜温梵画长卷》①等便是南诏大理文化最鲜明的实物体现。史载,大理国时期,国王不顾王位而剃发为僧者不乏其人。民间则家家供佛,村村有观音寺。据《南诏野史》记载,修建崇圣寺三塔时曾铸佛 11000 尊,耗铜 40550 斤,建寺 890 座;大长和国国主郑买嗣也曾铸佛万尊。这种规模和气魄,在云南历史上是空前绝后的。

到大理国后期,社会经济进一步发展,农民与地主之间的关系已十分明确,社区结构也打破了以家族血缘为纽带的部落结构。南诏时期以奴隶主贵族为代表的社会上层,已逐渐被农奴主阶级取代。反映在社会生活和人们精神生活上的文化象征,是本主崇拜的兴起和盛行。本主崇拜是一种以村寨为单位集体崇拜某一偶像的独特的宗教信仰,本主就是"本村的保护神",可分为许多种。有的村寨以自然物为本主,如大石头、猴子、牛、老树等;有的以真实人物为本主,如郑回、杨干贞、赵善政等历史上的真实人物;也有以传说中的英雄人物为本主,如杜朝选、大黑天神、段赤诚、白节夫人等;同时,还有节妇孝子、能工巧匠、为民除害的下层人物被尊为本主的。从本主崇拜的形式和内容可以看出,本主是一个复合体,有自然崇拜说明与原始宗教有关,有英雄崇拜说明平民意识的增强,有观音本主崇拜又与佛教有关,但其本质是以本主这种"社

---

① 即《宋时张胜温绘大理国梵像卷》,又称《宋时大理国描工张胜温画梵像》《大理国张胜温梵画长卷》《大理国画卷》,也简称《张胜温画卷》,现藏于台北"故宫博物院"。

区神"替代或冲淡佛教的天神崇拜。

总之，南诏大理时期的五百余年间，是云南文化史上的又一高峰时代，形成了自己独特的、有别于中原文化的区域文化类型。以后，到蒙古宪宗四年（1254 年）忽必烈平定大理，再到元至元十三年（1276 年）云南行省建立，平章政事赛典赤·赡思丁将行省驻地设于中庆路（今昆明市），云南又发生了一次大的文化转型。而这五百多年间，南诏大理的两个主体民族——彝族和白族——与其他兄弟民族一道，以洱海沿岸地区为中心，共同创造了光辉灿烂的南诏大理文化，推动了云南的历史进程。

五、汉文化主流时期［元至元十三年（1276 年）至今］

从元代以后，云南在政治经济、思想文化、社会生活等各个方面，从主体上来说，正逐渐赶上和趋于与内地同步发展的趋势。由于行省的建立、土司制度的确立，以及明代屯田的大兴，汉族移民的迅猛增长，人口结构的变化，汉文化成了云南的主流文化。在汉文化的影响下，各民族在保留自身文化传统的同时，互相学习，互相促进，得到共同发展，使云南民族文化呈现出多姿多彩的恢宏局面。云南各兄弟民族经过千百年来的分化、整合、再分化、再整合，到了这一历史时期而逐渐定型和最终形成。25 个少数民族到清代中晚期均完全形成了自己的文化风格和民族特征。随着汉文化作为主流文化的形成，在这一各民族文化的整合过程中，昆明成了云南政治、经济、文化的中心，云南文化重心便从洱海地区向滇池地区东移了。

昆明，西汉为谷昌县，沿袭至隋为益宁县，亦称昆川，为昆州治所驻地。阁罗凤灭西爨之后，于唐代宗广德元年（763 年）巡幸昆明，查看地势，拍手叫绝，"言山河可以作藩屏，川陆可以养人民。十四年春，命长男凤伽异于昆川置拓东城"[1]。从此，拓东城便成了南诏经营东方爨区故地的重要根据地，取昧

---

① 《南诏德化碑》，转见方国瑜主编：《云南史料丛刊》，第二卷，昆明：云南大学出版社，1998，第381页。

县而代之。南诏拓东城在今昆明市区盘龙江与金汁河之间，北倚群山，南滨滇池，地势雄奇。取名"拓东"，显而易见就是开拓东方疆域之意。果然，筑城不久，便起到了拓东的作用，南诏利用它"威慑步头，恩收曲靖，颁诏所及，翕然俯从"①。到了后来，拓东城还有一个别称叫"善阐城"。寻阁劝时，称大理城为"西京"，拓东城为"东京"，此后世隆又将其改称"上都"，足见拓东城的地位逐渐上升。

　　大理国立国之初，段思平得力于高方等"白蛮"贵族的支持，对其大加册封，颁赐领地。高方领有拓东等地，其子孙后代多被封为"善阐侯"，昆明成了高氏家族的世袭领地。大理国中后期，段氏国王失去对国家的控制能力，高氏家族以善阐为据点实行割据。宋哲宗绍圣元年（1094 年），高升泰在所谓"群臣请立"的呼声中，废大理国王段正明自立，号"大中国"，虽仅历时两年便还位段正明之弟段正淳，但已足见高氏家族势力之显赫。正如清人倪蜕所言："高氏自升泰篡位后，虽已还国于段，而大权悉在高氏，故国人悉以'国主'称之。"② 由此可知，大理国后期，善阐在高氏家族三百余年的经营下，已在政治上取得了与段氏分庭抗礼的地位，加上得天独厚的自然条件，为善阐取代大理成为云南的中心城市奠定了基础。而善阐改称昆明，滇池地区再次成为云南全省的统治中心，则是从元代开始的，汉文化取代南诏大理文化成为云南的主流文化亦是自昆明中心地位确定之后才逐渐形成的。

　　史载，公元 1234 年蒙古灭金以后，攻灭南宋便成了蒙古的首要任务。为灭南宋，蒙古贵族集团作了认真分析，认为："中原势力，不可忽也。西南诸蕃勇悍可用，宜先取之。"从而制定了先征西南、汲其兵力、出兵荆襄、南北夹击、以定中原的战略计划。其中，攻占云南便是实现这一计划的第一步。蒙古宪宗三年（1253 年）九月，以皇太弟忽必烈为总兵，兀良合台为总督军，蒙古大军由宁夏六盘山出发，经甘肃临洮，至四川松潘，分兵三路进攻大理国。"冬十月

---

① 《南诏德化碑》，转见方国瑜主编：《云南史料丛刊》，第二卷，昆明：云南大学出版社，1998，第381页。
② 倪蜕：《滇云历年传》，昆明：云南大学出版社，1992，第181页。

丙午，过大渡河，又经山谷二千余里，至金沙江，乘革囊及木筏以渡"①，进入丽江。摩沙蛮（纳西族先民）主阿良迎降，并充当向导，带兵助战。"十二月丙辰，军薄大理城。"②是夜，擅权弄术的大理国布燮（宰相）高祥、高和兄弟不战潜逃，国王段兴智亦弃城东走，蒙古军队轻松取得大理。之后，忽必烈亲率部分军队北返，留下兀良合台继续讨平大理国各地。次年秋天，兀良合台率军东征善阐府。善阐府城内军民拥护逃到这里的国王段兴智，凭借三面皆水、既险且坚的善阐城拒敌，苦战七昼夜，终不支，城破，段兴智逃到昆泽（滇池），被擒投降。至此，大理国历经317年，被蒙古所灭。接着，蒙古兵在投降的段氏"献地图，请悉平诸部"③的配合下，"自出师至此，凡二年，平大理五城、八府、四郡、洎乌、白等蛮三十七部"④，平定了云南全境，并在云南建立了19个万户府和总管府，实行军事统治。

经过十多年的苦心经营，云南局势逐渐稳定。鉴于军事统治已十分不利于社会经济的发展和国家行政管理，于是元世祖至元十年（1273年）"以平章政事赛典赤行省云南，统哈剌章（大理）、鸭赤（昆明）、赤科（贵州普定、水西诸地）、金齿（德宏）、茶罕章（丽江）诸蛮"⑤。次年，正式建立云南行省⑥于大理。至元十二年（1275年），赛典赤向朝廷陈奏："云南诸夷未附者尚多，今拟宣慰司兼行元帅府事，并听行省节制。"⑦经世祖允准，开始改变军、政不分的状况，把宣慰司和元帅府置于行中书省的管辖下，加强了行省权力，武官不再管民政。行省职权明确之后，赛典赤便着手基层政权的建设，使其与内地建制一体化。他上奏说："州、县皆以万户、千户主之，宜改置令长。"⑧得到世祖批准后，于至元十三年（1276年）将云南的万户府、千户所、百户所改为路、府、

---

① （明）宋濂等撰：《元史·世祖本纪》，北京：中华书局，1973，第59页。

② （明）宋濂等撰：《元史·世祖本纪》，第59页。

③ （明）宋濂等撰：《元史·信苴日传》，第3910页。

④ （明）宋濂等撰：《元史·兀良合台传》，第2980页。

⑤ （明）宋濂等撰：《元史·世祖本纪》，第150页。

⑥ 云南等处行中书省，在当时民间多简称为云南省、云南行省。

⑦ （明）宋濂等撰：《元史·赛典赤·赡思丁传》，第3065页。

⑧ （明）宋濂等撰：《元史·赛典赤·赡思丁传》，第3065页。

州、县，全省共"为路三十七，府二，属府三，属州五十四，属县四十七，其余甸、寨、军民等府不在此数"①。全省地界"东至普安路之横山寨，西至缅地之江头城，凡三千九百里而远；南至临安路之鹿沧江，北至罗罗斯之大渡河，凡四千里而近"②。

与此同时，赛典赤深感大理地处滇西，与内地联系不便，作为行省驻地实不利于对全省的统治。加之大理国贵族投降后，段兴智被蒙哥汗封为"摩诃罗嵯"（大王），其子孙为世袭的大理总管府总管，仍担负着镇抚滇西的重任，也不宜与行省治所同处一城。于是赛典赤便准备迁行省于他地，最后选定了善阐府。善阐府于兀良合台破城后被设为昆明千户所，至元十一年（1274年）改制时置为中庆路。更为重要的是，经南诏、大理五百余年的营建，到元初，这里已发展成为"城大而名贵，商工颇众"③的大都市。至元十三年（1276年），赛典赤将行省驻地由大理迁到了中庆路，从此昆明便取大理而代之，成为名副其实的云南省省会。

从元至元十三年起，元之行省，明之"三司"，清之"总督""巡抚"均设于昆明，昆明成为中央王朝治理云南的据点和中心。后世辛亥（1911年）云南重九起义，曾设大汉云南军都督府于五华山光复楼，后改云南省政府。1949年12月9日云南和平解放后，昆明一直作为云南省人民政府驻地。其间，历史虽有沧海桑田之变，而昆明作为云南政治、经济、文化中心的地位600余年来始终没有动摇，作为中华民族多民族统一体在云南的象征没有改变。

行省制度的确立，使云南自秦汉以来与祖国大家庭那种割不断的联系更加紧密，云南各族人民作为祖国大家庭的一员，民族认同感更加强烈。

以后，为了进一步稳定边疆，加强对少数民族的控制，在总结历代王朝特别是唐宋以来的统治经验的基础上，元代将秦汉时期的边郡制度、隋唐时期的边州制度加以发展。鉴于历代羁縻州县，虽有郡县之名，但多形同独立王国，

---

① （明）宋濂等撰：《元史·地理志》，第1457页。
② （明）宋濂等撰：《元史·地理志》，第1457页。
③ 见《马可·波罗游记》。

元代创立了蒙、夷参治之法，而官有土流之分，于是土司制度得以形成。土司制度改变了以往少数民族间各自为政的涣散局面，从此再也没有出现过如"滇""爨""南诏""大理"等地方割据政权，使中央王朝实现了对云南少数民族地区的有效控制，国家得到空前的统一。实行土司制度后，中央王朝对少数民族中大大小小的首领分别授予宣慰、宣抚、安抚、长官或土府、土州、土县等官职，民族上层作为"朝廷命吏"而"守土有责"，对保卫边疆、维护祖国统一具有十分重要的意义。同时，实行土司制度也有利于内地与西南地区各民族的经济交往，有利于先进生产工具、生产技术的传入，从而大大促进了西南民族地区的经济发展。例如，南中地区作物品种原来只有稻、麦、黍、秫、荞、稗、菽几种，至明万历年间仅粮食作物就已增加到22种。手工纺织则"机杼之声夜闻"，品种有火麻布、棉布、乌帕、土锦等。[1]生产的发展又促进了商品交易的活跃，如晋宁州"逢七为市，土人每逢初七、十七、二十七，无间远迩，来集于州治之西北平原上，相与贸易，每集不下三四千人"[2]。与此同时，实行土司制度后，对各民族之间的思想文化交流起到了良好作用，中华各民族间的凝聚力大大增强，统一多民族国家的向心力和共同心理素质在元明清之后得到了极大增强。

交通是古代沟通联系、加强统治的重要手段，历代王朝对云南的经略都离不开筑路开道。自秦汉以来，历朝均把开道、治道、通道作为开边、略边、治边的重要途径。王朝经略云南多以四川为据点，开道、通道亦多为四川与云南间之古道，主要有两条：其一为以先秦之旄牛道为基础而不断开拓的汉灵关道、唐清溪道；其二为以先秦僰道为基础，南延拓开之秦五尺道、汉朱提道、唐石门道。两道皆于大理交会入博南古道，或曰永昌道。出永昌入缅北而成国际交通线，这就是人们常说的"西南丝绸之路"。大理国时期，王朝势弱，川道不通，故另辟邕州道，亦即在唐之步头路基础上开筑。元、明、清三朝，行省制

① （明）万历《云南志》。
② （明）《云南图经志书》，景泰刻本。

度确立，王朝势力深入，控制了云南及整个西南边疆民族地区，经略云南的据点也由巴蜀改为两湖，入滇之道的重点也由川道改为湘黔大道。此道历史最为悠久，实乃先秦时期庄蹻入滇之道。到了元代大修站赤①，于是湘黔道便成了中原入滇的主要通道。这一道路的重新开通，对云南的发展产生了巨大影响。

元代在云南遍置站赤，改变了这一地区交通长期阻隔、滞碍不畅的状况。据《永乐大典·站赤八》载，当时云南全省计有"站赤七十八处，马站七十四处，马二千三百四十五匹，牛三十只，水站四处，船二十四只"。其中，罗罗斯宣慰司所辖马站六处，武定路马站十处，中庆路马站六处，仁德府马站一处，曲靖路马站六处，乌撒宣慰司马站三处，乌蒙宣慰司马站六处、水站四处，丽江路马站三处，大理路马站十四处，威楚路马站五处，澄江路马站一处，临安路马站六处，广西路马站五处，普安路马站三处。由此可知，元代的站赤已遍及云南全省及今四川凉山州，贵州毕节、安顺广大地区，形成了较完整的交通网络，从而大大加强了各地区各民族之间的经济文化交流，中原先进的经济文化也不断传入，并影响着当地各民族的社会发展。

汉文化在云南占据主流地位，一个非常重要的原因是明代的屯田制度和汉族移民大量涌入。云南的许多汉族家谱中都明确记载，其先祖是随沐英到来的，祖籍则多为南京应天府"高石坎柳树湾"。为什么会造成这样一种文化现象呢？经研究，这与明代的屯田制度密不可分。据记载，明洪武十四年（1381年），太祖朱元璋命傅友德、蓝玉、沐英率三十万大军征云南，经曲靖白石江一役打垮元梁王的残余势力，逐步安定了全省，后沐英留守云南。云南的新附州县都设置衙府，广戍兵，增屯田。当时"云南之民多夷少汉，云南之地多山少田"，故采取屯田制度，"令诸卫错布州县，军屯遍列于原野；收获富饶，既足以供齐民之供应；营垒连结，又足以防盗贼之出没"。因此，明王朝把大量汉族人口迁移到云南靠内地区，进行屯戍垦殖。屯田的形式主要是军屯、民屯、商屯三种。

---

① 站赤，是蒙古语 jamci 的音译，指元代的驿站。

　　明代在云南广置卫所，以曲靖为例，共设有曲靖卫（六千户所）、越州卫（二千户所）、平夷卫（二千户所）、六凉卫（六千户所），还有马隆所、定雄所、木密所近 20 个千户所，每所 1200 人，共约 24000 人。这些士卒中三分之一用来戍边，三分之二进行屯田。三十万南征大军，大部分散到全省各地戍边屯田，且洪武十七年（1384 年），朱元璋命令把这些留戍士兵的家属全部迁送云南[①]。这样军屯士卒便都成了军户，如果每户按五口计算，在云南落籍的军户有一百多万人。

　　除军屯外，还有大批为民屯而来的汉族移民。所谓民屯，即把内地人口稠密地区的人户迁往土地宽广之地进行屯种，也就是"移民就宽乡，或招募或罪徙者"到地广人稀的云南等边地屯田。据载：明初沐英曾"携江南江西人民二百五十余万入滇，给予籽种、资金，区别地亩，分布于临安、曲靖……各郡县"进行屯种。后其子沐春袭职镇滇七年，"再移南京人民三十万"入云南。[②]此外，商人们招募而来进行屯种的也不在少数。通过上述三种形式的屯田，汉族人口大量涌入并落籍云南，成了今天云南汉族直系先民中的主体。汉族移民定居落籍后，拓土垦荒，治理江河，筑圩排水，引流灌溉，把沼泽变良田，大大提高了云南社会生产力整体水平的发展。在部分坝区和交通沿线，汉族人口的总数亦逐渐由原来的少数变成了多数，汉文化的诸多内核便自然而然地在云南民族文化中占据主导地位。加之明清两代大兴儒学，更进一步使云南在整体上逐渐趋同于内地。

　　纵观历史长河，我们可知云南不仅是人类的故乡之一，而且还是稻作文化的发祥地之一。由于特殊的地理环境和复杂的历史原因，进入文明时代以后，以滇池区域为中心的古滇文化、以盘江流域为中心的爨文化和以洱海区域为中心的南诏大理文化，构成了云南地方民族文化史上的三大高峰。元、明、清以后，随着汉族人口大量涌入，汉文化在社会生活的各个方面产生重大影响，成

---

① 见张紞编：《云南机务钞黄》，北京：中华书局，1985，第 25–32 页。
② 见（清）吕志伊，李根源：《滇粹》。

了云南文化的主流。同时，这一时期又是云南少数民族的形成、定型时期，各民族文化亦得到了充分的发展并成熟起来，如纳西族的东巴文化、傣族的贝叶文化、彝族的毕摩文化、哈尼族的梯田文化、白族文化、壮族文化等都散发出前所未有的光彩。这就是云南地方文化史的发展轨迹和特点。

云南两千年文明史有一个十分突出的特点，便是五百年左右形成一个中心区域文化，假若把两千年的云南文明历史进程按五百年一分，可分为滇池—盘江—洱海—昆明四个中心区域，并由此形成了古滇文化—爨文化—南诏大理文化—汉文化及各民族文化四个历史阶段。研究云南的历史和云南的文化史，离不开其中任何一个阶段。

绪　论

盘江流域的远古文明和滇东的兴起

　　要研究爨文化，首先应对其发祥地——滇东盘江流域有深刻的了解，只有这样才能真正把握爨文化孕育、产生、发展的基本条件。（图1至图3）

　　以往，封建史家多从大民族主义和华夏正宗说的观点出发，把祖国边疆的很多地方称为"蛮夷徼外"，这是极不科学的。我国五千年的文明史是中华各民族共同创造的。秦汉以来，在大一统的局面下，以汉族为主体的中华各民族，"犬牙相入，声息相通，物产相资"，相互依存，相互吸收，推动着社会历史不

图1：珠江源（陈秋义　摄影）

中国第三大河、南方第一大河的珠江，发源于云南省曲靖市沾益区马雄山东麓，出源头不足100千米，便形成了珠江上游的大河——南盘江，它穿越云南第五大坝子曲靖和第一大坝子陆良，孕育了盘江两岸的远古文明和云南历史上著名的爨文化。

图 2：陆良坝子

图 3：曲靖坝子（陈秋义 摄影）

在云南高原上，山间盆地星罗棋布，云南人把它们称作坝子。云南第一大坝子——陆良坝子，总面积 771.99
平方千米，第五大坝子——曲靖坝子，面积 438.82 平方千米，正是爨文化的发祥地和核心区。

断前进，共同缔造了统一的多民族国家。进入文明时代以后，由于自然、社会等诸多因素的影响，社会历史的发展呈现出不平衡状态，地处边陲的云南较之中原为落后。然而，在蒙昧时代和野蛮时代，这里却是人类的故乡之一，而盘江流域的滇东地区则是一个重要的发祥地。在原始社会至秦汉时期的漫长历史进程中，这里的人们曾创造过灿烂的古代文明。这在前面已论述过，如旧器时代中晚期的路南板桥河沿岸的文化遗存、宜良巴盘江文化遗存，以及新石器时代的宣威尖角洞文化遗址和曲靖珠街炭化稻等。尤其是曲靖珠街炭化稻的发现，说明在距今三四千年前，盘江两岸就已出现了原始农业，而大河流域原始农业的出现，又正是古代文明的重要标志。

有资料表明，传说中的黄帝时代（或更早一些），居住在今西北甘青高原的古氐羌游牧民族开始南迁东徙。其中，南迁的一支跨过金河江或沿怒江、澜沧江而下，进入云南境内，也来到了滇中、滇东地区。这些氐羌人与滇池区域和盘江流域的原始居民相融合，由游牧经济逐渐转向定居农耕。辽阔的曲靖、陆良坝子，丰富的盘江水利资源，成了人们赖以生存的物质条件。大河流域成长起来的农耕民族逐渐形成。人们以共同的语言、共同的地域、共同的经济生活和共同的文化心理素质而结成了相对稳定的部落、部族，进入了阶级社会。同时，这些南迁的氐羌人与滇池区域的经济文化交往也越来越密切，加上相同的族源关系，逐渐形成了同一的文化区域。据《史记·西南夷列传》记载："西南夷君长以什数，夜郎最大；其西靡莫之属以什数，滇最大……此皆魋结，耕田，有邑聚。"由此可知，当时的曲靖地区和昆明地区分布着许多村落，统称"靡莫之属"，其中滇最大，人们发式喜堆高髻，颇受中原习俗影响，进行定居的农业生产，已进入较为发达的农业社会了，被称为"滇人"或"叟人"，或合称"滇叟"。①

到了战国中后期，秦楚争霸，西南边陲的巴、蜀、夜郎、滇也成了角逐的疆场。大约在公元前286年至前280年间，楚将庄蹻率兵从湘西出发，溯延水

---

① 详见《史记》《汉书》《后汉书》及《华阳国志》等历史文献。

（乌江）而上，经牂柯、夜郎至滇池。不久，秦灭楚，庄蹻只得留居滇池，"变服，从其俗"，得到滇人拥戴，成了滇国的第一个王者。

以后，留居滇池的楚兵在生产生活过程中自然而然地承担起楚文化传播者的角色，楚人先进的生产技术和生活方式带动了"靡莫之属"经济文化的发展。所以，无论是滇池地区的滇人，还是盘江流域的滇人，都共推庄蹻为"王"。《华阳国志·南中志》说："庄蹻之后，分侯支党，传数百年。"《史记·西南夷列传》也载："滇王者，其众数万人，其旁东北有劳浸、靡莫，皆同姓相扶。"由此可见，滇池之滇人，与盘江流域的劳浸、靡莫同为一族群体，并结成部落联盟，共同创造了古滇国灿烂的青铜文化。

一般而言，随着人类社会的发展，人们之间的相互交往愈来愈密切，交通问题便日益突现出来。秦王朝统一六国后，对周边地区的开拓欲望越来越强烈。而中央王朝要加强对边地的开发，往往是从"开道"着手的。

云南地处边陲，历来交通闭塞。滇东由于特定的地理位置，使其成为云南历史上开发较早的地区之一。史载，公元前221年，秦始皇统一六国之初，便开始积极经略西南夷地区，其方式主要是"开道"和"置吏"。

事实上，早在公元前4世纪，云南与内地就存在着一条民间交往的通道——"蜀身毒道"。这条道路，以滇池为中心枢纽，东经夜郎、牂柯达巴以联于楚，西由昆明（洱海地区的原始族群和地域称谓）、哀牢（滇西）经掸（今缅甸）至身毒（今印度），南从句町（文山）、进桑（红河）达南越（今越南）以通海外，北渡泸水（金沙江）经筰都（西昌）、笮都（凉山）至蜀以抵于秦。其东道从滇池往东，经曲靖、昭通到达四川宜宾，并至成都。这条民间古道，到秦代常頞开道时，便成了修筑五尺道的"母道"。常頞在原李冰所开故道（成都至宜宾）的基础上，将其南延至曲靖，因"道宽五尺"，故名"五尺道"。这是官方修到云南的第一条道路，对以曲靖为中心的滇东地区的政治、经济、文化都带来了巨大影响，使滇东与内地的联系更进一步加强，内地先进生产技术、文化思想得以传入，使得滇东地区成为与滇池地区相当的较发达地区。（图4至图6）

两汉时期是滇东历史的重要发展阶段，同时也是盘江流域正式纳入中央王

图 4：位于云南昭通市盐津县的豆沙关，自秦修五尺道以来就是由蜀入滇的一个重要关口
（范建华　摄影）

朝版图、郡县制在曲靖一带得以确立的重要时期。

滇东地区的特殊性，使得边地与内地、汉族与其他民族、中央与地方、大姓与土酋间各种矛盾自始至终交织在一起，特别是部落首领独据一隅与中央王朝开边统一的矛盾，阶级压迫、民族压迫与阶级斗争、民族斗争的矛盾，尤为突出，且往往转化为最高的斗争形式——战争。总之，开边与压榨—反叛与反抗—缓解与发展，构成了两汉时期滇东历史的基本线索和基本特点，也为滇东的兴起创造了条件。

（一）"南夷道"的开筑与郡县制的确立，是滇东兴起的重要标志

郡县制度在曲靖一带的确立，有着深刻的社会背景，曾经历了一个发生、发展、反复，直到最后确立的复杂历史过程。

具体说来，郡县制的确立，是以曲靖一带政治经济文化的发展与内地政治经济文化差距的缩小为前提条件的。曲靖是五尺道的终点站，秦代常頞在西南

图5：豆沙关关门
（范建华　摄影）

图6：深深的马蹄印折射出两千多年的古道沧桑
（范建华　摄影）

夷地区"开道""置吏"，可以说是郡县制度在滇东的发生时期。后因秦亡，封建王朝对西南夷地区的经营便中断了。汉初，国力衰弱，加之北有匈奴入侵，南有南越称雄，使得汉王朝不得不暂时放弃对西南夷的经营，但"巴蜀民或窃出商贾，取其笮马、僰僮、髦牛，以此巴蜀殷富"[①]，民间早已存在的经济文化的联系并未随之中止。

西汉王朝经高祖、文帝、景帝数朝连续施行"以民予生养休息"的政策，出现了中国封建社会的第一个兴盛期"文景之治"，且于武帝时达到了极盛。于是以强大的经济、军事实力作为后盾，汉武帝制订了"北逐匈奴，南定南越"的庞大战略计划。为这个计划服务，汉王朝积极开始了对西南夷的经略。

汉武帝对西南夷的经略也像秦始皇一样，是从开道入手的。史载，武帝时，

①（汉）司马迁：《史记·西南夷列传》，第2993页。

南越诸部首领赵佗自称为王，割据称雄，东越亦相继反叛。建元六年（前135年），武帝派大将王恢率兵击灭东越，同时又派出当时著名的政治活动家唐蒙出使南越。唐蒙在南越了解到一个十分重要的情况："南越食蒙蜀枸酱，蒙问所从来，曰道西北牂柯，牂柯江（北盘江）广数里，出番禺（广州）城下。"①唐蒙由此得知枸酱由牂柯江运来。回到长安之后，他又向蜀商人打听牂柯江与枸酱的详细情况，蜀商人回答说："独蜀出枸酱，多持窃出市夜郎。夜郎者，临牂柯江，江广百余步，足以行船。"②经过反复调查，唐蒙终于弄清了从牂柯江可以乘船顺流而下直抵番禺城，便向武帝上奏说："窃闻夜郎所有精兵，可得十余万，浮船牂柯江，出其不意，此制越一奇也。"③并进一步说，要制越，宜先制服夜郎："诚以汉之疆，巴蜀之饶，通夜郎道，为置吏，易甚。"④于是汉武帝便命唐蒙为郎中将，率数千将士由巴蜀前往夜郎，晓谕夜郎侯多同。多同因得厚赐，且被唐蒙威德所感召，愿意归顺，汉王朝便于其地置犍为郡。接着，又以此为据点，开始了对西南夷腹地的大规模经营，发巴蜀士卒、囚徒修筑"南夷道"。

南夷道始自僰道（宜宾），直指牂柯江，抵达味县（今曲靖麒麟区）。这实际上是在常頞通五尺道基础上进一步作拓宽加固。但由于"士罢饿离湿死者甚重，西南夷又数反"⑤，故其道并未完全修通，对西南夷的经营也被暂时搁置一旁。然而经过汉王朝数年之功，加之又有原五尺道做基础，民间的往来得以加强，为稍后在这一地区正式设置郡县打下了良好基础。

元狩元年（前122年），张骞出使大夏（阿富汗）回来，向武帝报告了在大夏时见到四川生产的"蜀布""邛竹杖"，并得知由大夏经西南夷可通身毒（印度）。为"断匈奴右臂"，张骞提出，出巴蜀以联络大夏和西域各国，对匈奴进行钳形包围。于是，经营西南夷的问题又得到武帝的重视，并派王然于、柏始昌、

---

① （汉）司马迁：《史记·西南夷列传》，第2994页。
② （汉）司马迁：《史记·西南夷列传》，第2994页。
③ （汉）司马迁：《史记·西南夷列传》，第2994页。
④ （汉）司马迁：《史记·西南夷列传》，第2994页。
⑤ （汉）司马迁：《史记·西南夷列传》，第2995页。

吕越人等率兵入西南夷。但因被居住在洱海地区的昆明族所阻，道未能通，三人便辗转来到滇池地区，会见了滇池区域各族的首领尝羌。尝羌对王然于等言："汉孰与我大？"王然于即介绍了汉朝的情况，同时也详细地了解了滇池及盘江区域的风土民情和生产生活状况。由此更进一步坚定了汉武帝开边设郡的决心。

到了元鼎五年（前112年），汉朝举兵数路伐南越，由驰义侯率领的巴蜀、夜郎之兵，顺手牵羊斩杀且兰首领，将其地置为牂柯郡。西南夷各部皆震惊，纷纷请降，要求置郡。唯有滇王在"劳浸""靡莫"的支持下拒绝置郡。史载："上使王然于以越破及诛南夷兵威风喻滇王入朝。滇王者，其众数万人，其旁东北有劳浸、靡莫，皆同姓相扶，未肯听。"不仅如此，"劳浸、靡莫数侵犯使者吏卒"[1]。汉王朝在这一区设置郡县的措施受到了严重阻碍。

劳浸、靡莫世居盘江沿岸，系古盘江人与氐羌人融合而成，故保留了氐羌游牧民族粗犷、彪悍的特点，难以驯服，又有较先进的战斗武器。例如，在曲靖珠街八塔台古墓葬中出土的这一时期的兵器就有铜剑、铜矛、铜戈，还有不少铁剑、铁刀、铁矛等。劳浸、靡莫曾多次攻杀汉朝派来的使者、士卒。素来穷兵黩武的汉武帝是决不能容忍劳浸、靡莫杀使者、逐吏卒的，故在王然于政治招降失败之后，武帝便派郭昌率兵进讨，以求武力解决。史载，元封二年（前109年）"天子发巴蜀兵击灭劳浸、靡莫"[2]，剪除了在滇池和盘江区域设置郡县的最大障碍，接着又"以兵临滇。滇王始首善……举国降，请置吏入朝"[3]。汉王朝终于在滇王地和劳浸、靡莫等相当于今云南大部分地区的范围内设置了益州郡，下辖二十四县。

从秦常頞通五尺道开始在滇东地区置吏，经汉唐蒙修南夷道的进一步经营，一直到元封二年郭昌武力击灭劳浸、靡莫，可以看出郡县制在滇东的设置曾经有过多次反复。然而尽管如此，郡县制的最后确立，是秦汉以来统一多民族中央集权国家整体发展的客观要求和历史必然，既符合历史发展的总趋势，也符

---

① （汉）司马迁：《史记·西南夷列传》，第2997页。
② （汉）司马迁：《史记·西南夷列传》，第2997页。
③ （汉）司马迁：《史记·西南夷列传》，第2997页。

合边地各民族迫切希望与内地汉族人民之间相互交往沟通的共同愿望，因而郡县制在滇东的最后确定，为两汉时期滇东经济文化的大发展创造了极为有利的条件。

（二）汉族移民的迁入、经济的发展，使滇东地区最终成为云南政治、经济、文化的中心

经过多年战争，汉王朝终于打败了屡伤使者、吏卒的劳浸、靡莫，在今曲靖境内设置了郡县。郡县在滇东地区的完全确立，是历史的一大进步。之后，为加强统治，同时也考虑到新设郡县与原有郡县、边疆郡县与内地郡县的差异，以及边郡的其他特殊性，汉王朝采取了一系列特殊措施：

首先，既设郡县官吏，又保留土长，使其"复长其民"[1]，这是特定历史条件下采取的特殊手段。盖因当地土著民族首领有相当的号召力，又在本民族中享有较高威信，因此汉王朝派来的郡守、县令不能像内地一样直接对其下层群众进行统治，而不得不封那些部落首领为王、侯，任用其"复长其民"，实行羁縻统治。在经济方面，土酋多以纳贡形式，象征性地将本地土特产缴纳王朝，王朝则以赏赐形式给予实惠，这实质上是一种物质的交换。汉王朝通过上述方式，维系边郡与王朝的关系。

其次，为充实汉王朝在益州郡的统治基础，实行"徙民实边"政策。《史记·平准书》说：武帝时"通西南夷道……乃募豪民田南夷，入粟县官，而内受钱于都内"[2]。武帝募发内地的汉族地主、商人到西南夷地区垦屯，将其所得的谷物、粟缴纳给当地政府，然后持所发凭证回到内地取得粮钱。这部分由地主、商人从内地招募组织而来进行屯田的农民，是为汉族移民的重要组成部分。另外，汉王朝还将犯有"死罪"的囚徒和一些"奸豪之徒"迁入边郡，正如《华阳国志·南中志》所载："乃募徙死罪及奸豪实之。"为使这些迁移而来的民户能够安心戍边，汉王朝又在经济、生活、生产方面给予其极大优惠。按

---

① （汉）司马迁：《史记·西南夷列传》，第299页。

② （汉）司马迁：《史记·平准书》，第1421页。

西汉政治家晁错的说法就是：先在边地"审其土地之宜，观其草木之饶"筑城，创造有利于生产生活的物质条件；然后再"先为筑室……民至有所居，作有所用"，这就可以使迁来之民，能够"轻去故乡而劝之新（邑）也"；最后，还应"为置医巫，以救疾病，以修祭祀，男女有昏（婚），生死相恤，坟墓相从，种树畜长，居屋完安"，以达到"使民乐其处而有长居之心也"的目的。[①] 这些汉族移民，或是被招募而来，或是被发配而来，徙居滇池沿岸地区及今曲靖、陆良等坝区以后，筑城建寨，垦田拓荒，与当地滇族人民杂居共处，开汉族移民迁西南夷地区之先河，为以后历代汉族移民的不断迁入打下了良好基础。

另据考证，在移民中除大地主、大商人外，尚有不少是犯罪或在政治斗争中失势的豪门望族。他们虽被迁入西南夷地区，但由于有一定的政治经验，故多与那些大地主、大商人一起成了郡县长官的左膀右臂，共同统治移民中的平民和当地各民族人民。其中不少人逐渐发展为大姓势力，成了统治阶层。而那些被招募而来的贫民和部分戍边屯田的士卒及其家属，在屯田自给的同时被组编为军，战时作战，平时务农，后逐渐演化为大姓的部曲。汉族移民中大姓与部曲的逐渐形成与发展，为后世爨氏家族的崛起与称雄提供了深厚的土壤。

另一方面，随着大批汉族移民，特别是直接的生产者——下层群众的到来，不可避免地增加了他们与当地各少数民族的日常交往。双方互相交流，促进了滇东地区经济文化的发展。关于生产发展的情况，《后汉书》言：滇池地区"河土平敞，多出鹦鹉、孔雀，有盐池田渔之饶，金银畜产之富。人俗豪忕，居官者皆富及累世"[②]。滇东一带的情况大抵亦相似。从珠街八塔台出土的一千多件文物中有大量的"铜斧、铁斧、铜凿、铁凿等生产工具"来看，铁工具的广泛使用，也说明当时的农业生产已十分发达。再就是王莽时文齐任益州太守期间[③]，曾做了大量的安定秩序、发展生产、有益于社会发展的工作。史载，文齐"造起陂池，开通灌溉，垦田二千余顷"。滇东亦应当为疏通河道、修圩灌溉的

① （汉）班固：《汉书·晁错传》，北京：中华书局，1962，第2288页。
② （宋）范晔撰：《后汉书》，北京：中华书局，1965，第2846页。
③ 约王莽地皇二年（21年）至东汉建武十二年（36年）。

主要地区之一，新垦的二千余顷良田，也应在滇池沿岸和盘江流域坝区。

生产的发展，必然带来人口的增殖，据《汉书》云："益州郡……户八万一千九百四十六，口五十八万四百六十三，县二十四。"而同期靠近关中地区的汉中郡也不过"户十万一千五百七十，口三十万六百一十四，县十二"。两郡相比，居于边地的益州郡人口数与靠近首都长安的汉中郡基本相当，从而证明了这一时期益州郡社会经济的长足发展。而益州郡辖下的近 60 万人口，无疑是主要分布在今昆明、曲靖、陆良及玉溪一带的坝区。

综上所述，两汉时期汉族移民第一次大规模迁入，促进了滇东地区经济的发展。铁工具广泛使用于农业生产，垦田灌溉的推广，种植面积的扩大，刺激了人口的繁衍与增殖，从而为爨文化的产生和兴起创造了必要的物质条件。

第一章

南中大姓的崛起

爨文化是云南历史上继古滇文化之后，兴盛于魏晋南北朝至唐中叶的爨氏统治区内的区域性地方民族文化。它是在大姓势力的代表爨氏家族独霸南中之后，经过漫长的文化整合而逐渐形成的，最显著特点是以"爨"为名。其含义有：爨氏，东汉以来首屈一指的豪门望族，三国蜀汉时位列"四姓五子"，东晋以后为诸大姓之首，南中地区最大的统治家族；爨区，即爨氏统治区域，鼎盛时包括整个宁州地区，亦即今云南全境、贵州西部、四川西南部的广大地区；爨部，即爨区内各少数民族部落，所谓的爨蛮三十七部；爨人，即爨区居民，主要为滇人与汉人融合而成的一个历史民族群体，又因文化和区域差异而分为"西爨白蛮"和"东爨乌蛮"，以及被称为爨部的其他各族居民。

由此可知，爨氏为南中大姓之首，爨文化是由爨氏统治之下强大的政治经济聚合力而形成的区域性历史文化。因而研究爨文化，必须从南中大姓入手。什么是南中大姓，其源流如何，分布怎样，这些便是首先要讨论的问题。

第一节　南中大姓的由来、分布及演化

一、南中大姓的由来

关于南中大姓的由来，学术界众说纷纭，莫衷一是，或认为是"夷化的汉人"，或认为是"汉化的夷人"。南中大姓的来源是多元多层次的，大致可分为三类：一是落籍汉裔大姓，二是落籍夷裔大姓，三是土著夷裔大姓。[①] 现分述于下：

———————————

① 鲁刚：《试论南中大姓的族属及其发展演变》，《广西民族学院学报》，1998年刊庆专辑。

（一）落籍汉裔大姓

所谓落籍汉裔大姓，系指那批落籍南中地区的汉族移民上层的后代，他们从内地迁徙而来，移居南中地区后逐渐发展成为拥有武装力量的方土大姓和豪门望族。

内地汉族移居南中，始于西汉武帝开边设郡置吏时，主要是为了戍边。史载："当是时，汉通西南夷道，作者数万人，千里负担馈粮，率十余钟（六石四斗）致一石，散币于邛、僰以集之。数岁，道不通，蛮夷因以数攻，吏发兵诛之，悉巴、蜀租赋不足以更（偿）之。乃募豪民田南夷，入粟县官，而内受钱于都内。"[①]上举武帝时"募豪民田南夷""募徙死罪及奸豪"充实益州郡，便是最早的汉族移民。此后，内地人户便不断移居南中，直到两晋时期仍源源不断。

移民的主要来源，有为巩固新郡（新设置的郡县）、边郡（边境地区设置的郡县）统治屯田戍守而来者，有因战争流散不归而落籍南中者，亦有在封建王朝内部倾轧中失势而被流放南中者。如上所述，由于屯守、兵争、避难、流寓、招募、游宦、开矿、强迁以及其他原因，不少内地汉族迁徙到南中来安家落户，人口逐渐增加，到了西汉末年，其中的部分豪门望族便发展成为南中地区的"方土大姓"。三国蜀汉时期，由于诸葛亮采取重用政策，大姓势力得到进一步发展。此类大姓，碑史可考者为吕、雍、赵、王、霍、爨等。

吕氏　吕氏为永昌郡首姓，落籍不韦县（今保山市），史载为吕不韦的后裔被徙至蜀中以后再徙至南中者。《史记·吕不韦列传》载，始皇十年（前237年），秦王怒吕不韦专权乱政，遂对其夺官免相，且赐书曰："……其与家属徙处蜀！"吕不韦惧，"饮鸩而死"。[②]另据《三国志·蜀书·吕凯传》注引晋人孙盛《蜀世谱》云："初，秦徙吕不韦子弟宗族于蜀汉。汉武帝时，开西南夷，置郡县，徙吕氏以充之，因曰不韦县。"[③]吕氏家族著名者为吕凯、吕祥父子。《三国志·蜀书·吕凯传》说："吕凯，字季平，永昌不韦人也，仕郡五官掾功

①（汉）司马迁：《史记·平准书》，第1421页。
②（汉）司马迁：《史记·吕不韦列传》，第2513页。
③（晋）陈寿撰，（宋）裴松之注：《三国志·蜀书·吕凯传》，第1046页。

曹……永昌既在益州郡之西，道路壅塞，与蜀隔绝，而郡太守改易，凯与府丞蜀郡王伉帅厉吏民，闭境拒（雍）闿……凯威恩内著，为郡中所信，故能全其节。"[1] 这段记载说明，在三国初年南中大姓联合反蜀时，南中越巂、牂柯、益州、永昌四郡中唯永昌因吕凯而未叛，加之其家族自西汉武帝间便一直世居不韦县，成为永昌大姓，所以诸葛亮南征后分原四郡为七郡，吕凯便成为云南郡第一任太守且"封阳迁亭侯"，其势力非但未被削弱，反因得到朝廷保障而大大发展。其后吕凯在"夷僚反叛"中被杀，其子吕祥袭任云南、永昌太守。《蜀世谱》说："（吕）祥子及孙世为永昌太守。李雄破宁州，诸吕不肯附，举郡固守。"[2]《华阳国志·南中志》说："（吕）祥子元康（291—299年）末为永昌太守……吕氏世官领郡，于今三世矣。"[3]

吕氏家族为永昌郡大姓。西汉置不韦县，吕氏家族从蜀中迁徙到此，但均不见于史书，直到三国时，自吕凯始四世为官云南、永昌两郡。其发展成为大姓势力经历了三百余年[4] 才完成。到了东晋时期，"值南夷作乱，闽濮（永昌郡夷族）反，乃南移永寿，去故郡千里，遂与州隔绝"[5]。由此可知，吕氏在少数民族的反抗中离开故地不韦县南迁永寿[6]，此后便不见吕氏家族的记载了。

雍氏 雍氏为建宁郡大姓。存史者唯雍闿，蜀汉初年南中起兵反蜀首推其人，为益州郡大姓的代表。据考证，其远祖为汉初与刘邦同时起兵的"沛豪"雍齿，因不愿受节制而离开刘邦。后刘邦做了皇帝，为稳定疑虑不安的群臣，封雍齿为侯，其封地在今四川什邡县。史载："什邡县，汉高祖六年封雍齿为侯国。"[7] 由上可知，雍闿为汉族移民是无疑的。至于雍氏什么时候迁入南中不得而知，但其迁入南中，后居住在经济文化最为发达的滇东、滇中一带，成为一

① （晋）陈寿撰，（宋）裴松之注：《三国志·蜀书·吕凯传》，第1047页。
② （晋）陈寿撰，（宋）裴松之注：《三国志·蜀书·吕凯传》，第1047页。
③ （晋）常璩撰，刘琳校注：《华阳国志·南中志》，第435页。
④ 元封二年（前109年）至建兴三年（225年）。
⑤ （晋）常璩撰，刘琳校注：《华阳国志·南中志》，第435页。
⑥ 不知在今何处，但从"去故郡千里"推测，当在今缅甸境内。
⑦《水经注·江水》。

方豪族，三国初趁中原纷争联合其他大姓反蜀。史称"耆帅雍闿，恩信著于南土"①，说明其人在南中很有威信。蜀汉初章武三年（223 年）刘备死后，雍闿等南中大姓闻风而动，诸葛亮令都护李严致书晓以道理，而雍闿回答说："愚闻天无二日，土无二主。今天下派分，正朔有三（指魏、蜀、吴三国），远人惶惑，不知所归。"②随后即兴兵反蜀，并被吴国"遥署"为永昌太守，以远交近攻策略对抗蜀汉。诸葛亮南征，其势力遭到摧毁，史书中亦不复见雍姓记录。

霍氏　汉族移民大姓中，来源脉络最清晰的是霍氏家族。据《三国志·蜀书·霍峻传》《华阳国志·南中志》等文献记载，霍氏原籍南郡枝江县（今湖北枝江县），汉末霍氏曾祖霍峻随刘备入蜀。后霍峻子霍弋率"霍家部曲"南下，先后任参军、护军和永昌、建宁等郡太守，西晋初拜"南中都督"，死后子霍在袭职，东晋时霍在子霍彪为晋越巂、建宁太守，成汉为宁州刺史。霍氏自霍弋以下三世一百来年为南中封疆大吏，遂跻身南中大姓之列，成为一大显赫

图 1-1：霍氏墓
（范建华　摄影）

图 1-2：霍氏墓碑
（范建华　摄影）

---

① （晋）陈寿撰，（宋）裴松之注：《三国志·蜀书·张裔传》，第1011页。
② （晋）常璩撰，刘琳校注：《华阳国志·南中志》，第352页。

图 1-3：墓砖上的人像（范建华 摄影）

家族。《华阳国志·李雄志》："（咸和）九年（334年）春，分宁州置交州，以霍彪为宁州刺史、建宁爨琛为交州刺史。"霍、爨两姓为南中最有实力的大姓，至"咸康五年（339年）三月乙丑，广州刺史邓岳伐蜀，建宁人孟彦执（李）寿将霍彪以降"[1]。霍氏家族势力被瓦解，促成爨氏独霸南中局面的形成。值得注意的是，史载"建宁郡……有五部都尉、四姓及霍家部曲"[2]，而落葬于东晋后期的霍承嗣墓却出土于今昭通后海子，亦即晋朱提郡朱提县境。历史记载与考古资料发生了抵牾，恰恰从一个侧面反映了霍氏家族在南中曾经历了寄籍建宁到最后落籍朱提的曲折历程。这大概与霍氏家族世代为朝廷命官，往来于南中诸郡而非固定于一地的政治生涯有关。霍氏墓的出土，说明霍氏家族虽经历了很长的寄籍阶段，但最终还是落籍下来成为南中大姓。诚如霍氏墓壁画《题记》所说："本是荆州南郡枝江人……先葬蜀郡……改葬朱提。"（图 1-1 至图 1-3）

王氏 王氏为晋宁郡之大姓，落籍连然县（今安宁市）。祖为"隋大都督"，唐初父子相袭任"河东州刺史"。王氏世代盘踞滇池西岸地区，大约南北朝时便颇有势力。安宁唐代《王仁求碑》（图 1-4）云："君讳仁求，安宁郡人。其胄出于太原，因迁播而在焉，十有余世。"[3] 碑主王仁求死于唐高宗咸亨五年（674 年），

① 《晋书·成帝纪》，转见《华阳国志·李特雄期寿势志》，第691页。

② （晋）常璩撰，刘琳校注：《华阳国志·南中志》，第402页。

③ （唐）间丘均：《王仁求碑》，转见张昌山主编：《云南文化读本》，昆明：云南人民出版社，2014，
　 第14页。

图 1-4：王仁求碑（范建华　摄影）
现存于云南省安宁市鸣矣河乡小石庄村的《王仁求碑》，通高 4.01 米，碑身高 2.03 米，宽 1.17 米，厚 0.36 米。屃屭座长 2.6 米，高 0.89 米。碑文共 1638 字，记述了王仁求任大周河东刺史期间的事迹及南中大姓王氏的源流。

以此上推"十有余世"，则落籍南中的时间当在东晋时期。

爨氏　爨氏为南中诸大姓中最强大者，曾称霸南中四百余年。其来源，据陆良县南朝刘宋《爨龙颜碑》（图 1-5）云：其远祖采邑于爨，"因氏族焉"，河东郡（今山西运城）人氏，汉末"迁运庸蜀，流薄南入"，落籍南中同乐县（今曲靖市陆良县）。文献记载，南中爨氏第一人为爨习，《华阳国志·益梁宁三州先汉以来士女目录》载："爨习，建宁郡人。"《三国志·蜀书·李恢传》说："姑夫爨习为建伶（今昆阳）令，有违犯之事，恢坐习免官，太守董和以习方土大姓，寝而不许。"① 从上述记载可知，爨习在东汉末已居官县令，且"乡望标于四姓"，位列"四姓五子"之一，势力极大。

从以上大姓势力代表性家族可知，南中大姓里尤以落籍汉裔大姓势力最强，但由于落籍南中的时间和来源情况不一，而可再划分为"再生型大姓"和"派生型大姓"两类。

所谓"再生型大姓"就是指那些在内地曾经是强宗大族，后因获罪举族南迁者。因其在内地已失去势力，徙居南中后又重新滋蔓起来，故称"再生型大姓"。其代表为建宁雍氏家族和永昌吕氏家族。雍氏家族的先祖雍齿汉初封什邡侯，传四代被夺爵削土后，遂举族南迁滇中。吕氏家族更是赫赫有名的秦相吕不韦之后。"秦徙吕不韦子弟宗族于蜀汉"说的是举族而徙，至汉武帝开西南夷时，又被徙往最边远的永昌郡不韦县。由于此类大姓多属封建统治阶级内部因相互倾轧获罪而举族徙边的世家大族，以后又发展成为南中地区的豪门望族和方土大姓，故称其为"再生型大姓"。

图1-5：爨龙颜碑（范建华　摄影）

现存于云南省曲靖市陆良县马街镇薛官堡村的《爨龙颜碑》，始建于南朝刘宋孝武帝大明二年（458年），与现存于曲靖一中校园内的《爨宝子碑》相比，此碑较大，通高3.38米，上宽1.35米，下宽1.46米，厚0.25米，碑阳正文24行，行45字，共927字，故称"大爨"。它是现存晋宋间云南最有价值的碑刻之一，碑文追溯了爨氏家族的历史源流，记述了碑主爨龙颜的平生事迹，是研究爨氏家族历史及爨文化的重要实物资料。

① （晋）陈寿撰，（宋）裴松之注：《三国志·蜀书·李恢传》，第1045页。

所谓"派生型大姓",即由内地豪门大族中的支脉单家独户移民南中,或是大地主、大商人受王朝鼓励而来组织屯田,或是因战乱而迁入,或是因为官留居南中而最后落籍,又经过若干代人才逐渐发展成为大姓。因其属内地强宗大族的分枝蔓叶,故称其为"派生型大姓"。

此外,还有介于两者之间的霍氏家族。霍氏南来,既不同于举族而迁的雍、吕等再生型大姓,也不同于一家一户进入南中后逐渐发展起来的爨、王等派生型大姓。霍氏是以镇将的身份率"霍家部曲"进入南中的。关于"霍家部曲"的来历,史载霍氏曾祖霍峻之兄霍笃,汉末"于乡里合部曲数百人",霍笃死后转归霍峻统辖,后带入蜀中再辗转南入。[1] 率由乡人为基干扩充而来的家兵家将进入南中,世代为封疆大吏发展而成大姓的,史有明载者唯霍氏一家。霍氏家族这种既为封疆大吏,代表王朝统治,又独霸一方的豪强,在汉晋时期有一定代表性。王朝依靠他们来维系封建统治,他们则借王朝之声威扩充实力,成为方土大姓中最具实力的一类。

(二)落籍夷裔大姓

"落籍夷裔大姓"指的是那些由内地少数民族中的上层分子移居南中后转化而来的大姓,以朱提郡孟氏家族为代表。

昭通出土的东汉《孟孝琚碑》(图1-6)云:"严道君曾孙,武阳令之少息,孟广宗(即孟孝琚)卒。"[2] 从中反映出了两个问题:一是孟孝琚乃严道君的后代;二是严道君的族属和严道的地望。据考,"严道县,本秦旧县"[3],后废,西汉复置,先后属沈黎郡、蜀郡属国和汉嘉郡。其地望,《南史·刘峻传》云:"青衣水左侧并是秦之严道地。"为今青衣江南岸的四川雅安、荥经两县境,亦即《史记·西南夷列传》所说的"自嶲以东北"的徙、筰都夷地。之所以称"道",《续汉志》云:"凡县主蛮夷曰道。"据此可知,道为秦汉时在蛮夷之地设置的与县并列的一级行政区划,且道的少数民族首领多称"君",如《史记·西

---

① (晋)陈寿撰,(宋)裴松之注:《三国志·蜀书·霍峻传》,第1007页。
② 见张昌山主编:《云南文化读本》,第75页。
③ 见《元和郡县志》。

图 1-6：孟孝琚碑（范建华　摄影）

清光绪二十七年（1901 年）五月，出土于云南省昭通市白泥井的《孟孝琚碑》，上端断残，下端完整，左有龙纹，右有虎纹，下有龟纹。残碑高 1.33 米，宽 0.96 米，碑文共 15 行，每行残存 21 字，隶书，记述了孟孝琚的平生。碑文说明孟氏是汉晋时期的朱提大姓。

南夷列传》所载的"且兰君""筰君""邛君"等。《孟孝琚碑》称碑主为"严道君"之后裔，严道君为严道县的少数民族大酋长，则孟孝琚乃是从严道迁来的少数民族落籍南中后的宗裔无疑。

朱提大姓孟氏家族的来源，揭示了南中地区的移民里确有来自内地的少数民族，其中有的上层集团落籍南中后也发展成为大姓。究其迁入的缘由，大多也是被封建政府驱使而来。两汉时期，王朝不断征调、遣发内地大量人户进入南中开道、屯田、驻防、为官……特别是遇上南中少数民族反叛时，更是几万、几十万地发兵镇压，其中不少人便落籍下来，成为移民。而当时遣发的内地人口中，历来以巴、蜀人为主。巴、蜀一带是两汉王朝经略南中地区的根据地，就近发兵是很自然的事。史载汉武帝时"因通西南夷道，遣发巴、蜀、广汉卒，作者数万人"①。西汉末滇中僰人起兵反抗，王莽"大发天水、陇西骑士，广汉、巴、蜀、犍为吏民十万人，转输者合二十万人，击之"②。东汉初昆明诸种反抗，光武帝"发广汉、犍为、蜀郡人及朱提夷万三千人击之"③。直至东汉末灵帝时，又先后调发"并凉劲兵"和巴郡"板楯蛮"镇压滇中少数民族的反抗④……遣发而来的内地人口中为官、屯田、戍边者，亦多为巴、蜀之人。而上述巴、蜀之人或"并凉劲兵""板楯蛮"在两汉时多为少数民族，不过汉化程度较高而已。如并、凉二州在今甘肃一带，当时为羌族所居，因而并非凡外来人口迁入南中者均为汉族。这些靠内地区的少数民族落籍南中以后，少数上层也转化为大姓，其部曲仍为私家武装，在原籍如此，落籍南中后亦如此，所以我们把这部分由少数民族移民中的上层转化而来的大姓称为"落籍夷裔大姓"。

（三）土著夷裔大姓

所谓"土著夷裔"，即南中地区土著民族的后代，其中有的也在汉文化的影响下逐渐发展为大姓。此类大姓与夷帅不同，夷帅是当地少数民族部落酋长，而此类大姓虽原为少数民族中的上层统治者，但与王朝关系较夷帅更为密切，其部曲或家部曲均是纳入政府编户的齐民，且得向王朝缴纳贡赋。而夷帅统治下的部落群众则是未纳入王朝的编户。他们跟其他大姓基本一样，仅族源不同而已，由于特殊的双重身份，在夷、汉中间都很有威信。此类大姓，以建宁郡孟氏家族为代表。

孟氏最早见于记载的是王莽时领导滇中僰人大起义的孟迁。据《汉书·王莽传》载，西汉末，益州郡僰人反，王莽调兵数十万，征战数年而不能平。若豆、孟迁为此次反抗的首领，当为僰族中的大酋长，王莽垮台后，孟迁等人不知所终。三国时建宁郡大姓孟获，当是孟迁之后，故与滇中"夷、叟"有天然联系，《三国志·蜀书·诸葛亮传》注引《汉晋春秋》云："孟获者，为夷、汉

---

①（汉）司马迁：《史记·司马相如传》，第3046页。

②（汉）班固：《汉书·王莽传》，第3846页。

③（宋）范晔撰，（唐）李贤等注：《后汉书·西南夷列传》，第2846页。

④（晋）常璩撰，刘琳校注：《华阳国志·南中志》，第349页。

所服。"蜀汉初，益州大姓雍闿联合其他大姓反蜀，煽动"夷、叟"参战，"益州夷复不从闿。闿使建宁孟获说夷、叟曰：'官欲得乌狗三百头，膺前尽黑，螨脑三斗，斲木构三丈者三千枚，汝能得不？'夷以为然，皆从闿。斲木坚刚，性委曲，高不至丈二，故获以欺夷。"①孟获用谎言欺骗"夷、叟"而竟被信以为真，可见其人在益州郡少数民族中确有威望，"夷、叟"都十分信任他。这大概是因其间有着族源关系的缘故。滇叟与滇僰为同一民族，孟获为僰蛮大酋长孟迁后裔，人们自然便信服于他了。作为僰人酋长后裔的孟获，转化为南中颇有影响的地方势力并由此构成南中大姓中的又一类型。

综上所述，南中大姓从其来源看，主要是汉族移民中的统治者、落籍少数民族移民的统治者和当地土著居民中汉化程度较高而有别于夷帅的统治者。这三类大姓有一个共同的特点，就是拥有私家武装——部曲，各自占有一定地盘，形成拥兵自重的一方豪强。

二、南中大姓的形成

大姓是拥有武装、占有地盘和部曲的地方实力派，其形成过程中最关键的一环就是占有部曲。什么是部曲呢？据韩国磐先生考释："考'部曲'本义，为军队的编制形式。如《后汉书·百官志》所言：'其领军皆有部曲。大将军营五部，部校尉一人……部下有曲，曲有军侯一人……曲下有屯，屯长一人……'这种军事编制的称谓，发展到凡是部下的士兵，一般都可泛称部曲，又再发展到贵族、官僚、豪门地主的家兵家将，既耕且战的私属，都可称为部曲。魏晋时政府的军队可以称为部曲，豪门地主的私属称为部曲者更日益增多。"②在南中，西汉时期，戍守边地的军队亦如上所说，是按部、曲、屯的组织系统来统率的，统率这些部曲的是地方郡县长官或落籍南中的汉族移民上层，且多因长期任职而父子承袭，世代相传。由于既是地方长吏，又是豪强土长的特殊双

---

① （晋）常璩撰，刘琳校注：《华阳国志·南中志》，第352页。
② 韩国磐：《魏晋南北朝史纲》，北京：人民出版社，1983，第137页。

重身份，统率者逐渐把原属于地方郡县的军队变成自己的私人武装，即所谓的"兵为将有"，形成了家私部曲。《后汉书·西南夷传》说，益州郡"土平敞，有盐池、田、渔之饶，金、银、畜产之富，人俗豪忲，居官者皆富及累世"。《华阳国志·南中志》也说："益州西部，金银宝货之地，居其官者，皆富及十世。"这里所说的居官者"富及累世"或"富及十世"都是一个意思，即世代相袭形成豪门世族。诚如唐长孺先生所指出的那样："豪门大族都拥有兵，兵不单作战而且还耕田。这样即进一步建立了经济上、政治上、军事上的势力。"[①] 部曲虽不是奴隶，但依附性很强，尤其在南中众多少数民族包围之中，地方郡县长官和这些拥有部曲的上层统治者要有效统治南中，便只得互相依靠。大姓们占有部曲，而且依靠部曲作为统治南中的工具，部曲们则依赖大姓的庇护成为所谓的驻屯户，战时参战，平时屯种。

蜀汉初年诸葛亮南征以后，曾采取了三项措施。一是部勒战俘为"部曲"。史载战后诸葛亮征调"劲卒、青羌万余家于蜀"时，曾"分其羸弱配大姓……为部曲"[②]。二是鼓励大姓购置"家部曲"。《华阳国志·南中志》说："以夷多刚狠，不宾大姓富豪，乃劝令出金帛，聘策恶夷为家部曲……"三是"迁濮民数千落于云南、建宁界，以实二郡"[③]。这样便使许多大姓的部曲得到了充实。

总而言之，通过不断的演化，最初为既耕且战的郡县屯兵，慢慢地演化为南中大姓私家拥有的武装，成为其称雄、构乱、割据一方的政治、军事、经济资本。南中大姓便是通过占有部曲并控制一隅而逐渐形成的。

三、南中大姓的分布

从南中大姓的三个来源，可知其主要是在滇池和盘江区域经济文化比较发

---

① 唐长孺：《孙吴建国及汉末江南的宗部与山越》，《魏晋南北朝史论丛》，武汉：武汉大学出版社，2013，第18页。
② （晋）常璩撰，刘琳校注：《华阳国志·南中志》，第357页。
③ （晋）常璩撰，刘琳校注：《华阳国志·南中志》，第357页。

达的地区发展起来的。由于滇池区域是古滇文化的发祥地，盘江流域的原始居民"劳浸、靡莫之属"与滇人"同姓相扶"，经济文化同属一体系。汉武帝开道置吏和外来移民也主要分布在这一地区。加之自然条件较好，农耕文明开发较早，故而南中大姓也主要是分布在这一区域。现仅就有史可考者的三十三姓四十五家大姓，按晋代行政区划将其分布情况录于下：

（一）建宁郡大姓

计有焦、雍、娄、爨、孟、董[1]、毛、李、罗、周、赵、陈、魏十三家。

《华阳国志·南中志》记载："大姓焦、雍、娄、爨、孟、董、毛、李"，"建宁州民毛衍、罗屯"。其中，雍氏以雍闿为代表，其余不见于史。爨氏以爨习为其最早见于南中史迹者，后历代人物层出不穷，延至明清均有记载。孟氏以孟获为代表，且有建宁孟氏与朱提孟氏之分，三国时有孟琰、孟获、孟干、孟通等。董氏一族，《华阳国志·南中志》载有董元、董敏、董霸、董炳等。毛氏以毛炅为代表，其后有毛辩、毛诜、毛耐、毛孟、毛衍、毛玮予等见于碑史。李氏家族最具代表性者为李恢，其后见于史者有李遏、李睿、李松、李猛（为朱提大姓）等。焦、罗两氏，据方国瑜先生考证，疑"焦"为"罗字形近说"[2]。

另在《爨龙颜碑》题名者中有：故吏"建宁周贤""建宁赵道主""建宁陈世敬"。其余不见于史，当为南中大姓而史迹不存。

《华阳国志·后贤志》则有晋犍为太守"建宁魏纪"的记载，详情亦不得而知。

此外，在建宁郡大姓中，可知县籍者有四：

爨氏，同乐县（今陆良县）籍。李氏，俞元县（今澄江县）籍。孟氏，牧靡县（今寻甸县、嵩明县）籍。毛氏，味县（今曲靖市麒麟区）籍。史料见于《爨宝子碑》《爨龙颜碑》《三国志·蜀书·李恢传》《云南志·名类》《华阳国志·南中志》及《毛辩碑》（见道光《云南通志长编·金石志》）等。

---

① 《华阳国志·南中志》作"量"，下有注释："量"，疑为"董"之讹。
② 方国瑜：《方国瑜文集》，昆明：云南教育出版社，2001。

（二）晋宁郡大姓

据《爨龙颜碑》碑阴题名，晋宁郡大姓有赵、骆二姓，即"晋宁赵世符""晋宁骆雄"。又据《王仁求碑》云："君讳仁求，安宁郡人也。"王氏为安宁人，当汉晋之连然县即今安宁市一带。

（三）朱提郡大姓

朱提郡大姓共九家。《华阳国志·南中志》载："大姓朱、鲁、雷、兴、仇、递、高、李"，加《孟孝琚碑》碑主孟氏家族。朱氏，其代表有牂柯太守朱褒，蜀汉时拥郡反蜀，马忠伐牂柯见诛，其后人不得而详。雷氏，存史者有雷逢、雷炤二人。晋世雷炤被察举为孝廉，任平夷（今贵州毕节）太守、犍为太守，后投降李雄政权，下落不明，其后世亦不可知。孟氏，《华阳国志·益梁宁三州先汉以来士女目录》载："辅汉将军孟琰，字休明。右一人朱提人士。"朱提孟氏自孟孝琚曾祖起算到张九龄《曲江集》卷十二载唐玄宗《敕安南首领爨仁哲等书》有"升麻县令孟聘"，大约历经了七百年，唯其与建宁孟氏之间的相互关系尚难以确定。

（四）牂柯郡大姓

牂柯郡大姓存史者为谢、龙、傅、尹、董、王、范、文等九家。

《后汉书·西南夷列传》载：西汉之际，"大姓龙、傅、尹、董与郡功曹谢暹保境为汉"。其中，牂柯尹氏为一姓两宗，《华阳国志·南中志》载："毋敛人尹珍……夜郎尹贡。"

牂柯郡大姓可考县籍者有四：

谢氏，毋敛县（今贵州三都县）籍。傅氏，平夷县（今贵州毕节市）籍。尹氏，毋敛县籍和夜郎县（今贵州安顺市）籍。王氏，鳖县（今贵州遵义市）籍。[①]

（五）永昌郡大姓

计有吕、陈、赵、谢、杨五家。

---

① 史料所出为《后汉书·西南夷列传》《华阳国志·南中志》等。

《华阳国志·南中志》载："大姓陈、赵、谢、杨氏。"

县籍可考者唯吕氏，《三国志·蜀书·吕凯传》载："吕凯，字季平，永昌不韦县人也。"

（六）云南郡大姓

姚氏。另有王、李两氏待考。

《晋书·明帝纪》云："太宁元年（323 年）五月，成汉李骧等寇宁州，刺史王逊遣将军姚岳战于堂狼（今云南会泽县），大破之。"《华阳国志·南中志》载："李雄遣叔父骧破越巂，伐宁州，王逊使都护云南姚岳距骧于堂狼县；违逊指授，虽大破之，骧不获。"《晋书·王逊传》亦载：姚崇大破李骧军，追到泸水（金沙江），以道远不敢渡水，逊以崇不穷追，"怒囚群帅，执崇鞭之；怒甚，发上冲冠，冠为之裂，夜中卒"。文中把姚岳写为姚崇，实为一人。姚岳率领军队与李骧战于堂狼，所部将士当是自己的部曲。延至唐初，《旧唐书·地理志》说："武德四年（621 年），安抚大使李英以姚州内人多姓姚，故置姚州。"另据方国瑜先生考释，姚州原为青蛉县地（今云南姚安县），属云南郡，所谓云南姚岳即为青蛉县人。从姚岳活动的年代到唐初已相距三百余年，聚居在这里的人还有很多姓姚，说明姚氏家族并未绝迹，故唐置姚州便以其居民姓氏而命名。

（七）南广郡大姓

杨氏，仅见于《爨龙颜碑》碑阴题名有"南广杨育道"，惜其家世不清。

此外，诸如庞氏等其他大姓，虽郡望不详，但亦足以说明当时南中大姓分布很广，势力很大。再如《隶释》卷十七所载东汉永寿元年（155 年）《益州太守碑》说："碑之左有功曹掾故吏题名四十八人，皆属邑建伶（今昆阳）、牧靡（今寻甸、嵩明）、弄栋（今姚安、大姚）、滇池（今晋宁、呈贡）、谷昌（今昆明）、俞元（今澄江、江川）之人也，仅有王、李数姓可辨，名字皆不存矣……碑阴有牧靡故吏三人题名，在跌之右。"[1] 此碑题名的益州太守属吏五十一人，显然也都是南中的名门世族。

---

[1] （宋）洪适撰：《隶释·隶续》，北京：中华书局，1985，第177页。

总之，经过西汉的不断发展，大姓势力已成为封建王朝在南中的统治基础。他们利用所占有的部曲，协助王朝统治边疆少数民族，而当王朝势力削弱时，又利用与土著夷帅的天然联系来反抗王朝，割据称雄。与此同时，大姓之间也常常为争夺部曲和地盘而发生纷争。最后，南中地区终于在大姓的相互兼并中形成爨氏独霸的局面。

四、南中大姓的演变

南中大姓的形成与发展，曾经历了极为复杂的演变过程，大致可分为西汉、东汉、魏晋南北朝三个不同的历史阶段。由于由来不同，南中大姓在这三个历史阶段的演化不尽相同。简要来说，南中大姓的演变，西汉时期是汉族和少数民族移民进入南中，并逐渐由一部分原有的或新兴的世家大族发展成为大姓的时期。东汉时期，南中社会经济文化得到极大发展，汉族屯户人口增多，汉文化影响不断加深，从而促使夷裔大姓逐步形成并趋于汉化。而到了魏晋南北朝时期，由于王朝势力在南中的萎缩，汉族移民与南中少数民族趋于同化，使得南中大姓走上了"夷化"的道路。总之，西汉是南中落籍汉裔和落籍夷裔大姓的形成时期，东汉是南中少数民族上层汉化和土著夷裔大姓的形成时期，而魏晋南北朝则是整个南中大姓逐步夷化的转折时期。

（一）西汉——落籍汉裔和落籍夷裔大姓的形成时期

南中大姓随开边置郡、"徙民实边"而来，根植于西南边疆少数民族地区，生息繁衍，发展壮大，经历了一百多年。在这一历史时期，夷、汉关系尚处在起步阶段，封建王朝实行的是"夷汉分治"政策。

众所周知，在汉王朝征服西南夷各部之后，随即设置了"西南夷七郡"，其中涉及后世南中地区的为益州、牂柯、越嶲和犍为南部地区。这批郡县，史称"边郡"和"新郡"。西汉时的诸边郡，本质上与内地郡县无大的区别，都是封建国家的两级地方政权，但由于"边"和"新"的特点，他们在统治对象、政府职能方面，与内地郡县又有所区别。统治对象方面，尽管史籍中也偶有把南中土著民族称为"民"的记载①,而且不完全地纳入户口统计②,但实际上边郡的直接统治对象并非辖区内的全体居民,而仅限于两类人:一是落籍边地的民屯户;二是寄籍边地的屯兵戍卒。两者均为王朝自内地征调、遣发而来的人户,既是郡县政府直接控制下的编户齐民,又是西汉王朝"能够在广大'西南夷'地区进行比较稳固统治的直接的经济、政治乃至军事的源泉"③。郡县官吏的另一职能便是以"羁縻"的形式,间接统治南中各少数民族。

所谓"羁縻",就是通过控制少数民族上层来统治少数民族人民。这是一种带有污辱性的说法。大体说来,这种政策的推行主要是在滇、夜郎、句町等较发达地区。既用武力征服,又让土长"复长其民",与郡县形成"土、流并重"的统治形式。

由于西汉王朝实行的"夷汉分治"和羁縻政策,汉族移民和少数民族移民与土著居民的沟通与联系产生了障碍,因而落籍汉裔大姓和落籍夷裔大姓只能是在汉族和外来少数民族移民的社区中保留着自己故有的生产生活方式,而落籍南中的夷裔移民在徙居边地之前,原已受汉文化影响较深,所以这一时期一方面是落籍汉裔大姓的形成时期,另一方也是落籍夷裔大姓加速汉化的时期。

(二)东汉——落籍汉裔大姓的发展与夷裔上层逐步汉化并形成大姓的时期

两汉之际到蜀汉初年的两百年中,郡县制在南中崩溃后又恢复起来,"夷汉分治"的格局被打破,少数民族人户批量或零星地纳入郡县统治之下,民族关系日趋密切,民族同化随之出现。由于郡县编民中汉族在人口、生产方式两方面都占有相对优势,民族同化以汉族同化少数民族为历史趋势。这一阶段,汉裔大姓得到巩固和发展,而一些纳入郡县直接统治下的少数民族上层逐步汉化并转化为大姓。

据《汉书·西南夷列传》记载,自西汉昭帝始元元年(前86年)起,南中

---

① 《汉书·西南夷列传》载:"孝昭始之元年,益州廉头、姑缯民反,杀长吏。"这里所说的"民",实为"夷"。

② 见《汉书·地理志》。

③ 尤中:《中国西南民族史》,昆明:云南人民出版社,1985,第75页。

各族的反抗斗争就没有间断过，到王莽时期爆发了爨人大起义。在旷日持久的冲突和战争中，朝廷连连发兵而一再惨败。随着农民大起义的失败和新莽政权的垮台，西汉王朝对南中的统治便土崩瓦解了。

东汉初年，王朝在南中大姓和部分郡县官吏的配合下，几经征战和苦心经营，逐步恢复了对南中的统治。但是，修复起来的统治秩序已改变了原来的格局，一方面，在连年的战争中，原西南夷中几个较强大的封国如滇、夜郎、句町等最终走上了衰亡的道路；另一方面，郡县系统得以大大加强，至东汉永平十二年（69年）永昌郡设置后，王朝势力已深入到澜沧江、怒江西岸广大地区。夷王、夷侯统治萎缩与衰落，郡县统治扩大与加强，为将少数民族纳入郡县的"编民化"提供了必要的前提条件。

少数民族的"编民化"可分为"募集入编""收容入编"和"配隶入编"三种主要形式。"募集入编"是指郡县以招募和征调的办法，将零星或批量少数民族人户纳入郡县封建政府的直接统治下，成为郡县编民。《后汉书·西南夷列传》说：建初元年（76年）哀牢王类牢反，"肃宗募发越巂、益州、永昌夷汉九千人讨之。明年春，邪龙县昆明夷卤承等应募，率种人与郡兵击类牢于博南，大破斩之"[1]。这就说明当时朝廷募发的不仅有汉人，还有夷兵，所谓"郡兵"，已不限于戍卒屯兵，而是由夷、汉组成的地方武装。"收容入编"是指郡县收容那些在历次战乱中被冲散或被迫"降附"的各族人户，将其纳入郡县为编民。史载，两汉之际文齐任益州郡太守时，"降集群夷，甚得其和"[2]，这就是将战争中散落的各民族人户纳入郡县的直接统治下。"配隶入编"是指封建政府把战争中所俘获的少数民族人户就地配隶郡县为编民。通过以上三种形式，相当数量的少数民族人口被陆续纳入了郡县的直接统治之下。这样一来，以往那种"夷汉分治"的政治格局就被打破了。加之东汉时期，南中郡县编民里无论是人口数量还是生产方式，汉族都占据了相对优势，因此在郡县编民中，少数民族的

① （宋）范晔撰，（唐）李贤等注：《后汉书》，第2851页。
② （宋）范晔撰，（唐）李贤等注：《后汉书·西南夷列传》，第2846页。

汉化便成为历史的趋势。在这一过程中，纳入郡县的少数民族上层逐渐接受了汉文化，并进而演化成为夷裔大姓。

夷裔大姓的形成有一个重要的历史条件，便是东汉时期封建儒家思想在南中地区的广泛传播。据《华阳国志·南中志》载："明、章之世（58—88 年），毋敛人尹珍，字道真，以生遐裔，未渐庠序，乃远从汝南许叔重受五经，又师事应世叔学图纬，通三材；还以教授，于是南城始有学焉。珍以经术选用，历尚书丞、郎，荆州刺史。"牂柯大姓尹珍万里求学，还乡教授，习经入仕居高官的自发行动，标志着南中封建文教事业与南中大姓求学入仕活动的兴起。尹珍以后，又有牂柯大姓"平夷傅宝、夜郎尹贡亦有名德，（宝）历尚书郎、长安令、巴郡太守；（贡至）彭城相，号南州士人"[1]。尹珍、傅宝、尹贡的成功，不仅为汉裔大姓做出了表率，而且对那些纳入郡县的少数民族上层产生了强烈的诱惑力。设置学校，讲习"五经"，读书做官成为了社会的普遍要求。于是继"还乡教授"的私学出现之后，官办学校也应运而生。"肃宗元和中（84—87 年），蜀郡王追为（益州）太守，政化尤异……始兴起学校，渐迁其俗。"[2] 在兴办学校、传播儒家思想和学习汉文化热潮的冲击之下，那些纳入郡县的民族上层为提高政治地位与社会地位，纷纷遣送自己的弟子入学习经，以谋取官位和封赐。而系统、全面的封建教育正是纳入郡县的民族上层逐渐汉化并转化为夷裔大姓的强力催化剂。

（三）魏晋南北朝——南中大姓的逐步夷化时期

魏晋南北朝时期，是中国历史上大分裂、大割据、大混战的动荡年代，在西南边疆历史上也是多事之秋。几经战争和动乱，南中郡县内部汉族人口退居少数，"晋弱夷强"的格局步步加深；与此同时，生产关系也发生逆转，奴隶制逐渐占据主导地位，两汉时期郡县内的封建关系被大姓控制下的"家部曲"制所取代。随着这一变化，大姓与夷帅间的"遑耶"联姻制日趋普遍，又推动

---

① （晋）常璩撰，刘琳校注：《华阳国志·南中志》，第380页。
② （宋）范晔撰，（唐）李贤等注：《后汉书·西南夷列传》，第2847页。

了汉族的"夷化"进程，其最终结果是包括南中大姓在内的所有南中汉族统统融入当地少数民族。而这一过程中出现的爨氏独霸南中的局面，实质上正是使其区域文化由汉文化占据主导而逐渐转变为少数民族文化特色突出，到了隋唐时期则完全蜕变为少数民族文化了。从历史高度看，这也正是南诏大理时期南中地区为什么能形成相对独立的地方民族政权的一个重要因素。南诏大理时期，观其政治制度，明显已由汉晋时期的地方政权演变成为割据政权；其社会组织亦由郡守县令治下的郡县演化为东方三十七部；其统治者则由刺史、大姓转为两爨大鬼主、南诏王和大理国主；从文化系统看，以汉文化为主体的爨文化，被少数民族化的南诏大理文化所取代。因而我们说，南中大姓的夷化问题，是一个牵动云南历史演化过程的重要问题。

南中汉族（包括汉族移民和东汉时汉化了的夷人）人口锐减是南中大姓夷化的前提条件。造成人口锐减的原因则主要是大的战乱和战后政策性的调整与人口迁徙。主要又分为三个阶段：

首先是蜀汉初年。蜀汉初，南中大姓雍闿、孟获、朱褒和夷帅高定联合反蜀，诸葛亮率军亲征，战争以大姓势力的削弱和失败告终，大批属南中郡县的编民或大姓部曲（亦属编民）丧生于战火。战后，诸葛亮为削弱大姓势力，减少隐患，并为北伐中原扩充兵力，遂"移南中劲卒、青羌万余家于蜀"[1]。经过战争损耗和大量征调，南中郡县人口为之锐减。

其次是西晋初年。公元263年，魏灭蜀，宁州刺史霍弋举州降魏，次年东吴交趾郡（今越南境）内乱，"南中监军霍弋表遣建宁爨谷为交趾太守，率牙门将军建宁董元、毛炅、孟干、孟通、爨熊、李松、王素等领部曲以讨之"[2]。战争进行了七年（264—271年），南中大姓率部曲与东吴军队激战于交州界内交趾、郁林、九真、日南、合浦五郡地区，最后在东吴二十万大军的反扑之下，南中远征军全军覆灭。[3] 这次战争，据方国瑜先生估计，损失南中精壮"夷汉

---

[1]（晋）常璩撰，刘琳校注：《华阳国志·南中志》，第357页。
[2]（晋）常璩撰，刘琳校注：《华阳国志·南中志》，第462页。
[3] 见《晋书·陶璜传》《三国志·吴书·孙皓传》《华阳国志·南中志》等。

部曲"十余万之众①。经此惨败，南中郡县编户人口再次减少，汉族人口劣势加剧，后有人上书朝廷指陈南中形势"七郡斗绝，晋弱夷强"。②

再次是两晋之际。西晋末年，李毅为南夷校尉镇南中，吏治腐败，政以贿成，激起战祸，与建宁大姓毛诜、李睿，朱提大姓李猛及五苓夷帅于陵承等混战互残。除永昌外，南中诸郡遍地烽火，李毅困死州城，夷帅于陵承等破宁州，虏民为奴，建宁、晋宁二郡人口或战死或流散或被虏，所剩寥寥无几。接着，王逊继李毅任宁州刺史，又"诛豪右不奉法度者数十家"，且大举征讨夷帅，数十年间战乱不断。这是南中地区历时最长、破坏最严重的一次大浩劫，以"十万计"的生命殒于战乱中。大乱之后，南中地区的总人口、郡县人口和汉族人口都大幅度减少。据《晋书·地理志》载：时南中七郡共 139000 户，仅为东汉的30% 略强；后《宋书·州郡志》载宁州十五郡共 10253 户，为晋户的 7% 略强。排除此期"夷、汉部曲"不立户籍而附属大姓户下，以及属夷帅的"羁縻"人户已不再注籍等因素外，郡县人口锐减仍十分明显。汉族人口持续减少，"晋弱夷强"步步加深，是南中汉族夷化的主要原因。

郡县生产关系的逆转是南中大姓夷化的又一重要因素。东汉时的郡县编民，是以封建生产关系为主的，先进的生产关系是郡县吸引少数民族入编并逐步汉化的有利条件之一。但魏晋以后发生了逆转，变为以奴隶制生产关系为主。起端也是诸葛亮南征的善后措施。战后，诸葛亮"劝令"大姓富豪"出金帛，聘策恶夷为家部曲，得多者奕世袭官"③。大姓在政府的鼓励、保护下购买而来的"家部曲"，实质上就是奴隶。诸葛亮鼓励南中大姓蓄奴为"家部曲"，是其战后修复南中封建统治秩序、重建郡县军队的措施之一，是在特定历史条件下实行的变通政策。对于恢复封建王朝在南中的统治，"不留兵、不运粮"而稳定局势起到了良好效果。但随着蜀汉王朝势力的衰落，这一政策的负面效应便表现出来了，大姓大规模蓄奴，并将原属郡县的"部曲"、编民和驻屯户也纳为自己

① 方国瑜：《滇史论丛》第一辑，上海：上海人民出版社，1982。
②（晋）常璩撰，刘琳校注：《华阳国志·南中志》，第369页。
③（晋）常璩撰，刘琳校注：《华阳国志·南中志》，第357页。

的私家武装，使郡县权力受到削弱。总之，南中大姓大规模蓄奴的兴起和发展，与南中汉族人口劣势的形成与加剧交叉进行，恶性循环，逐步改变了南中郡县制下的封建生产关系，使之倒退为大姓势力控制下的以奴隶制为主的生产关系。这样一来，南中汉族在生产关系上的优势亦随之丧失，而与郡县内、外的少数民族拉平或靠近，同时与内地汉族的普遍水平拉开了距离，这也是导致南中汉族夷化的又一因素。

"遑耶"制度的出现和盛行，是南中大姓夷化的内在动因。

大姓与夷帅，虽然分属郡县系统内外，但也有共同点：都是大奴隶主，又都是地方实力派，而且政治上又常常是盟友关系。魏晋以后，王朝势力削弱，大姓与夷帅常常联合起来反抗王朝统治。为了加强相互间的联系，两者多以联姻的形式进行结盟。这关系，当时被称作"遑耶"。所谓"遑耶"，《华阳国志·南中志》说："与夷为姓曰'遑耶'，诸姓为'自有耶'。"大姓与夷帅联姻称"遑耶"，大姓与大姓间则称"自有耶"。"遑耶"或"自有耶"，就是大姓与夷帅之间、大姓与大姓之间的一种交织着政治联盟与家族联姻通婚关系的制度。"遑耶"之间，史称："世乱犯法，辄依之藏匿。或曰：有为官所法，夷或为报仇。与夷至厚者，谓之'百世遑耶'，恩若骨肉。"[1]晋世南中大姓，几乎都有"遑耶"，唯其起源今已失考。不过可以相信，若无汉族人口锐减、生产关系逆转、"夷汉分制"格局被打破，以及随之而来的大姓奴隶主与"夷汉部曲"之间直接对立等社会变迁作为历史背景，即使"遑耶"制已出现，仍难成为一种与"自有耶"制相并行的固定、普遍的制度。从这个意义上讲，"遑耶"制度的普及兴盛应在蜀汉中、后期。

"遑耶"制度的兴盛，是南中大姓夷化进程中的催化剂。不同民族通婚联姻不仅对当事人有一定影响，而且对下一代造成的影响更大。在南中汉族夷化的历史趋势下，这一制度促使南中大姓朝着夷化的方向不断发展。

而在下层群众中，汉族的夷化更多的是在自然而然中进行的。诸葛亮南征

---

① （晋）常璩撰，刘琳校注：《华阳国志·南中志》，第364页。

后，郡县内被以军事化形式强制组织起来的各族群众——"夷汉部曲"——朝夕相处，同列行伍，并肩劳动，共同遭受大姓的奴役和驱使。相互之间的接触与交往，比东汉时的郡县编民之间更为密切、融洽。基于汉少夷众、"晋弱夷强"的特定历史环境和"在一定的区域内，民族融合的进程通常是人口少的一方融合在人口多的一方之中"[①]，所以夷化便成了汉族部曲不可避免的必然结果。

爨氏家族是南中地区首屈一指的大姓，其夷化的进程也是最为缓慢的。

从晋末、刘宋时期的"两爨碑"可看出，当时的爨氏虽雄踞一隅独霸南中，但汉文化的特征尚未丧失，在"两爨碑"的形制、行文、葬俗等诸多方面，仍保留着较多的汉文化色彩。然而到了萧齐时期（480—502 年），爨氏的族属也开始发生明显变化。《南齐书·州郡志》载："宁州……蛮夷众多，齐民甚少，诸爨、氏强族，恃远擅命，故数有土反之虞。"从其称谓上，可知爨已被称为少数民族的"氏"了。而"齐民甚少"，说明还有少量汉族人口存在而尚未完全夷化，因而这一时期的南中大姓仍是"夷化中的汉族"。

爨氏的最终完全夷化是在隋唐时期。《隋书·梁睿传》称：梁睿为益州总管时，上疏隋文帝说："宁州，至伪梁南宁州刺史徐文盛，被湘东征赴荆州[②]，属东夏尚阻，未遑远略，土民爨瓒，遂窃据一方，国家遥授刺史，其子爨震相承至今。"[③] 这里，徐文盛督南中时的爨氏大姓最高首脑被称为"土民爨瓒"，说明萧梁时的爨氏上层当居于一种似汉非汉、似夷非夷、夷汉参半的状态中。尔后，到隋朝爨瓒的儿子爨震时，《隋书·梁睿传》里便称之为"南宁酋帅爨震"了。是时，上距徐文盛东调，"土民爨瓒，遂窃据一方"之初，为时 33 年。再往后，《隋书·韦世冲传》有载："南宁渠帅及西爨首领……"最后，到隋开皇十七年（597 年）史万岁奉命南征，讨伐的便是"南宁夷爨翫"和"蛮酋爨翫"[④] 了。

从以上列举历代史家对爨氏最高统治者祖孙三代的称谓，可以看出其变化

---

① 蔡家麒：《云南盏西地区民族融合初步考察》,《民族学与现代化》, 1985（2）。

② 按：公元548年，南朝梁爆发"侯景之乱"，徐文盛率南中兵数万人东下勤王。

③（唐）魏徵等撰：《隋书》，北京：中华书局，1973，第1126页。

④ 见《隋书·史万岁传》《资治通鉴》。

来："土民"→"南宁酋帅""南宁渠帅"及"西爨首领"→"南宁夷""蛮酋"。这就是说，从萧梁太清二年（548年）至隋开皇十七年（597年）的五十年间，爨氏家族的最高层也最终完成了夷化过程。至此，包括南中大姓在内的所有南中汉族人口，都统统被少数民族同化了，由蜀汉以来的"夷化中的汉人"，变成了"夷化了的汉人"。从此，历史文献中出现的是一批又一批由南中大姓夷化而来的"两爨大鬼主""乌蛮首领""白蛮首领""三十七蛮部"，而南中大姓之称谓却绝于史册了。

综观南中大姓崛起、发展、演变的历史，可知南中大姓这一特殊统治阶层，乃是秦汉以来历代封建王朝开疆拓土的特殊产物，其民族成分的演进变化，基本上与王朝势力在南中地区的消长同步。而南中大姓的夷化过程，又正是爨文化作为区域性地方民族文化形成与发展的过程。如果没有南中大姓的夷化过程，爨文化便不可能形成，而仅仅只是汉文化在边地的次生型文化而已。正是由于有了南中大姓及其夷化这一特定的历史现象，才有了汉文化与南中土著文化的相互融合，从而孕育出了爨文化这一特殊的历史文化类型。因而我们说，南中大姓及其夷化的问题，是牵动云南历史发展轨迹的一个十分重要的问题。

第二节 大姓、夷帅联合反蜀与诸葛亮南征

以曲靖为中心的滇东地区，历来在云南历史上占有特殊地位。自两汉以来，曲靖一带曾是南中大姓的主要聚集地，从而奠定了滇东作为大姓统治云南五百年之久的中心地位。这一时期，发生了一系列重大历史事件，首先是东汉末蜀汉初南中大姓的反蜀活动，接着便是诸葛亮南征和庲降都督移治味县以及南中政区的大调整，其后是霍弋的降魏和南中又与中原归于一统。总之，蜀汉之时是南中地区自汉世纳入王朝版图与大姓割据称雄一隅的重要转折时期。

一、南中大姓、夷帅的联合反蜀

今曲靖之所以成为南中大姓的集聚地，原因主要有两个方面：其一，得天独厚的自然条件。曲靖一带地处云贵高原中部珠江源畔，既有乌蒙兽禽之利，又得盘江水利之便。云南第一大坝子陆良和第五大坝子曲靖皆在区内。辽阔无垠的平坝为古代农业起源和发展提供了优越的条件，故自西汉以来，无论是商屯、民屯还是军屯，均以曲靖一带为重点。加之气候温和、土地肥沃，这里在石器时代便已萌发了大河流域的远古农耕文明。秦汉以后，历代王朝积极经营，设置郡县，内地移民不断涌入，促使人口骤增，生产发展，使之成为汉族移民的主要聚集地和云南境内开发最早的地区之一。正因为如此，作为汉族移民上层的大姓也就自然而然地在这里产生和发展壮大起来。其二，曲靖自庄蹻开滇始，便成为王朝经略西南边疆民族地区的据点之一。秦修五尺道抵味县（今曲靖市麒麟区），密切了曲靖与巴蜀的联系，汉设益州郡，将今曲靖所属各县都纳入王朝版图，使这里成为区域性的政治、经济中心。

东汉末年，大姓利用王权羸弱、军阀混战的形势，趁机而起，称雄南中，割据一隅。据记载，是时刘焉、刘璋父子相继为益州牧，虽有巴蜀而群雄虎视，为求自保已无力南顾，南中遂成为大姓夷帅的天下，其代表为益州大姓雍闿、朱提大姓朱褒和越嶲叟帅高定。南中历来为巴蜀附庸，战略上素有"定南中，然后以固巴蜀；固巴、蜀，然后可以图关中"之论[1]，经济上则盛产金银、丹漆、耕牛、战马，又有着丰富的兵源，因而对于蜀汉来说极为重要。故早在刘备三顾茅庐时，诸葛亮就在其《隆中对》中提出收荆、益，连东吴，西和诸戎，南抚夷越，北抗曹操的战略原则[2]。其中，"南抚夷越"是稳定后方、以图北伐的重要环节。史载，建安十九年（214 年）刘备入蜀之初，便企图恢复对南中的统治而设"庲降都督"，专事南中招降政务。先是"遣安远将军邓方以朱

---

① 顾祖禹：《读史方舆纪要·陕西纪要》，北京：中华书局，2005。

② 见《诸葛亮集·隆中对》。

提太守、庲降都督，治南昌"①，并无大成效。至"章武元年（221年），庲降都督邓方卒……遂以（李）恢为庲降都督，使持节领交州刺史，住平夷县（贵州毕节）"②，亦仍无实效，政治招降完全失败了。

　　与此同时，"恩信著于南土"的雍闿采取远交近攻的策略，投靠孙吴。吴交趾太守士燮则"诱导益州豪姓雍闿等，率郡人民使遥东附"③，且"遥署闿为永昌太守"④。于是雍闿便"杀蜀所署太守正昂"⑤，又缚太守张裔于吴⑥，反蜀活动更加激烈，企图造成割据局面。尤其是得知刘备病死的消息后，更是采取积极行动。《三国志·蜀书·吕凯传》载："雍闿等闻先主薨于永安，骄黠滋甚。都护李严与闿书六纸，解喻利害，闿但答一纸曰：'盖闻天无二日，土无二王，今天下鼎立，正朔有三，是以远人惶惑，不知所归也。'其桀慢如此。"⑦不仅如此，雍闿还挑拨民族关系，煽动夷民参与反叛。《华阳国志·南中志》载："益州夷复不从，闿使建宁孟获说夷叟曰：'官欲得乌狗三百头，膺前尽黑，蟎脑三斗，斸木构三丈者三千枚，汝能得不？'夷以为然，皆从闿。斸木坚刚性委曲，高不至二丈，故获以欺夷。"此外，雍闿还联络越巂郡叟帅高定、朱提郡大姓牂柯太守朱褒结成反蜀联盟，到223年达到了高潮。史称这一年，"先主薨，高定恣睢于越巂，雍闿跋扈于建宁，朱褒反叛于牂柯"⑧。一时之间，除永昌郡的吕凯拥郡自保外，南中反叛骤起，狼烟滚滚。其中，味县成了反蜀的大本营和根据地，南盘江两岸弥漫着战火。

　　南中形势对蜀汉构成了巨大威胁，但适值蜀国内外交困之际，夷陵惨败使其元气大伤，故诸葛亮不得不采取克制的态度。

---

① （晋）常璩撰，刘琳校注：《华阳国志·南中志》，第350页。

② （晋）陈寿撰，（宋）裴松之注：《三国志·蜀书·李恢传》，第1045页。

③ （晋）陈寿撰，（宋）裴松之注：《三国志·吴书·士燮传》，第1192页。

④ （晋）陈寿撰，（宋）裴松之注：《三国志·蜀书·吕凯传》，第1047页。

⑤ （晋）陈寿撰，（宋）裴松之注：《三国志·吴书·步骘传》，第1237页。

⑥ 见（晋）陈寿撰，（宋）裴松之注：《三国志·蜀书·张裔传》。

⑦ （晋）陈寿撰，（宋）裴松之注：《三国志·蜀书·吕凯传》，第1047页。

⑧ （晋）陈寿撰，（宋）裴松之注：《三国志·蜀书·李恢传》，第1046页。

二、诸葛亮南征

蜀汉章武三年（223 年），刘备病死，后主刘禅继位，诸葛亮主理国政。是时，虽"南中诸郡并皆叛乱"，然"亮以新遭大丧，故未便加兵"。而在南中，以雍闿为首的叛乱日益不可收拾，战火由盘江两岸烧到金沙江北岸，直接威胁着蜀国安危。于是，诸葛亮改革弊政，发展生产，奖励农商，"务农殖谷，闭关息民"，同时重新调整了与孙吴的关系，"遣尚书郎邓芝固好于吴，吴王孙权与蜀和亲使聘，是岁通好"①。之后，"建兴三年（225 年）春，亮南征，自安上（今四川屏山）由水路入越嶲，别遣马忠伐牂柯，李恢向益州"②。即诸葛亮亲率大军自成都出发，沿岷江而下至今宜宾，然后分兵三路：东路由马忠率领，向牂柯进征朱褒，中路由李恢率军，自平夷县南下建宁直捣雍闿、孟获老巢，西路主力由诸葛亮亲自率领，溯金沙江而上至越嶲（四川西昌）讨伐高定。雍闿、孟获闻讯亦率部北上增援高定。高定则在旄牛、定笮、卑水（今四川雷波、昭觉、美姑一带）集结布阵，"纠合其类二千余人，欲求死战"③。由于时间紧迫，诸葛亮欲先待其集结而并歼之，故驻军卑水（今美姑县）不前。其间，叛军内部发生纷争，"定元（即高定）部曲杀雍闿及士庶等"④。诸葛亮利用敌军内部矛盾，抓住战机，一举破敌并斩杀高定。雍闿旧部拥"孟获代闿为主"⑤，向建宁撤退。

"夏五月，亮渡泸，进征益州"⑥，由蜻蛉、弄栋（今云南大姚、姚安、永仁一带）渡过金沙江，沿途"所在皆捷……遂至滇池"⑦。而与此同时，东路军马忠已破牂柯，中路军李恢亦"案道向建宁"，击破留守的叛军并"追奔逐北，南至盘江，东接牂柯，与亮声势相连"⑧。据历史文献记载，在南征的过程中，诸

---

① （晋）陈寿撰，（宋）裴松之注：《三国志·蜀书·后主传》，第894页。
② （晋）常璩撰，刘琳校注：《华阳国志·南中志》，第353页。
③ 诸葛亮：《南征表》，转引自《北堂书钞》卷五十八。
④ （晋）常璩撰，刘琳校注：《华阳国志·南中志》，第353页。
⑤ （晋）常璩撰，刘琳校注：《华阳国志·南中志》，第353页。
⑥ （晋）常璩撰，刘琳校注：《华阳国志·南中志》，第353页。
⑦ （晋）陈寿撰，（宋）裴松之注：《三国志·蜀书·诸葛亮传》，第921页，引《汉晋春秋》注。
⑧ （晋）陈寿撰，（宋）裴松之注：《三国志·蜀书·李恢传》，第1046页。

图 1-7：诸葛亮与孟获浮雕像（范建华　摄影）

著名雕塑家冯宜贵先生 20 世纪 80 年代中期创作的大型石刻浮雕《诸葛亮与孟获》，长 60 米，高 4 米，共 240 平方米，由黑色大理石壁雕石刻构成，安置于三国时南中大姓著名代表孟获故乡——今云南省曲靖市北郊白石江古战场的山壁上。浮雕取材于《三国演义》中七擒孟获的故事，赋予了它全新的文化诠释，展示了三国初期蜀汉以南中大姓叟帅雍闿、孟获、高定为首的反蜀斗争及诸葛亮南征的历史事件。画面着重突出了战后诸葛亮将庲降都督移至南中腹地味县（今曲靖市），在南中地区实行正确的民族政策，将中原先进的耕作、播种、收割、蚕桑养殖、纺织、建筑等技术传播到南中地区，推动了南中地区经济社会的极大发展，得到了南中人民的拥戴等场景。

图 1-8：诸葛亮与孟获
（范建华　摄影）

葛亮采纳了战前由马谡提出的"攻心为上，攻城为下；心战为上，兵战为下……以服南方"①的建议，先后"七擒七纵"孟获，使这位性情倔强又"为夷、汉所服"的南中"俊杰"深为感动，说出了"明公，天威也，边民长不为恶矣"的心里话，达到了预期目的。②是年"秋，遂平四郡"③，"十二月，亮还成都"④，南征胜利结束。（图 1-7、图 1-8）

①（晋）陈寿撰，（宋）裴松之注：《三国志·蜀书·马谡传》裴松之注引《襄阳记》。
②（晋）常璩撰，刘琳校注：《华阳国志·南中志》，第353页。《蜀志·诸葛亮传》注引《汉晋春秋》："公，天威也，南人不复反矣。"
③（晋）常璩撰，刘琳校注：《华阳国志·南中志》，第357页。
④（晋）陈寿撰，（宋）裴松之注：《三国志·蜀书·后主传》，第894页。

三、南中七郡的设置、庲降都督移治味县和今曲靖成为南中政治、经济、文化的中心

据史料记载和后人研究，"南抚夷越"是诸葛亮南征的出发点和归宿。故南征以后，为稳定南中局势，诸葛亮制定和采取了许多有利于社会安定与经济发展的政策和措施。主要是以下几点：

首先，是将原南中四郡调整为七郡："改益州郡为建宁郡，分建宁、永昌郡为云南郡，又分建宁、牂柯为兴古郡"①，再加上原有的越巂、朱提两郡合为"南中七郡"，以李恢为庲降都督以统之，并移治建宁郡首邑味县。南中七郡的设置与庲降都督移治味县，在云南历史上具有非同凡响的重要意义。七郡的设置在一定程度上加强了郡县的权力，同时又使大姓、夷帅等地方民族势力受到分化和削弱，从而对不稳定因素产生抑制作用。将庲降都督由靠内的平夷移治南中腹地的味县，则是强化王权的具体表现。庲降都督始设于建安十九年（214年）刘备入蜀之初，职责是专事招降南中诸大姓和夷帅，但由于当时的局势所限而毫无建树。而南征后的庲降都督，不仅拥有兵权驻在南中腹地，且兼掌民政统辖南中七郡，这就使南中地区从此摆脱了历来为"巴蜀附庸"的地位，作为一个单独的政区直接隶属于王朝。不过，因庲降都督府在性质上是一个军事管制机构，故还不能完全等同于独立的地方行政区划，后至西晋泰始七年（271年）设置宁州，云南才最终成为与全国其他州并列的最高地方行政单位。但无论怎么说，庲降都督移治味县，乃是今滇东曲靖一带成为云南政治、经济、文化中心的开始，并由此揭开了云南历史的新篇章。

其次，诸葛亮任用大姓，改善民族关系，有利于南中局势的稳定。大姓虽多为汉族移民上层，但因落籍南中年久，已在一定程度上逐渐"夷化"，成了南中各民族的政治代表之一，故诸葛亮南征后从稳定局势的角度出发，对其不是镇压而是重用。具体又分两种情况：一是调往蜀中任职，如孟获等。史载："亮

① （晋）陈寿撰，（宋）裴松之注：《三国志·蜀书·后主传》，第894页。

收其俊杰，建宁爨习、朱提孟琰及获为官属，习官至领军，琰辅汉将军，获御史中丞。"[1] 二是就地启用、委以重托，如庲降都督、首任建宁太守李恢和云南吕凯即是。

再次，实行不留兵、不运粮和发展生产以缓和社会矛盾的宽松政策。诸葛亮曾说："今吾欲使不留兵，不运粮，而纲纪粗定，夷汉粗安故耳。"[2] 据研究，战后诸葛亮在南中"不留兵"不完全是事实，但其"夷汉粗安"的初衷，却基本得以实现。

总之，诸葛亮的战后政策，缓和了南中地区错综复杂的社会矛盾，故此后十年间，南中局势一直处于相对稳定的状态中。

第三节　宁州的设置和云南统一政治局面的出现

一、蜀汉时期的南中政治格局与社会状况

诸葛亮南征后，采取笼络和重用南中大姓、夷帅以缓和民族矛盾的政策，同时，将庲降都督移治南中腹地以强化郡县统治。其中，对于重用大姓、夷帅的政策，诸葛亮解释说："若留外人，则当留兵，留兵则无所食，一不易也；加夷新伤破，父兄死丧，留外人而无兵者，必成祸患，二不易也；又夷累有废杀之罪，自嫌衅重，若留外人，终不相信，三不易也。今吾欲不留兵，不运粮，而纲纪粗定，夷汉粗安故耳。"[3] 这种政策，实质上是两汉以来"羁縻"政策的继续与发展。在当时的历史条件下，正处于上升时期的大姓和夷帅势力既有其牢固的社会经济基础，又在当地民族中有较大影响，要抛弃这两大地方民族势

---

①（晋）常璩撰，刘琳校注：《华阳国志·南中志》，第357页。

②《三国志·蜀书·诸葛亮传》裴松之注引《汉晋春秋》。

③《三国志·蜀书·诸葛亮传》裴松之注引《汉晋春秋》。

力而将南中各族群众纳入王朝的直接统治下，正如诸葛亮所说的有"三不易"。所以诸葛亮一方面把孟获、爨习一类特别有影响的大姓人物调到蜀中委以重任以示信任，另一方面又留下部分军队且"都督常用重人"①，以保证蜀汉在南中的统治。这样就使得纷争不已的南中出现了"夷汉粗安"的政治局面，并有利于社会经济的发展。

与此同时，诸葛亮对边远地区的夷帅也同样注重联络感情，缓解矛盾。《华阳国志·南中志》说："诸葛亮乃为夷作图谱，先画天地、日月、君长、城府；次画神龙，龙生夷及牛马羊；后画部主吏乘马幡盖，巡行安恤；又画（夷）牵牛负酒，赍金宝诣之之象，以赐夷。夷甚重之，许致生口直。又与瑞锦、铁券。今皆存。每刺史、校尉至，赍以呈诣，动亦如之。"②通过赐画、盟誓与夷交好，既保留其原有的社会结构不大变，又征收一定数量的贡纳。这样一来，不仅将大姓、夷帅纳入王朝的控制之下，而且使其变成了郡县官吏管辖下的"土官"。

另据记载，蜀汉政权委派到南中的庲降都督和郡县长官，多数能较好地执行诸葛亮的民族政策，如南征后李恢继续担任庲降都督，对蜀汉与大姓、夷帅的利益关系处理得较好。建兴九年（231 年）李恢病故，张翼调任庲降都督，史称"翼持法严，不得殊俗和"，激起了夷帅刘胄的反抗。诸葛亮便将张翼调回，另派马忠接任，不仅很快便平定了动乱，而且"忠在南，柔远能迩，甚垂惠爱，官至镇南大将军。卒后，南人为之立祠，水旱祷之"③。马忠怀柔远人，得到南中各族的拥戴，任庲降都督十七年［建兴十一年（233 年）至延熙十二年（249 年）］，死后人们为之立祠，每遇水旱之灾则祷告之，将其视为保护神。

继马忠之后，又有张表、阎宇、霍弋等继任庲降都督。这些封疆大吏，多能按照"南抚夷越"的方针来处理政务，故使南中地区一直保持相对的稳定。其中尤以霍弋最为出色，"抚和异俗，为之立法施教，轻重允当，夷晋安之"④。

---

① （晋）常璩撰，刘琳校注：《华阳国志·南中志》，第360页。
② （晋）常璩撰，刘琳校注：《华阳国志·南中志》，第364页。
③ （晋）常璩撰，刘琳校注：《华阳国志·南中志》，第360页。
④ （晋）常璩撰，刘琳校注：《华阳国志·南中志》，第360页。

总之，诸葛亮南征后，南中社会稳定，经济文化得到了较大发展。史载："赋出叟、濮，耕牛、战马、金银、犀革，充继军资，于时费用不乏"[1]，"军资所出，国以富饶"[2]，"南方远夷之地，平常无所供为……自丞相亮南征……是后供出官赋，取以给兵"[3]，等等。在稍后的左思的《蜀都赋》里，曾称南中"异物崛诡，奇于八方，布有橦华，麦有桃榔……第如滇池，集于江洲"。后世杨慎则说："诸夷慕武侯之德，渐去山林，徙居平地，建城邑，务农桑。"[4] 这些，都反映了蜀汉时期南中社会的稳定与发展。

二、曹魏灭蜀与霍弋降晋

蜀汉后主建兴十二年（234 年），诸葛亮劳累成疾病死于军中，此后蜀汉国势每况愈下。延至三国末曹魏景元四年（263 年），魏遣钟会、邓艾统兵攻蜀，蜀后主刘禅出降，蜀亡。此时南中由庲降都督霍弋统辖。史载："霍弋闻魏军来，弋欲赴成都，后主以备敌既定，不听。及成都不守……诸将咸劝宜速降，弋曰：'今道路隔塞，未详主之安危，大故去就，不可苟也。若主上与魏和，见遇以礼，则保境而降，不晚也。若万一危辱，吾将以死拒之，何论迟速邪！'得后主东迁之问，始率六郡将守上表曰：'臣闻人生于三，事之如一，惟难所在，则致其命。今臣国败主附，死守无所，是以委质，不敢有贰。'晋文王善之，又拜南中都督，委以本任。"[5] 霍弋在后主降后，只得举南中降魏，仍任都督，南中转归曹魏的统治。两年后，司马炎篡魏，建立西晋王朝，南中便随之成了西晋的辖地，依然由霍弋统领。

霍弋统辖南中期间，"抚和异俗"，"立法施教"，深得各族人民信赖。后

---

① （晋）陈寿撰，（宋）裴松之注：《三国志·蜀书·李恢传》，第1046页。
② （晋）陈寿撰，（宋）裴松之注：《三国志·蜀书·诸葛亮传》，第919页。
③ （晋）陈寿撰，（宋）裴松之注：《三国志·蜀书·谯周传》，第1031页。
④ 杨慎：《滇载记》。
⑤ （晋）陈寿撰，（宋）裴松之注：《三国志·蜀书·霍峻传》裴松之注引《汉晋春秋》，第1008页。

"弋卒，子（霍）在袭，领其兵，和诸姓"①。因而直至西晋初年，南中地区继续保持着社会稳定、经济持续发展的政治局面，从而为大行政区宁州的设置奠定了基础。

三、宁州的设置及其历史意义

西晋代魏以后，形成晋、吴对峙的局面。时吴国治下的交州发生内争，晋乘机"假弋节，遥领交州刺史"，霍弋则"表遣建宁爨谷为交趾太守，率牙门将军建宁董元、毛炅、孟干、孟通、爨熊、李松、王素等领部曲以讨之"。②南中大姓出征交州曾一度大破吴军，攻克交趾、九真、日南、郁林数郡。降及晋泰始七年（271 年），吴遣大都督薛珝、交州刺史陶璜率领二十万大军反攻，晋兵大败，南中兵全军覆灭，大姓势力遭到极大削弱。晋王朝则借此机会，设置宁州以加强对南中的控制。《晋书·武帝纪》说："泰始七年八月，分益州之南中四郡置宁州。"《晋书·地理志》亦云："宁州，于汉魏为益州之域。泰始七年，武帝以益州地广，分益州建宁、兴古、云南，交州之永昌，合四郡为宁州。统县四十五，户八万三千。"《华阳国志·南中志》则说："宁州，晋泰始六③年初置，蜀之南中诸郡，庲降都督治也……以益州大，分南中四郡为宁州，（鲜于）婴为刺史。"蜀汉时庲降都督辖南中七郡，即牂柯、朱提、越嶲、建宁、云南、兴古、永昌。前三者近蜀仍属益州，后四者则归宁州统管。

晋王朝设置宁州的目的，当是要在原庲降都督的基础上，将南中变成一个独立的行政单元而隶属于中央政府的控制之下，以像内地一样直接由行政官员进行管辖，从而加强对南中的统治。然而，当时的南中社会与内地始终存在较大差距，且大姓夷帅势力已得到长足发展，王朝加强控制必然要损害其利益，故宁州的设置反复较大。据史料记载："太康三年（282 年），武帝废宁州入益

---

① （晋）常璩撰，刘琳校注：《华阳国志·南中志》，第361页。
② （晋）常璩撰，刘琳校注：《华阳国志·南中志》，第462页。
③ 按：应作"七"。

州，立南夷校尉以护之。"[1]"太康三年，罢宁州，置南夷（府），以天水李毅为校尉，持节统兵镇南中，统五十八部夷族都监行事。每夷供贡南夷府，入牛、金、旃、马，动以万计，皆预作忿恚致校尉属，其供郡县亦然，南人以为饶。自四姓子弟仕进，必先经都监。"[2]晋王朝罢宁州，改置南夷校尉，是在南中地区推行一种不同于郡县制的军事统治方式。当泰始七年设宁州时，曾免除南中诸郡次年的户调，是以宁州地区曾实行与内地郡县相同的户调制。而改置南夷校尉后，实行的是供贡制，政治上则是以军事管制性质的南夷校尉取代宁州刺史，采用军事统治的手段来加强对南中的控制。

宁州的建制被废除后，牂柯、越巂、朱提三郡仍然从益州划回，与云南、兴古、建宁、永昌四郡合在一起，由新建的南夷府统辖。后又于"元康中（291—299 年），改南夷校尉曰镇蛮校尉"[3]，把南中七郡各民族置于赤裸裸的军事统治之下。值此期间，南夷府或镇蛮府直接向五十八部少数民族征收供贡，牛、金、旃、马"动以万计"，盘剥十分沉重，就连以"四姓"为代表的南中诸大姓也深受压制，其子弟举"秀才贤良"仕进也必须经过校尉。这就导致了整个南中地区的各种社会矛盾尖锐起来，尤其是地方民族上层（大姓、夷帅）与封建王朝（以南夷校尉、郡守、县令为代表）的矛盾更为激烈，且于太安元年（302 年）引发了建宁大姓毛诜、李睿与朱提大姓李猛的叛乱。这次动乱，据记载，起因是建宁太守杜俊夺毛诜、李睿的部曲和朱提太守雍约压制李猛，促使其联合起来驱逐了杜、雍。为此，南夷校尉李毅出兵镇压，杀毛诜、李猛，李睿则逃到其"遑耶"五苓夷帅于陵承处避难。

南中大姓的反抗虽被镇压了下去，但通过这件事，却使西晋王朝认识到削弱大姓、加强郡县的必要，于是又复置宁州。《华阳国志·南中志》说："部永昌从事江阴孙辨上（书）：南中形势，七郡斗绝，晋弱夷强，加其土人屈塞，应复置宁州，以相镇慰。冬十一月丙戌，诏书复置宁州，增统牂柯、越巂、朱

---

① （唐）房玄龄等撰：《晋书·地理志》，北京：中华书局，1974，第441页。
② （晋）常璩撰，刘琳校注：《华阳国志·南中志》，第363页。
③ （唐）房玄龄等撰：《晋书·职官志》，第723页。

提，合七郡，（以毅）为刺史，加龙骧将军，进封成都县侯。"①复置的宁州，所辖即汉代的西南夷四郡和蜀汉时的南中七郡地，且把建宁西部七县划出另设益州郡，旋又改名为晋宁郡。这样，宁州辖下共有建宁、晋宁、兴古、牂柯、朱提、越巂、云南、永昌共八郡六十三县。

当时，西晋王朝在全国范围内设有司、冀、兖、豫、荆、徐、杨、青、幽、平、并、雍、凉、秦、梁、益、交、广、宁等十九州。宁州，位列其中之一，地位与其他各州相同，直接隶属于中央王朝。这就彻底改变了南中地区长期以来作为"巴蜀附庸"的地位并与之平行。云南作为一个区域性行政区划的统一体终于形成了。

宁州的设置，在云南历史上具有十分重要的意义：

其一，宁州的设置，使南中地区从此摆脱了受巴蜀（益州）长期控制的局面，成为直接隶属于封建王朝的一级政区，使南中地区的地位大大提高。在宁州设置以前，封建王朝对南中的经略历来都是以巴蜀为依托，宁州设置以后，南中便不再需要经过巴蜀而直接由中央政府统辖。

其二，宁州的设置，使过去的南中诸郡形成统一体。自庄蹻开滇，经秦开道、置吏，到汉代确立郡县制纳入王朝版图，云南先后分属牂柯、越巂、益州、永昌四郡，至诸葛亮南征后分四郡为建宁、牂柯、越巂、永昌、朱提、兴古、云南七郡，虽由庲降都督统辖，但在性质上仅为军事管制机构而非一级政区。宁州的设置，第一次在云南历史上形成了一个统一的地方行政区。与此相应，统一的区域性政治局面就随之而第一次出现。

其三，宁州的设置，是云南郡县制度发展史上的重要转折点。它承上启下，一方面使秦汉以来在云南推行的郡县制成为牢固的统治形式，成为以后历代王朝对云南实施统治的基本形式，为我国统一多民族国家的形成和发展起到了重要的促进作用。另一方面，宁州的设置也为云南后来的历史发展起到了有力的推动作用。它密切了王朝与地方、内地与边疆、汉族与少数民族之间的交往联

---

① （晋）常璩撰，刘琳校注：《华阳国志·南中志》，第369页。按：据《爨龙颜碑》应作"邛都县侯"。

系，促进了云南地方民族经济的发展，使边疆与内地、少数民族与汉族之间的差距逐渐缩小，为后世云南行省的设置埋下了基石。

其四，宁州的设置，为南中地区内部各民族间的经济文化交流提供了有利条件，使爨文化在宁州这一广大空间范围内形成一种区域性的地方民族历史文化成为可能。

第二章

爨氏家族的兴起

爨氏为南中大姓，最早见于记录者是汉末蜀初之际的爨习。东晋末，中原纷乱争雄，封建王朝无力控制南中，大姓势力趁机而起，争长称雄，相互厮杀，在争斗中剩下霍彪、孟彦、爨琛三家势力最强。咸康五年（339 年），霍、孟两姓在兼并中同归于尽，最后留下爨氏势力，爨氏独霸南中的局面最后形成。以味县（今曲靖市麒麟区）和同乐（今陆良县）为中心的爨氏统治者，虽奉王朝正朔，但实际上世代相袭宁州刺史职，割据一隅，南中成了爨氏的天下。

南北朝时期，王朝频繁更迭，南中虽几易其主，但爨氏的统治始终没有动摇，无论宋、齐、梁、陈，还是西魏、北周，谁得宁州，都得承认爨氏，有时虽也任命宁州刺史，但多在成都或建康（今南京市）"遥领"而空享俸禄。

隋初遣将讨伐，使爨氏数百年基业受到动摇，不久唐承隋祚，又将被隋掳到长安的爨弘达放归复长其民。直到天宝七载（748 年）南诏灭爨，徙二十万户西爨白蛮入永昌，爨氏遭到毁灭性打击。

爨氏自晋末爨琛独霸南中至唐中叶南诏灭西爨，历时四百余年，见诸史籍的爨氏家族成员任刺史、郡太守者数十人。探讨爨氏家族的兴亡，是研究爨文化的极为重要的内容。

第一节　爨氏家族溯源

一、"爨"意释

"爨"字的音、形、意，据吴光范先生《爨迹初探》研究："爨"音窜（cuàn），

《广韵》七乱切,《集韵》七丸切,《正韵》取乱切。意为炊爨,即烧火做饭。《中文大字典》《辞海》等书解释,是一个"象形、指事、会意三者兼之"的文字。头上正中像甑,两边以"臼持之";中部"冖"像灶口;下部表示"推林纳火","林薪也"。整个字的意思表示把甑子安放在灶上,下面在火上加柴。"爨"通常有五种意思:一是"炊也",即做饭。如《孟子·滕公文上》:"许子以釜甑爨,以铁耕乎?"另,《陆游诗》:"客主同爨炊。"二是"灶也"。《诗·小雅·楚茨》:"执爨踖踖,为俎孔硕,或燔或炙。"《玉篇》:"爨,灶也。"爨杖,即拨火棍。三是"火上"。《仪礼·士礼》:"大羹湆在爨。"《文选·陈琳·檄吴将校部曲文》:"爨镬之鱼,期于消烂。"爨镬即爨鼎。四是"调和五味之处",爨室即厨房。五是戏曲名称。宋杂剧、金院本中某些简短表演的名称,如《讲百花爨》《文房四宝爨》等。"又有爨戏,效爨人之戏也。"如《辍耕录》载:"宋徽宗时,爨国人来朝,见其衣装、巾裹、举动皆可笑,使优人效之,以为戏焉。"①

　　这里所要说的爨,字虽与上述相同,意思则完全不同,主要指的是云南历史上围绕爨氏家族所产生的一系列爨文化的内涵,包括姓氏之爨、族别之爨、地域之爨、时间之爨、军队之爨、文字之爨等含义。

　　姓氏之爨　最早见于史籍的爨姓之人为《战国策·魏策》里的爨襄,表明至迟在战国时期爨姓已出现。其爨氏之姓因何而来,源自何方,不得而知,据《爨龙颜碑》载:"采邑于爨,因氏族焉。"是说爨氏因封地而得姓。以采邑为姓即以封地之名为姓氏,这在古代极为普遍,但这里指的采邑是汉末的事了,距爨襄已几百年,故此说不可信,且采邑在何处,亦无从考证。总之,爨之为姓是很古老的事了,而使作为姓氏的爨得到发扬光大的则是南中头号大姓爨氏。其辉煌时,"千柯繁茂,万叶云兴"②,形成一个庞大的家族集团。

　　族别之爨　爨是否形成过一个民族,是个值得进一步深入研究的问题。方国瑜先生说:"滇东地区原住居民,族属盖多,而以叟族为主要。两汉以来,遣

---

① 吴光范:《爨迹初探》,载范建华主编《爨文化论》,昆明:云南大学出版社,1991,第37-38页。
② 《爨龙颜碑》,转见方国瑜主编:《云南史料丛刊》第一卷,第237页。

成内地人民，落籍孳生渐多，户籍有夷汉之分，土长统夷户，大姓统汉户。自爨氏得势，所有居民即受统治，夷汉融合，称为爨人，亦称爨蛮。"[1] 今从其说，爨作为一种族别始自爨氏独霸南中以后，又因经济文化发展水平不同而有"西爨白蛮""东爨乌蛮"之分。至于元明清文献中记载的"松爨""黑爨"则是指今天的彝族的先民，与隋唐时期的"爨蛮""爨人"还有一定的区别。爨人的内涵更为广泛丰富，"黑爨"则是彝族在特定历史阶段的特殊称谓，范围要小得多。

地域之爨 最早作为地域概念的爨，当是《爨龙颜碑》所说的"采邑于爨"，但地在何处无可考证。这里所指的地域之爨，主要是指爨氏统治之下的广大区域，虽时有变化，但大体说起来应为宁州辖境，即原秦汉之"西南夷"地区和蜀汉以降之南中地区，就是"爨地"。

时间之爨 所谓时间之爨，就是习惯上说的"爨时"，即东晋咸康五年（339年）爨琛独霸南中起，至唐天宝七载（748年）南诏灭爨止的四百余年间。

军队之爨 主要是指爨氏家族的部曲，是其统治南中的工具，源于蜀汉时南中大姓的私家部曲。《华阳国志·南中志》载：诸葛亮平南中后，"移南中劲卒、青羌万余家于蜀，为五部，所当无前，号为飞军"。"亮收其俊杰……习官至领军"，"从战街亭"。爨习本有自己的部队，曾率部随诸葛亮出祁山，与司马懿对峙街亭。爨琛称霸后，爨军成了爨氏家族控制南中的资本，并将原来郡县兵也转化为自己的私家部曲了。至于李京《云南志略》所说的"爨僰军""寸僰军"则是元代由"乌蛮""白蛮"组成的少数民族军队，与"爨军"概念不同。

文字之爨 徐嘉瑞先生认为即彝文，或称罗罗文，而其前身则为白兰文；从西北而来，与羌人相近，历史悠久。[2] 由于元明清三代爨成了彝族的专称，所以把彝族的古老文字称为"爨字"或"爨文"。道光《云南通志·爨蛮》说：

---

[1] 方国瑜：《滇史论丛》第一辑《滇东地区爨氏始末》，上海：上海人民出版社，1982，第100页。
[2] 徐嘉瑞：《大理古代文化史稿》，北京：中华书局，1978，第72-74页。

"有夷经，皆爨字，状类蝌蚪而得名，精者能知天象，断阴晴。"《开化府志》云："爨字为纳垢酋（今马龙县境）阿町所撰，凡一千八百四十有奇，名之曰韪书。"《马龙州志》云：爨文即蝌蚪文，因形似蝌蚪，为唐时纳垢部酋长之后阿町搜集规范，为老彝文的前身。丁文江先生将其所收集的彝文典籍辑成专集，名曰《爨文丛刻》。由上记述可知，确有爨字，其形似蝌蚪，大概出现于唐代，后演化为老彝文。

二、爨氏家族溯源

关于爨氏家族的来源，《爨龙颜碑》记述甚详："其先世则少昊、颛顼之玄胄，才子祝融之渺胤也……霸王郢楚，子文铭德于春秋，班朗绍纵于季叶。阳

图 2-1：《爨龙颜碑》记述的爨氏家族源流及迁徙路线（王洪斌　提供）

九运否，蝉蜕河东，逍遥中原。班彪删定《汉记》，班固祖述《道训》。爰暨汉末，采邑于爨，因氏族焉……乃祖肃，魏尚书仆射河南尹，位均九列，舒翮中朝。迁运庸蜀，流薄南入，树安九世，千柯繁茂，万叶云兴，乡望标于四姓，邅冠显于上京……祖，晋宁、建宁二郡太守，龙骧将军，宁州刺史；考，龙骧辅国将军，八郡监军，晋宁、建宁二郡太守，追谥宁州刺史、邛都县侯。"[①]（图 2-1、图 2-2）这段碑文，对其远古祖先及故地、迁徙皆记述清楚。爨氏本上古帝王少

① 汪宁生：《云南考古·爨龙颜碑》，昆明：云南人民出版社，1992，第116页。

图 2-2：《爨龙颜碑》记述的爨氏家族源流及迁徙路线（王洪斌　提供）

昊、颛顼的远代子孙，也是高阳氏才子火正祝融的后裔。远祖子文任楚令尹，
在春秋时立下了不朽功德。班朗虽生于末世，也能继承祖宗基业，不料遭了噩
运，举族不得不离开故籍河东郡（今山西运城）来到中原。后来，家族又兴旺
起来，班彪删定增补汉代的史册，班固著成《汉书》。到了汉末，朝廷赐给爨地
作为采邑，因此其以"爨"作为家族的姓氏。其爨姓始祖爨肃是三国时魏国的
尚书仆射兼河南尹，爵位与九卿同等。后世子孙又辗转迁徙到四川和鄂西上庸
一带，一部分又漂泊到了南中。从爨肃算起，经过几代人的发展，家族兴旺发
达起来，人口像大树枝条那样繁茂，子孙像满树绿叶那样葱郁。在南中地区的
名望已列为四姓大家族的行列。其祖父和父都官任晋宁、建宁二郡太守、宁州
刺史，且加龙骧将军、龙骧辅国将军衔。爨龙颜本人也是官居龙骧将军、护镇
蛮校尉、宁州刺史、邛都县侯。

　　据《史记·楚世家》载："楚之先祖出自帝颛顼、高阳，高阳生称，称生卷
章，卷章生重黎，重黎为帝喾、高辛，居火正，甚有功，帝喾命曰祝融。"又，
《汉书·叙传》："班之先世与楚同姓，令尹子文之后也。"《风俗通义》："班姓，楚

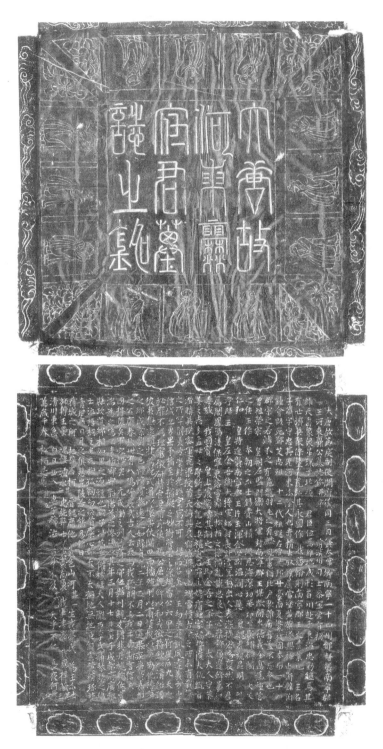

图2-3：爨守忠墓志铭（王洪斌　提供）

令尹斗班之后，斗班即子文之子。"从中可知，班氏确系帝喾的后代，大概因子文的儿子名叫斗班，而这一子文之后的支系便姓班了吧。可是没有任何记载说明班氏或者子文之后有分支改为爨姓的，因而《爨龙颜碑》之说值得怀疑，颇有附会古帝和名人之嫌。不过，《爨龙颜碑》距今已 1500 多年了，当时正是爨氏最为兴旺发达的时期，其叙述自己家族的历史当不会与事实相差太远。所以在无其他新材料之前，姑从其说。方国瑜先生也认为："南中爨氏自中原迁来，是可确定的。至于迁来的年代……惟可推测在东汉后期遣戍屯守而落籍的长吏，汉末称强，跻于大姓之列。"①（图 2-3、图2-4）

南中爨氏家族最早见于记录者为爨习，东汉末年任建伶（今昆明昆阳）令，后随诸葛亮北伐，官至领军。此后爨氏人物任刺史、郡守、将军者数十人，虽其事迹不详于史，但从零星材料还是可以勾勒出其大概世系。方国瑜

图 2-4：祥光碑（王洪斌　提供）
除《爨宝子碑》和《爨龙颜碑》外，《爨龙骧刻石》《爨守忠墓志铭》《祥光碑》《寸深碑》等不同时期的古碑刻，反映爨氏家族在南中地区深远影响，也是研究爨文化的重要资料。

① 方国瑜：《滇史论丛》第一辑《滇东地区爨氏始末》，上海：上海人民出版社，1982，第100页。

先生做了较好的基础工作，说爨氏事迹，不详见于记录，亦鲜述其世系，惟就所知名，比照年代先后，姑拟列于次（所记年代仅其大概）：

爨氏世系图

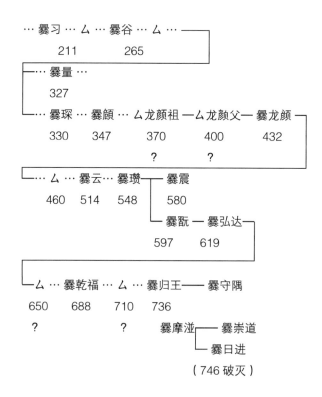

三、爨氏家族名录

在之前举方国瑜先生所列世系图的基础上，现将南中爨氏家族自爨习至爨守隅被迁南诏五百余年间大部分见于碑、史者的名单兹录于下：

爨习　汉末蜀初人。东汉末年任建伶令，诸葛亮南征后，"官至领军"，从战街亭。"街亭之战，亮请自贬，偏将军爨习同请自劾。"[①] 就爨习列名诸葛亮

———————————

① 见（清）张澍辑录：《诸葛武侯集》。

自贬疏事，《新纂云南通志》按称："爨习以滇边大姓之人，得与武侯、赵顺平侯（赵云）、蒋恭侯（蒋琬）列名一疏，且永附名于《武侯集》中，可谓荣矣。"自贬之后史籍中不再见爨习事迹，或许病故成都了。其事迹见于《三国志·蜀书·李恢传》《华阳国志·南中志》等。

爨谷 三国末西晋初年人，交趾太守。时晋、吴争夺交州，晋以爨谷为交趾太守，率牙门将军建宁郡董元、毛炅、孟干、孟通、爨熊、李松、王素等带领部曲出征交州。病死交趾。爨谷统率建宁诸大姓外出作战，说明爨氏已是南中当时首屈一指的大姓了。其事迹见于《华阳国志·南中志》。

爨熊 三国末西晋初人，爨谷部下，随征交州。爨谷病死后，爨熊仍留交趾，转战七年〔晋泰始元年（265年）至泰始七年（271年）〕。后兵败被俘，送至吴国秣陵遇害。晋王朝以其忠烈，封其后嗣为侯。其事迹见《华阳国志·南中志》。

爨量 东晋初人，梁水郡（今云南文山州境）太守。王逊为宁州刺史时，爨量率部与成汉政权李雄相通，反抗晋王朝的统治。史载："刺史王逊时，爨量保盘南（南盘江以南部分地区，主要为汉兴古郡地），逊出军攻讨，不能克。"[①]东晋太宁二年（324年），爨量与晋宁太守李遏（即李恢之孙）和前任太守董憕起兵，宣告独立，并与李雄联络。此时滇池以南的晋宁、梁水、兴古、西平四郡都成了爨量的统治区域，且势力很强大，攻打宁州刺史所在地的建宁郡。时王逊已死，尹奉接任刺史，利用边界夷人杀死爨量，又招降了李遏，平息了这次反晋斗争。其事迹见《华阳国志·南中志》《晋书·明帝纪》等。

爨琛 东晋时人。成帝时任兴古郡太守，后为成汉交州刺史，是造成爨氏独霸南中局面的第一人。太宁元年（323年），李雄遣将李骧自越巂渡泸水攻宁州，王逊使将军姚岳与爨琛迎战，在堂狼（今云南会泽县）大破李骧军。尹奉任宁州刺史时，平息爨量反叛，派爨琛任兴古郡太守，原爨量的残余势力转归爨琛统辖，势力日益增强。咸和八年（333年），成汉李寿攻宁州，爨琛出兵至朱提（今昭通）助战失败，南中大姓投降李雄，宁州归成汉。次年，成汉分宁

---

① （晋）常璩撰，刘琳校注：《华阳国志·南中志》，第461页。

州置交州，爨琛为交州刺史。此后，晋广州刺史邓岳伐蜀，爨琛利用大姓纷争，杀孟彦，独霸南中。其事迹见于《华阳国志·南中志》《华阳国志·李雄志》《晋书·王逊传》等。

爨頠　东晋时人。爨氏独霸南中后，成汉李氏王朝任命的宁州刺史。《晋书·穆帝纪》载："永和三年（347年），冬十二月，李势将爨頠来奔。"永和元年（345年），桓温伐蜀，成汉亡。宁州复归晋，爨頠仍为宁州刺史。是时因中原纷争，王朝已无力顾及南中。

爨龙骧　东晋时人。其事迹不详，仅1971年在陆良县出土的一墓碑上刻有十九字（图2-5）：

泰和五年岁在

亲未正月八

日戊寅立

爨龙骧之墓

据汪宁生先生考证："泰和"即"太和"，为东晋废帝年号；"亲未"即"辛未"。这些是不须考辨的。唯太和五年，岁值庚午。辛未应为太和六年，即简文帝咸安元年（371年）。查陈垣先生《二十四史朔闰表》，该年正月朔日为辛未，八日正为戊寅，可见此石刻的干支不误，而五年应为六年之误。

龙骧为晋将军名，属于地位仅次于三公的位从公，"品秩第一，食奉曰五斛"[1]……故此石刻中爨龙骧绝非一般统治者，而应是当时高级官吏。

"由于此石与爨龙颜碑同出于陆良，又早于爨龙颜碑有八十七年。它属于爨龙颜的先辈（例如爨龙颜之祖父）也不是没有可能的。"[2]

---

[1] （晋）房玄龄等撰：《晋书·职官志》，第726页。
[2] 汪宁生：《云南考古·爨龙骧刻石》，昆明：云南人民出版社，1992，第112–113页。

图 2-5：爨龙骧刻石（王洪斌　提供）

以上考说，虽属推论，但颇有道理，故从之。

爨宝子　东晋时人，为官振威将军、建宁太守。其事迹史书未见记录，然据清乾隆四十三年（1778 年）出土于曲靖扬旗田的《爨宝子碑》可知其行状。碑文云：宝子同乐县人，字宝子。名与字同。为官"振威将军、建宁太守"，二十三岁病故。史界多疑其官职为世袭，正好说明自爨琛后，南中爨氏多自领州、郡之职。"碑称宝子建宁同乐人，碑正出于曲靖陆良间，亦属当时同乐县境。他与爨龙骧及后来的爨龙颜应为同一家族。"①

爨龙颜　东晋末至刘宋时人，官至龙骧将军、护镇蛮校尉、宁州刺史、邛都县侯。史书无其事迹记载，然清道光年间于陆良贞元堡发现的《爨龙颜碑》，对爨氏家族的源流及龙颜本人事迹记述甚详，可补史志之不足。此碑最早见于元李京《云南志略》，其后明景泰《云南图经志》有龙颜传略，系根据碑文撰写

---

① 汪宁生：《云南考古·爨宝子碑》，昆明：云南人民出版社，1992，第115页。

而成。由碑中记述可知，龙颜祖父、父亲及其本人世代相袭为宁州刺史，显然为刘宋时期爨氏家族在南中地区的最高统治者。碑中记述其主政地方，颇有威信。文中有"岁在壬申，百六构衅，州土扰乱，东西二境，凶竖狼暴，缅戎寇场，君收合精锐五千之众，身伉矢石，扑碎千计，肃清边隅"等语。考，壬申岁为宋文帝元嘉九年（432 年），据《宋书·文帝纪》载："元嘉九年九月，有妖贼越广寇益州，陷没郡县，州府讨平之。"文献与碑文所载不谋而合。根据碑中"东西二境"之说，有学者认为，唐代"东爨""西爨"之分，大概在刘宋时已经出现。

爨松子　刘宋时人，官至晋宁郡太守。《宋书·文帝纪》载："元嘉十八年（441 年）……是月（十二月），晋宁太守爨松子反叛，宁州刺史徐循讨平之。"①

爨云　西魏时人，官至南宁州刺史。明正德《云南志》卷二十一记载："爨云，建宁郡人，仕魏，累官骠骑大将军、开府仪同三司、南宁州刺史，封同乐郡侯。有碑在陆良南三十里。"爨云仕魏官至南宁州刺史，说明西魏插手过宁州地区。公元 553 年（梁元帝承圣二年，西魏废帝二年），西魏将尉迟迥攻入成都，尽得巴蜀之地。西魏以尉迟迥为益州刺史，"西南夷威怀允洽"②。说明爨云所任为西魏的官吏，年代大致在魏将傅竖眼任益州太守或尉迟迥为益州刺史时期。明正德《云南志》称有《爨云碑》在陆凉州（今云南陆良县）南三十里，惜未录碑文。

爨瓒　萧梁时人，官居宁州刺史。萧梁时任命徐文盛为宁州刺史，因南朝梁发生"侯景之乱"，徐文盛募南中将士数万人东下勤王。公元 553 年，西魏攻占成都，以尉迟迥为益州刺史，对宁州爨氏进行政治规降，任爨瓒为宁州刺史。公元 557 年，南朝梁亡于陈，益、宁二州为北周所得。时宁州"土民爨瓒遂窃据一方，国家（北周）遥授刺史"③。爨瓒为萧梁至陈期间南中地区的实际当权者，尤其是徐文盛调走后，爨瓒遂对宁州实行割据统治。北周时改宁州为南宁

①（梁）沈约撰：《宋书》，北京：中华书局，1974，第88页。
②《彰德尉迟迥庙碑》，载《金石萃编》卷八十二。
③（唐）魏徵等撰：《隋书·梁睿传》，第1126页。

州，其子孙世袭统治到隋初。其史实见《北周书·权景宣传》《北周书·宇文宪传》和《隋书·梁睿传》。

爨震 北周至隋初人，爨瓒之子。爨瓒死后，爨震自领南宁州刺史。时北周末益州总管梁睿上书要求征讨南宁州，云："（爨瓒）其子震相承至今，而震臣礼多亏，贡赋不入，每年奉献不过数十匹马。"故而"即请略定南宁"[①]。梁睿的要求没有得到答复，南宁州依旧为爨震割据。

爨翫 北周至隋初人，爨瓒子，爨震弟。隋初，震、翫向王朝纳贡。《新唐书·两爨蛮传》说："（爨瓒）既死，子震、翫分统其众，隋开皇初，遣使朝贡。"[②]《隋书·史万岁传》说："先是，南宁夷爨翫来降，拜昆州刺史，既而复叛，遂以万岁为行军部总管，率众击之。"[③]"史万岁击之，至西洱河、滇池而还，震、翫惧而入朝。"[④]次年，爨翫率众复反，史万岁因此获罪。隋又遣刘哙之、杨武通征讨，"翫惧而入朝，文帝诛之，诸子没为奴"[⑤]。爨氏割据势力自爨琛独霸南中后第一次遭到沉重打击。

爨弘达 唐初人，爨翫之子。《新唐书·两爨蛮传》云："高祖即位，以其（爨翫）子弘达为昆州刺史，奉父丧归。"[⑥]《通鉴》卷一百八十八《唐纪》亦载："（武德三年）八月丁酉，南宁西爨蛮遣使入贡。初，隋末蛮酋爨翫反，诛，诸子没为官奴，弃其地。帝即位，以翫子弘达为昆州刺史，令持其父尸归葬。"此后，爨弘达入贡朝廷，王朝势力不断在南中得到加强。

爨乾福 武周时人，任昆州刺史。其事迹不详，仅见于张柬之《请罢兵戍姚州书》："垂拱四年（688年），昆州刺史爨乾福又请置州。"说明当时爨氏家族成员仍为刺史，南中地区的爨氏基业依然如故。

爨归王 唐开元、天宝间人，南宁州都督。其时爨归王驻石城（今曲靖市

① （唐）魏徵等撰：《隋书·梁睿传》，第1126页。
② （宋）欧阳修，宋祁撰：《新唐书》，北京：中华书局，1975，第6315页。
③ （唐）魏徵等撰：《隋书·史万岁传》，第1354页。
④ （宋）欧阳修，宋祁撰：《新唐书·两爨蛮传》，第6315页。
⑤ （宋）欧阳修，宋祁撰：《新唐书·两爨蛮传》，第6315页。
⑥ （宋）欧阳修，宋祁撰：《新唐书·两爨蛮传》，第6315页。

麒麟区），是唐王朝任命的南宁州最高行政官员，代表封建王朝统治诸爨，天宝四载至五载间（745—746年）被驻曲轭川（今云南马龙县）的"两爨大鬼主"爨崇道杀害。

爨崇道　唐开元、天宝间人，南宁州大鬼主，爨归王侄。形式上的诸爨共主，为爨氏割据南中的主要代表人物之一。天宝四载至五载间（745—746年）带领诸爨反唐，杀害唐王朝派来的筑城使者竹灵倩，毁安宁城。后又"阴害"南宁州都督爨归王。天宝六载（747年），南诏皮逻阁攻陷曲轭，爨崇道逃往黎州，旋即被杀。其事迹见《新唐书·两爨蛮传》《云南志·名类》《南诏德化碑》等。

爨守隅　唐天宝间人，爨归王子。爨归王被杀后，代父为南宁州都督，与母阿姹投靠其岳父皮逻阁。后爨崇道为皮逻阁所逐杀，爨氏四百年基业自此毁于一旦。天宝七载（748年），南诏徙西爨白蛮二十万户于永昌，爨氏溃散。"守隅并妻（皮逻阁女）归河赕，从此与皇化隔绝。"[①] 其事迹见《新唐书·两爨蛮传》《云南志·名类》《南诏德化碑》等。

此外，在《爨龙颜碑》碑文及碑阴题名者中，除碑主"骍"字辈四子和"硕"字辈九孙外，爨氏家族成员存名者尚有十余人：

建宁爨道庆（撰碑文者）

府长史建宁爨道文

司马建宁爨德眠

仓曹参军建宁爨硕□

府功曹建宁爨□

别驾建宁爨敬祖

主簿建宁爨德□

镇蛮长史建宁爨世明

司马建宁爨顺清

---

① 樊绰：《云南志·名类》，赵吕甫校释本，北京：中国社会科学出版社，1985，第129页。

　　屯兵参军建宁爨孙记

　　门下建宁爨连宁、爨连迫

　　而在张九龄《敕安南首领爨仁哲等书》[①]中，除上列爨归王、爨崇道两人，存名者还有：

　　肖州刺史爨仁哲

　　左威卫将军爨彦徵

　　将军昆州刺史爨嗣绍

　　黎州刺史爨曾

　　综上所述，爨氏家族由内地迁入，落籍南中而成大姓，从爨琛独霸一方到南诏灭西爨，举凡 410 年。由晋至唐，世世相延，代代相袭，成为枝叶繁茂的南中名门望族。

第二节　大姓纷争与爨氏独霸南中

一、两晋之际南中大姓与夷帅的反晋斗争

　　西晋武帝泰始七年（271 年）宁州设置后，封建王朝的势力在南中得到了加强，也取得了一定成效，"西南夷"纷纷内附。据《晋书·武帝纪》载：泰始七年，"诏交趾三郡、南中诸部，无出今年户调"[②]。太康三年（282 年），"宁

---

① 见《全唐文》卷二百八十七。
②（晋）房玄龄等撰：《晋书·武帝纪》，第61页。

州刺史三年一入奏事"①。太康四年（283年），"牂柯獠二千余落内属"。"太康十年（289年），西南夷二十余国来献。"②然而就在此时，晋武帝下令废宁州。《晋书·地理志》云："太康三年（282年），武帝又废宁州入益州，立南夷校尉以护之。"《晋书·职官志》亦载："武帝置……南夷校尉于宁州，元康中……改南夷校尉曰镇蛮校尉。"《华阳国志·南中志》记述更详："太康三年，罢宁州，置南夷府，以天水李毅为校尉，持节统兵镇南中，统五十八部夷族都监行事。"李毅任南夷校尉之后，彻底改变晋初奉行的诸葛亮重用南中大姓的"南抚夷越"政策，取而代之的是强化军事统治，且其属下之郡太守更是贪赃枉法，从而激起了大姓、夷帅们的反抗。

诸葛亮在南中地区实行屯田制，置五部都尉管理屯田机构，并劝令大姓富豪出金帛收买"夷人"，组成"家部曲"，发展屯田生产。晋王朝废屯田制，在废屯田制的过程中，州郡官吏舞弊营私，大姓们的经济利益和私家武装受到损害。建宁郡大姓毛诜、李睿所领的部曲被太守杜俊所夺，这就成了大姓反晋斗争的导火线。同时，晋王朝推行维护士族门阀制度的"九品中正制"，朱提大姓李猛有才干，其弟"分当察举"，而杜俊和朱提太守雍约因"受都尉雷逢赂"，不举李猛之弟而举雷逢的儿子雷炤为孝廉，引起了李猛等大姓的怨恨，成了又一导火线。

"太安元年（302年）秋，（毛）诜、（李）睿逐（杜）俊以叛……（李猛）亦逐（雍）约，应之作乱，众数万。"③李毅率兵破毛诜等军，斩毛诜首级，诱杀李猛，李睿"走依遑耶五苓夷帅于陵承"④。

成汉小王朝兴起于巴蜀地区，南中大姓的反晋斗争遂又与成汉李雄"和光合势"⑤，形成益、宁二州南北呼应之势。于是"南中形势，七郡斗绝，晋弱夷强"⑥。

---

① （晋）房玄龄等撰：《晋书》，第73页。
② （晋）房玄龄等撰：《晋书》，第80页。
③ （晋）常璩撰，刘琳校注：《华阳国志·南中志》，第367页。
④ （晋）常璩撰，刘琳校注：《华阳国志·南中志》，第367页。
⑤ （晋）常璩撰，刘琳校注：《华阳国志·南中志》，第367页。
⑥ （晋）常璩撰，刘琳校注：《华阳国志·南中志》，第369页。

为了强化封建统治，并防范李雄势力南来。这年冬，晋王朝复置宁州，并扩大其辖区，增统牂柯、益州（应为建宁）、朱提三郡。同时加重宁州刺史职权，封刺史李毅为龙骧将军，进成都县侯。但一场更大规模的冲突又在酝酿之中。

"（太安）二年（303年），于陵承诣毅，请恕睿罪。毅许之，睿至，群下以为诜、睿破乱州土，必杀之。毅不得已，许诺。及睿死，于陵承及诜、猛遑耶怒，扇动谋反。奉建宁太守巴西马恢（马忠子）为刺史，烧郡伪发。毅方疾作，力出军。初以救恢，及闻其情，乃杀恢。夷愈强盛，破坏郡县，没吏民。会毅疾甚，军连不利，晋民或入交州，或入永昌、牂柯，半亦为夷所困虏。夷因攻围州城（味县，在今曲靖市麒麟区），毅但疾力固孤城，病笃，不能战讨。时李特、李雄作乱益州，而所在有事，救援莫至。"[1]而此时宁州又逢大饥荒，死者无数。《晋书·李雄载记》云："先是，南土频岁饥疫，死者十万计。南夷校尉李毅固守不降，雄诱建宁夷使讨之。"[2]"光熙元年（306年）春三月，毅薨，子钊任洛，还赴到牂柯，路塞，停住交州。文武以毅女秀明达有父才，遂奉领州事……秀奖励战讨，食粮已尽，人但樵草炙鼠为命。"[3]至"永嘉元年（307年）……夏五月……建宁郡夷攻陷宁州，死者三千余人"。[4]《晋书·李雄载记》亦说："毅病卒，城陷，杀壮士三千余人，送妇女千口于成都。"从上述史料反映出，自太安元年（302年）大姓李猛、毛诜、李睿驱逐建宁太守杜俊、朱提太守雍约起，至永嘉元年（307年）于陵承攻陷宁州治州城，期间南中地区的反晋斗争一直与割据蜀的成汉政权密切联系，南中大姓和夷帅中的一部分紧紧依附于李雄以反晋。

此次战乱，延续了五六年，晋王朝在南中的统治势力遭到沉重打击，同时南中的夷帅、大姓势力亦遭到极大地削弱。永嘉四年（310年），晋王朝重新委派的南夷校尉兼宁州刺史王逊在交州兵的护送下到任。王逊更是一个滥施暴政

---

① （晋）常璩撰，刘琳校注：《华阳国志·南中志》，第371页。
② （晋）房玄龄等撰：《晋书》，第3037页。
③ （晋）常璩撰，刘琳校注：《华阳国志·南中志》，第372页。
④ （晋）房玄龄等撰：《晋书·怀帝纪》，第117页。

的屠夫，比李毅有过之而无不及。《华阳国志·南中志》说，王逊在来宁州的途中，"遥举建宁董敏为秀才。郡久无太守，功曹周悦行郡事，轻敏，不下其板。逊至，怒，杀悦。悦弟秦臧（今禄丰、富民一带）长周飏合夷叟谋，以赵涛父混昔为建宁（太守），有德惠，欲杀逊树涛。逊诛之，并杀涛。夷晋莫不惶惧……（又）以五茶夷昔为乱首，图讨之，未有致罪。会夷发夜郎庄王墓，逊因此遂讨灭之；及讨恶僚刚夷数千落，威震南方。"[1] 在王逊"严猛太过，多所诛锄"[2] 的情况下，反抗斗争转化为潜伏待发的火山。时值西晋末至东晋初年全国大动乱时期，王逊的暴政更加激化了南中地区的矛盾。

在王逊统治下，南中大姓人人自危，为求自保或割据一隅或起兵反抗。王逊又采取另一手法，即大肆分割郡县，企图以此来分散削弱大姓、夷帅的势力。先后分朱提置南广，分牂柯置平夷、夜郎，分兴古置梁水、西平，分建宁置建都，分云南置兴宁、东河阳，分永昌置西河，共计增设九郡，原南中八郡中划给益州之越嶲，合为十六郡。其实，王逊此举并未使大姓、夷帅的势力受到削弱，反而使社会矛盾更加尖锐。

在众叛亲离的情况下，王逊只得利用姚岳、爨琛等极少数大姓来支持其统治了。东晋明帝太宁二年（324 年），李雄派遣其叔父李骧率兵自越嶲进攻宁州，王逊派姚岳、爨琛迎敌，双方战于堂狼（今会泽一带），姚岳、爨琛获胜，但未渡金沙江擒住李骧，故而遭到王逊的惩罚。气愤之余，王逊突发疾病而死。由此可知其性烈如火，极为粗暴残忍。《晋书·王逊传》说："逊以崇（即姚岳）不穷追也，怒囚群帅，执崇鞭之。怒甚，发上冲冠，冠为之裂。夜中卒。"[3]

王逊死后，东晋王朝派尹奉为宁州刺史。史称尹奉其人"威刑缓钝，政治不理"[4]，无所作为。东晋咸和七年（332 年），李雄再度派兵攻宁州，兵至朱提，遭到太守董炳的抵抗，双方相持不下。尹奉派遣建宁太守霍彪、大姓爨琛等驰

---

① （晋）常璩撰，刘琳校注：《华阳国志·南中志》，第373–374页。

② （晋）常璩撰，刘琳校注：《华阳国志·南中志》，第374页。

③ （晋）房玄龄等撰：《晋书》，第2110页。

④ （晋）常璩撰，刘琳校注：《华阳国志·南中志》，第377页。

援董炳固守朱提城（今昭通市）。至次年春正月，董炳因被困日久而出城投降，"南中尽为（李）雄所有"[1]。

成汉得宁州以后，内有纷争，外有强敌，故无力经营南中，更加剧了大姓、夷帅们相互间的争夺与兼并。

东晋永和三年（347年）三月，桓温伐蜀，攻克成都，成汉亡，南中之地复为东晋所有。但仅仅一个月后，"蜀人邓定、隗文举兵反"[2]。东晋王朝既不能稳定益州，自然更无力顾及宁州了。于是南中大姓和夷帅们的纷争愈演愈烈。到了咸安二年（372年），益州为北方的苻秦所据，太元八年（383年）复为晋有。益州的政局变化无常，使得蜀者无力经营南中，失蜀者更是自顾不暇，客观上给南中大姓割据宁州造成外部条件。

二、爨琛独霸南中

爨琛出身于建宁郡最大实力派大姓，相继为王逊、尹奉所倚重，他遂借助王朝势力，不断发展壮大自己的势力。太宁二年（324年）十二月，"建宁爨量与益州太守李遏、梁水太守董憕，保兴古盘南以叛"[3]。尹奉利用边界夷人杀死爨量，又诱降李遏，平息了此次反叛，并派爨琛任兴古郡太守。爨琛乘此机会把原爨量的部曲控制在自己手中，实力大大增强，整个兴古、建宁等地区几乎都成为其势力范围。

在两晋之际历时数十年的战乱纷争中，封建王朝在南中的统治和大姓、夷帅都遭到沉重的打击。其中，大姓、夷帅在共同反对李毅、王逊的同时，又互相展开争夺地盘和部曲的厮杀。至成汉李雄入主宁州后，争夺更加剧烈。争斗的结果，仅剩下霍彪、孟彦、爨琛三家势力最为强大。

以后，霍、孟、爨三家大姓在争夺中，从各自利益出发，或依靠成汉李氏，

---

[1]（晋）常璩撰，刘琳校注：《华阳国志·南中志》，第377页。
[2]（晋）房玄龄等撰：《晋书·穆帝纪》，第193页。
[3]（晋）常璩撰，刘琳校注：《华阳国志·南中志》，第374页。

或投附东晋王朝以寻找靠山。起初是霍彪依靠成汉李氏的支持充任宁州刺史，而孟彦则与之相反，投靠东晋王朝。故至咸和九年（334年），成汉"分宁州置交州，以霍彪为宁州刺史，建宁爨琛为交州刺史"。

再至咸康五年（339年）三月，东晋"广州刺史邓岳伐蜀，建宁人孟彦执李寿将霍彪以降"[1]，并乘机兼并了霍家部曲。李寿闻讯立即派兵追击，孟彦被杀，霍、孟两大姓同归于尽，最后剩下爨氏一家独霸南中。自此以后，爨氏家族虽奉王朝正朔，但在实际上割据一隅。从东晋咸康五年（339年）爨琛独霸南中到唐初，爨氏家族数百年间一直是南中地区的实际统治者。

第三节　爨氏统治的时空范畴及政区沿革

一、爨氏统治的时限

爨氏统治南中的时限，一般认为是从东晋咸康五年（339年）爨琛独霸南中开始，至唐天宝七载（748年）南诏灭西爨为止，历时约410年。根据不同历史时期爨氏对南中的控制及王朝势力在南中的消长情况，大致又可分为三个阶段：

其一，从东晋咸康五年（339年）爨琛独霸南中，到萧梁大同末年（546年）徐文盛治理宁州的208年间，为爨氏统治的形成时期。

爨氏称霸，主要是利用战乱纷争，诸大姓相互兼并而成的。开始时因宁州依然属蜀，成汉李氏多少还有一定的支配权。后来当成汉李氏也自顾不暇的时候，爨氏便利用晋王朝与成汉的争夺反蜀投晋，《晋书·穆帝纪》载，"永和元年（345年）冬十二月，李势将爨来奔"[2]。爨降东晋，道理很简单，盖因此时东晋北有前凉、后赵、前燕等国对峙，西有成汉李势相窥，根本无力顾及南中。

---

[1]（晋）房玄龄等撰：《晋书·成帝纪》，第181页。
[2]（晋）房玄龄等撰：《晋书·帝纪》，第192页。

爨附晋，既可将成汉势力逐出南中，又使东晋只落得个"遥领"的空名，宁州内部事务则完全由爨氏左右。不仅自领刺史，世代相袭，而且"独步南境，卓尔不群"，逐渐与内地相隔绝。如《爨宝子碑》称碑立于大亨四年乙巳，而"大亨"乃是桓玄篡晋的年号，次年即废，仍用原来的元兴年号，桓玄失败后又改元义熙，大亨四年乙巳相当于东晋安帝义熙元年，即公元405年。由于南中与内地失去了联系，故内地改元已四年之久，南中仍用旧年号，这从一个侧面反映出当时的南中地区与外界已到了近乎隔绝的地步。

公元420年六月，刘裕废东晋恭帝，自立国号宋。刘宋王朝建立之后，仍统益、宁二州（此前桓温伐蜀，成汉国灭亡后益、宁两州复归东晋），但所任命刺史亦多不到位，宁州继续在爨氏的统治之下。

公元479年四月，萧道成称帝，改国号为齐，刘宋亡。萧齐在形式上仍继承刘宋领有时的宁州的主权，但任命宁州刺史多以益州刺史兼任，故实际上仅为"遥领"。《南齐书·州郡志》说："宁州……道远土塉，蛮夷众多，齐民甚少。诸爨、氐强族，恃远擅命，故数有土反之虞。"[1]可知，萧齐时期，爨氏的割据依然如故。

公元502年四月，萧衍称帝，改国号为梁，齐亡。梁初，爨氏仍旧称霸着南中，萧梁王朝鞭长莫及。直到大同末（546年），梁王朝曾一度派徐文盛入主宁州进行直接统治。在此之前，南中地区一直是"前后刺史莫能制"[2]。但不久之后内地爆发"侯景之乱"，徐文盛奉调东下勤王，此后爨氏便完全割据宁州。

其二，从萧梁太清二年（548年）徐文盛调离、爨瓒称雄宁州，到隋初开皇十七年（597年）史万岁讨爨翫，举凡五十年间是爨氏统治的发展时期。

其间，爨云仕西魏，为南宁州刺史，北周则"遥授"爨瓒为南宁州刺史，后其子爨震、爨翫相因袭任，且"臣礼多亏，贡赋不入，每年奉献不过数十匹马"[3]。南中地区被完全置于爨氏家族的统治之下。

① （梁）萧子显撰：《南齐书》，北京：中华书局，1972，第303页。
② （唐）姚恩廉撰：《梁书·徐文盛传》，第640页。
③ （唐）魏徵等撰：《隋书·梁睿传》，第1126页。

其三，从隋初开皇十七年（597年）史万岁讨爨翫，到唐天宝七载（748年），为爨氏统治的衰落时期。

公元581年，杨坚代北周称帝，改国号隋。公元589年，隋灭南方陈朝，结束了自东汉末年以来近四个世纪的大分裂、大动荡政治局面，全国重归一统。隋初，爨翫率南中诸部归降，但不久即反。开皇十七年（597年）隋文帝命史万岁率军征讨，大军压境之下爨翫请降，并贿赂史万岁。"万岁舍翫归。"次年爨翫复反，万岁因之获罪。隋文帝派刘哙之、杨武通再度征讨获胜，将爨翫及其子爨弘达押解至长安。这是自东晋初年爨琛称霸以来，爨氏遭到的第一次沉重打击，之后爨氏统治开始走向衰落。

公元618年，唐承隋祚。唐初，对南中采取怀柔政策，高祖李渊令爨弘达"奉父丧归"，且任其为昆州刺史以统南中，爨氏家族的统治又得以恢复。

唐天宝七载（748年），刚刚兴起于滇西洱海沿岸地区的南诏乘"诸爨豪乱"之机挥兵东进，一举击溃爨氏，并徙"西爨白蛮"二十万户入永昌。至此，爨氏统治彻底结束。代之而起对原爨区进行统治的，便是历史上著名的地方民族割据政权——南诏。

二、爨氏统治的地望及政区沿革

爨氏家族统治时期的地望、空间范围，尽管在不同的历史阶段不尽一致，时有消长，但其统治的中心区域却始终未变，主要为建宁郡（治今曲靖市）、晋宁郡（治今晋宁县）、兴古郡（治今富源县）、朱提郡（治今昭通市）。其地望，大致相当于汉之西南夷，蜀汉之南中，两晋之宁州，北周之南宁州，隋唐之南宁州总管（或都督）府所辖境域，即今曲靖、昆明、玉溪、昭通等滇东、滇中和滇东北地区。统治势力所及，则包括今贵州省的黄平县以西至云南保山地区以东，四川西昌地区以南至越南莱州省以北的广大地区。

至于政区沿革，因爨氏虽割据一方，但始终坚持奉王朝正朔，所以其辖境的行政区划基本上是沿袭王朝的郡、县设置而无大变化。具体情况如下：

晋武帝泰始七年（271年），置宁州，辖建宁、云南、兴古、永昌四郡。

晋武帝太康三年（282年），废宁州，置南夷校尉，元康中改镇蛮校尉。

晋惠帝太安二年（303年），复置宁州，辖建宁、兴古、云南、永昌、牂柯、越巂、朱提和从建宁郡中析出的晋宁郡，共八郡六十三县。

王逊任刺史期间，即晋怀帝永嘉元年（307年）至东晋元帝大兴四年（321年），分宁州八郡为十六郡，即建宁、晋宁、牂柯、平夷、朱提、南广、建都、西平、西河阳、东河阳、云南、兴宁、兴古、梁水、永昌、越巂十六郡九十三县。

东晋咸和八年（333年）"南中尽为李雄所有"后，十数年间，屡次变更州、郡建制，原有的郡县名号多已不复存在。至永和三年（347年），晋灭成汉，复置宁州，仍用永嘉郡县设置。以后，历东晋、刘宋、萧齐、萧梁和西魏、北周二百余年，虽王朝沿置州郡，委派刺史，但已多不能控制该地。

爨氏称霸之初，依晋旧制辖八郡，后逐渐缩小，到北周时仅统建宁、兴古、云南、朱提四郡，越巂、牂柯、永昌已划归益州，晋宁则并回建宁郡。其中，建宁、兴古等四郡一直是爨氏统治比较稳定的地区，也是爨氏家族分布较为集中的区域。

北周时，改宁州为南宁州，因北魏于彭元郡（今甘肃境）置有"北宁州"，故改南中之宁州为"南宁州"。南宁州辖建宁、兴古、云南、朱提四郡。

隋开皇五年（585年），设南宁州总管府，并置恭州，辖原朱提郡地，为今之昭通地区；在建宁、兴古二郡地置昆州，即今曲靖、玉溪、楚雄、红河、文山等地区和昆明市一带；在原牂为郡地置协州，即今贵州西北地区。三州归南宁州总管府统领。总管府是中央的派出机构，不是一级地方政权，从而使过去南中地区的州、郡、县三级政权变为州、县两级，使自东晋以来自袭或遥授宁州刺史的爨氏统治集团由此削弱。

唐武德元年（618年）将原牂为郡改为戎州（治今四川宜宾），贞观六年（632年）设置都督府，督戎、郎、昆、曲、协、黎、盘、曾、钧、髳、尹、褒、宗、縻、麻、姚、微十七州。除戎州外，其余十六州为原南宁州所辖故地。

自武德元年开南中置南宁州，四年（621年）设置总管府，五年（622年）

罢总管府，同年冬又重设，寄治巂州（治今四川西昌），七年（624 年）改为南宁州都督府，八年（625 年）将都督府移至味县，即原宁州州治驻地今曲靖市麒麟区。贞观六年（632 年）废南宁州都督府而改隶戎州都督府，八年（634 年）改南宁州为郎州，设都督府。其中，郎州为羁縻州都督，而戎州则为边州都督，郎州隶属戎州。开元五年（717 年）复南宁州都督府。武德、贞观年间曾以爨弘达为南宁州都督，自此以后，爨氏又恢复了对南中的世袭统治，至开元天宝间，爨归王及其子爨守隅相继为南宁州都督。

三、关于东、西二境的问题

爨氏的统治区域即爨地，史有"东、西二境"之说和"东爨乌蛮、西爨白蛮"之分。其实，爨区并不是一成不变的，其辖地范围时有消长而前后有别，故对上述两个概念必须加以区分。爨氏兴起之初，其地不出建宁、兴古二郡之地。至爨氏独霸南中并世袭宁州刺史时达到极盛，此时其辖境包括整个宁州八郡之地。由于地广，爨区又有"东、西二境"之分，大抵东境为建宁、兴古、朱提等郡地，以南盘江上游和滇池为中心，其中朱提、兴古一部为"乌蛮"仲牟由家族（彝族的直系先民）所管；西境则包括云南、永昌二郡，政治上隶属爨氏，实际由当地的各民族众多部落酋长进行直接统治。东、西二境的分野，至迟在爨龙颜生活的时期（即刘宋时期）即已出现，故《爨龙颜碑》有"岁在壬申（刘宋元嘉九年，即 432 年），百六构衅，州土扰乱。东西二境，凶竖狼暴，缅成寇场"[①]之语。这里所说的"东西二境"与隋唐后的东、西两爨有本质区别，属地理方位的范畴。而隋唐时期出现的东爨、西爨，则具有地域和民族的双重含义。

《云南志补注·名类》说："西爨，白蛮也；东爨，乌蛮也。当天宝中，东北自曲、靖州（今昭通地区），西南至宣城（今元江县），邑落相望，牛马被野。在石城（今曲靖市麒麟区）、昆川（今昆明市）、曲轭（今马龙县）、晋宁（今晋

---

① 《爨龙颜碑》，转见方国瑜主编：《云南史料丛刊》第一卷，第237页。

宁县）、喻献（今澄江、江川两县）、安宁（今安宁市）至龙和城（今禄丰县），谓之西爨。在曲靖州（今昭通一带）、弥鹿川（今泸西）、升麻川（今寻甸、嵩明两县），南至步头（今元江县），谓之东爨。"[①] 显而易见，这里所说的"西爨"，正是南盘江上游至滇池沿岸地区的爨氏统治中心区域一带，"东爨"则为昭通、红河一带，即滇东北及滇东南地区，正是刘宋时期的爨区东境。故而我们在理解这一问题时，一定要把爨区放在整个云南的较大范围来看待，才不至于混淆不同历史时期的地理方位和地理概念。总之，"东、西二境"与"东爨、西爨"，完全是两个不同历史时期、不同区域的概念，这正好反映了爨氏统治区域的动态变化。

第四节　爨氏统治时期封建王朝对南中的经略

一、成汉政权及东晋后期对南中的经略

西晋永康二年（301 年），李特率巴氏流民入蜀，光熙元年（306 年），其子李雄在成都称帝，国号大成。东晋咸和九年（334 年），李雄卒，其兄李荡子李班继位，雄子李期杀班自立，后李特弟李骧之子李寿又杀期自立，改国号为汉。李寿死后，其子李势继位。永和三年（347 年），东晋桓温率兵伐蜀，李势降，成汉灭亡。从李特起兵到李势降于东晋，前后共经 47 年。其间，由于晋宁州刺史李毅、王逊滥施暴政，南中大姓多倒向成汉，而成汉政权对南中也进行了一系列经略活动。

"（咸和）七年（332 年）秋，（李）寿南征宁州，以费黑为司马，与邵攀等为前军，由南广入。又别遣任回子调由越嶲入。冬十月，寿、黑至朱提。朱提

[①]（唐）樊绰撰，木芹补注：《云南志补注》，第47页。

太守董炳固城，宁州刺史尹奉遣建宁太守霍彪、大姓爨琛等助炳，时寿已围城，欲遂拒之。黑曰：'料城中食少，霍彪等虽至，赍粮不多，宜令人入城共消其谷，犹嫌其少，何缘拒之？'彪等皆入城。城久不下，寿欲急攻之。黑谏曰：'南（中）道险，俗好反乱，宜必待其诈勇已困，但当日月制之，全军取胜，以求有余。逐牢之物，何足汲汲也！'寿必欲战，果不利，乃悉以军事任黑。""八年（333年）春正月，炳、彪等出降，威震十三郡。三月，刺史尹奉举州委质，迁奉于蜀。寿领宁州。南（中）初平。"①通过这次征战，南中大姓及尹奉等东晋州郡官吏全部投降，成汉尽得宁州之地。后王朝采取了一系列的措施，如复置了郡县，委派了霍彪、爨琛、孟彦等大姓中的代表人物充任州郡官吏，改变晋王朝打击大姓的政策以缓和社会矛盾。但李雄死后，成汉内部纷争迭起，无力顾及宁州，尤其是李寿统治时期，"凡诸制度，皆有改易"②。成汉派到南中的官吏又开始"转凌掠民"。在这样的情况下，南中大姓的代表爨氏家族遂转向东晋王朝，至桓温伐蜀成汉灭，东晋又恢复了对南中的统治。

最初，东晋王朝曾委派了一批官吏任职南中，如："（毛）穆之……从（桓）温平蜀……升平初，迁督宁州诸军事、扬威将军、宁州刺史。"③"周光……子仲孙，兴宁初，督宁州军事、振武将军、宁州刺史。"④"安帝初……（毛）璩弟宁州刺史璠卒官。"⑤

到了东晋后期，益、宁二州先后成了桓温部将周仲孙、毛璩等人的控制区。至宁康元年（373年）氐人苻坚建立的前秦政权占有益州后，"西南夷邛筰、夜郎等皆归之"⑥。苻坚任命姚苌为宁州刺史，周仲孙、毛璩等也领宁州刺史衔，但都没有真正对宁州实施统治，且多为益州刺史兼理宁州事。

①（晋）常璩撰，刘琳校注：《华阳国志·李特雄期寿势志》，第673页。
②（唐）房玄龄等撰：《晋书·李寿载记》，第3046页。
③（唐）房玄龄等撰：《晋书·毛宝传》，第2125页。
④（唐）房玄龄等撰：《晋书·周昉传》，第1586页。
⑤（唐）房玄龄等撰：《晋书·毛宝传》，第2127页。
⑥（唐）房玄龄等撰：《晋书·苻坚载记上》，第2897页。

二、南北朝时期对南中的经略

东晋末年，爆发了震撼全国的孙恩、卢循起义，在镇压农民起义的过程中，东晋的大权日益落到了刘裕手中。刘裕北灭南燕、后秦，威望权势更重，随即夺帝位，废晋恭帝司马德文，国号宋，改元永初。刘宋永初元年（420 年），是南朝的开始。北朝的北魏建国虽比刘宋早，但统一北方却是在刘宋建国以后。从刘宋开始，南朝经历了刘宋、萧齐、萧梁和陈四个小王朝。而北朝则由北魏分裂为东魏、西魏，后东魏被北齐所代，西魏被北周所代，最后北周灭北齐统一北方，北周又被杨坚所取代而建立隋朝。到开皇九年（589 年），隋灭南朝陈，全国复归一统，其间经历了 170 年的南北对峙。在这一过程中，代表中央王朝"正朔"经略南中的，前期主要是南方诸王朝，后期则为北魏和北周。而经略形式主要是任命宁州刺史和镇压反叛。

（一）刘宋王朝时期任命为宁州刺史有史可考者

永初二年（421 年），"以员外散骑常侍应袭为宁州刺史"[1]。

元嘉五年（428 年），"安陆公相周籍之为宁州刺史"[2]。

元嘉九年（432 年），"时诏内外百官举才，义恭上表曰：'……臣府中直兵参军事臣王天宝……北勤河朔，东据营丘……虽蒙褒叙，未尽才宜……南中复远，风谣迥隔，蛮僚狡窃，边氓荼炭。……天宝可宁州刺史，庶足威怀荒表，肃清遐服。'"[3]

元嘉十五年（438 年），"以陈、南顿二郡太守徐循为宁州刺史"[4]。

元嘉十九年（442 年），"以晋宁太守周万岁为宁州刺史"[5]。

元嘉三十年（453 年），"以沛郡太守垣阆为宁州刺史"[6]。

---

① （梁）沈约撰：《宋书·武帝纪下》，第58页。
② （梁）沈约撰：《宋书·武三王传》，第77页。
③ （梁）沈约撰：《宋书·武三王传》，第1644页。
④ （梁）沈约撰：《宋书·文帝纪》，第85页。
⑤ （梁）沈约撰：《宋书·文帝纪》，第89页。
⑥ （梁）沈约撰：《宋书·孝武帝纪》，第113页。

孝建元年（454年），"九月丙申，以强弩将军尹怀顺为宁州刺史"[1]。

大明二年（458年），"以强弩将军杜叔文为宁州刺史"[2]。

大明三年（459年），"以建宁太守符仲子为宁州刺史"[3]（此为就地升迁）。

大明四年（460年），"以员外散骑侍郎费景绪为宁州刺史"[4]。

大明五年（461年），"以北中郎参军费伯弘为宁州刺史"[5]。

泰始六年（470年），"奉朝请孔玉为宁州刺史"[6]。

元徽二年（474年），"八月辛酉，以征虏行参军刘延祖为宁州刺史"[7]。

元徽五年（477年），"以建宁太守柳和为宁州刺史"[8]（此亦为就地升迁）。

从以上史料记载可以看出，刘宋王朝曾一直任命宁州刺史以保证其"正朔地位不变"，但实际上几乎没有人到任，仅徐循任上发生爨松子叛乱，徐率兵镇压。《宋书·文帝纪》说，元嘉十八年（441年）十二月，"晋宁太守爨松子反叛，宁州刺史徐循讨平之"。从这条史料看，可能徐循到过宁州。而宁州刺史更换之频繁，尤其以大明二年（458年）到大明五年（461年）为甚，每年都在变换。这从常理上讲是不可能实现的，除非是下一纸空文的任命书，否则，那时宁州与金陵王都关山阻隔，十分不便，岂有行数千里，途中劳顿几个月，尚未到任理事又变换他人的道理？

相反，倒是《宋书·裴松之传》记载的元嘉三年（426年）"分遣大使巡行天下……驸马都尉奉朝请潘思先使宁州"之说还较有可能，刘宋王朝虽不能直接控制宁州，然派大员巡视，宁州还是会接受的。尽管宁州已是爨氏的天下，但爨氏从未称王自立，所以朝廷派员巡视理应如此。其实，在当时的历史条件下，相对封建王朝而言，这也是一种不得已的折中办法。一方面，任命刺史在

① （梁）沈约撰：《宋书·孝武帝纪》，第115页。

② （梁）沈约撰：《宋书·孝武帝纪》，第122页。

③ （梁）沈约撰：《宋书·孝武帝纪》，第123页。

④ （梁）沈约撰：《宋书·孝武帝纪》，第125页。

⑤ （梁）沈约撰：《宋书·孝武帝纪》，第128页。

⑥ （梁）沈约撰：《宋书·明帝纪》，第166页。

⑦ （梁）沈约撰：《宋书·后废帝纪》，第183页。

⑧ （梁）沈约撰：《宋书·后废帝纪》，第187页。

成都或南京遥领，坐食俸禄；另一方面，赐爨氏家族的首脑人物为宁州刺史或任其世袭自领，然后分遣"大使"巡行以示"正朔"所在。盖因此时南朝的主要敌人是北朝，不愿在宁州引起战乱，爨氏正是利用这一点来维系自己在南中的统治。

（二）萧齐王朝时期任命为宁州刺史有史可考者

永明二年（484 年），"以宁朔将军程法勤为宁州刺史"[①]。

永明三年（485 年），"以骠骑中兵参军董仲舒为宁州刺史"[②]。

永明十年（489 年），"以新城太守郭安明为宁州刺史"[③]。

延兴元年（494 年），"以车骑板行参军李庆综为宁州刺史"[④]。

建武三年（496 年），"前新除宁州刺史李庆综为宁州刺史"[⑤]。

中兴元年（501），"以征虏将军柳惔为益、宁二州刺史"[⑥]。

从上列史料可知，在萧齐王朝统治的 24 年间（479—502 年），曾仿效刘宋的办法，共有六次五人被任命为宁州刺史。萧齐王朝对宁州更缺乏影响力，历年来仅任命过几个刺史而已，根本无人到任，甚至连巡视都不愿来了。《南齐书·高帝纪下》记载说，建元元年（479 年），"诏遣大使分行四方，遣兼散骑常侍十二人巡行，以交、宁道远，不遣使"。在萧齐王朝眼中，宁州乃"不毛之地也，道远土墝，蛮夷众多，齐民甚少"[⑦]。连巡视都嫌路途遥远而"不遣使"，更不用说派人来实施行政管理了。而这时"诸爨、氏强族，恃远擅命，故数有土反之虞"[⑧]。因而可以说，萧齐在宁州没有任何政治作为。

（三）萧梁王朝时期对宁州的经略

大同末年（546 年左右），萧梁任命徐文盛为宁州刺史，开始深入南中进行

① （梁）萧子显撰：《南齐书·武帝纪》，第48页。
② （梁）萧子显撰：《南齐书·武帝纪》，第50页。
③ （梁）萧子显撰：《南齐书·武帝纪》，第59页。
④ （梁）萧子显撰：《南齐书·海陵王纪》，第78页。
⑤ （梁）萧子显撰：《南齐书·明帝纪》，第89页。
⑥ （梁）萧子显撰：《南齐书·和帝纪》，第112页。
⑦ （梁）萧子显撰：《南齐书·州郡志下》，第303页。
⑧ （梁）萧子显撰：《南齐书·州郡志下》，第303页。

经略活动。《梁书·徐文盛传》说："徐文盛……大同末，以为持节督宁州刺史。先是，州在僻远，所管群蛮不识教义，贪欲财贿，劫篡相寻，前后刺史莫能制。文盛推心抚慰，示以威德，夷僚感之，风俗遂改。"徐文盛"推心抚慰，示以威德"的经略方针很适合南中地区各民族的情况，因而取得良好效果，但由于梁王朝发生"侯景之乱"，徐文盛赴荆州参与平叛。"太清二年（548年），闻国难，召募得数万人来赴。"[①] 徐文盛的短暂经略遂告结束。自此之后，梁王朝再也没有委派宁州刺史，南中则完全为爨瓒父子所控制。

（四）北魏对宁州的两次经略活动

《资治通鉴·梁纪》载："天监十四年（515年），魏之伐蜀也，军至晋寿，蜀人震恐，傅竖眼将步兵三万击巴北上。（梁）遣宁州刺史任太洪自阴平间道入其州，招诱氐蜀，绝魏运路。会魏大军北还，太洪袭破魏东洛除口二戍，声言梁兵继至，氐蜀翕然从之，太洪进围关城，竖眼遣统军姜喜等击太洪，大破之，太洪弃关城走还。"益州遂为北魏所得。傅竖眼得巴蜀，便着手经略宁州。"竖眼善于绥抚，南人多归之。"[②] 不过傅竖眼经略益、宁二州的时间很短，益州又为梁所有，则其对宁州的经略也就到此结束。

公元553年，西魏将尉迟回攻成都，尽得巴蜀之地，西魏以尉迟回为宁州刺史，亦对宁州进行经略，史称"西南夷威怀允洽"，说尉迟回与傅竖眼一样也颇有建树。而明正德《云南志》载，时有建宁郡人爨云"仕魏，累官骠骑大将军、开府仪同三司、南宁州刺史，封同乐郡侯"。按学术界一般的看法，爨云也是西魏时人。

（五）北周对宁州的经略

自徐文盛东下，爨瓒父子便完全控制了宁州，北周时"遥授"其为宁州刺史，使爨氏家族的统治合法化，并开唐代羁縻州县之先河。

但北周时对如何经略南中存在着两种不同看法，这在大象二年（580年）

---

① （唐）姚思廉：《梁书·徐文盛传》，第640–641页。
② （北齐）魏收撰：《魏书·傅竖眼传》，北京：中华书局，1974，第1557页。

益州总管梁睿的上书中说得较为透彻："睿时威振西川，夷獠归附，唯南宁酋帅爨震①恃远不宾。睿上疏曰：'窃以远抚长驾，王者令图；易俗移风，有国恒典。南宁州，汉世牂柯之地，近代已来，分置兴古、云南、建宁、朱提四郡，户口殷众，金宝富饶，二河有骏马、明珠，益、宁出盐井、犀角。晋泰始七年，以益州旷远，分置宁州，至伪梁南宁州刺史徐文盛，被湘东征赴荆州，属东夏尚阻，未遑远略。土民爨瓒遂窃据一方，国家②遥授刺史。其子震，相承至今。而震臣礼多亏，贡赋不入，每年奉献，不过数十匹马。其处去益，路止一千，朱提北境，即与戎州接界。如闻彼人苦其苛政，思被皇风。伏惟大丞相③匡赞圣朝，宁济区宇，绝后光前，方垂万代，阐土服远，今正其时，幸因平蜀士众，不烦重兴师旅，押獠既讫，即请略定南宁。自卢、戎已来，军粮须给，过此即于蛮夷征税，以供兵马。其宁州、朱提、云南、西爨，并置总管州镇，计彼熟蛮租调，足供城防仓储。一则以肃蛮夷，二则裨益军国。'"后又再次上书，反复强调了经略南中的重要性与必要性。虽然杨坚很赞同梁睿的看法，但"然以天下初定，恐民心不安，故未之许"④。

　　梁睿上书，对南北朝以来的南中形势做了较为透彻的分析和总结，对加强封建王朝的统治，削弱爨氏势力并彻底改变割据局面，提出了具体方案，指出宁州在汉晋就是王朝的边地重镇，物产极为丰富。而自爨氏割据以来，王朝势力多不能达，特别是实际统治南中的爨氏家族更是"臣礼多亏，每年奉献，不过数十匹马"而已。所以必须恢复中央王朝在宁州的直接统治，在宁州设置总管州镇以统领各郡县。这样便可以达到目的，即一可以加强对"蛮夷"的控制；二可以向"熟蛮"征纳赋税，有利于军国；三可以"拓土开疆""远振威名"。梁睿上书的请求，虽因时机不成熟而未付诸行动，但已充分表明北周经略宁州的战略思想，就是要加强在宁州的王权，不惜以武力征讨南中，彻底改变爨氏

---

① 爨瓒之长子，次子翫。
② 指北周。
③ 杨坚。
④（唐）魏徵等撰：《隋书·梁睿传》，第1126–1127页。

割据的局面。这是魏晋以来王权大一统强硬派的基本经略思想的发展，也是南北朝以来对南中提出的最强硬的行动方案。这个方案，在代周而取、建立起大一统国家的隋初开始执行。

而在实际经略活动中，由于北周尚未完成统一大业，一时尚无力实施军事征讨，因而采取了"遥授爨瓒为南宁州刺史"的办法。这与汉晋边郡制度不同，而且与南朝的情况也不尽相同。自西汉以来，封建王朝在西南边疆民族地区设置郡县，流官与土长并存，既任命太守、令长进行统治，又任命土长为王侯、邑长。同时，为巩固统治，遣戍卒屯守，既耕且战，委派长吏管理。而北周任命土长为刺史，实际上是对边疆郡县制度的重大改变，"开了唐代羁縻州县的先例"[①]。自北周时任命爨瓒为南宁州刺史，从此以后，经隋至唐天宝初年的爨守隅，封建王朝任命爨氏为刺史、都督治理南宁州约两百年。

三、隋王朝对南中的经略

开皇元年（581年），杨坚代北周而称帝，建立隋王朝。开皇九年（589年），隋灭南方的陈朝，全国又重归统一。隋初，要求对周边各少数民族地区进行经略，南宁州的问题便被提到了议事日程上来。在隋王朝强大的军事政治力量胁迫下，爨氏不得不表示归服。

史载，开皇五年（585年）左右，隋文帝任命韦世冲（即韦冲）"为南宁州总管，持节抚慰。复遣柱国王长述以兵继进……冲既至南宁（今曲靖市），渠帅爨震及西爨首领皆诣府参谒。上大悦，下诏褒扬之"[②]。韦世冲深入南中腹地，设立南宁州总管府，迫使诸爨归降，将梁睿的建议变成了现实。

最初，韦世冲依靠爨氏集团，使南中局势得以稳定下来，但其侄子却借势无恶不作，引起南中各族人民的不满。爨氏集团遂利用这一矛盾进行反隋活动，企图继续维持割据局面。史载："其（韦世冲）兄子伯仁，随冲在府，掠人

---

① 林超民：《云南地方史讲义》，云南广播电视大学1984年编印，第57页。
② （唐）魏徵等撰：《隋书·韦冲传》，第1270页。

之妻，士卒纵暴，边人失望。"① 于是，以爨翫为首的地方贵族们便发起了反抗。《隋书·史万岁传》说："先是，南宁夷爨翫来降，拜昆州刺史，既而复叛。"开皇十七年（597 年），隋王朝"遂以万岁为行军总管，率众击之……破其三十余部，虏获男女二万余口。诸夷大惧，遣使请降，献明珠径寸，于是勒石颂美隋德。万岁遣使驰奏，请将翫入朝，诏许之。爨翫阴有二心，不欲诣阙，因赂万岁以金宝。万岁于是舍翫而还。蜀王时在益州，知其受贿，遣使将索之。万岁闻而悉以所得金宝沉之于江，索无所获……明年，爨翫复反。蜀王秀奏万岁受赂纵贼，致生边患，无大臣节。上令穷治其事。事皆验，罪当死"②。

接下来，隋文帝又派"大将军刘哙之讨西爨也，帝令上开府仪同三司杨武通将兵继进"③。杨武通兵至南宁州，"翫惧而入朝"，文帝下令诛杀爨翫，"诸子没为奴"。爨氏遭到了沉重打击。

由于韦世冲设南宁州总管府时其侄子所造成的不良影响，以及史万岁进军时的残暴和贪婪，隋王朝在南宁州的统治难以稳定下来，不得不"弃其地"。经略南中的使命，落在了唐王朝统治者的肩上。

四、唐王朝对南中的经略

武德元年（618 年），李渊建立唐王朝，立即开展了统一全国的经营活动，尤其是把南中地区作为重点。史载，"武德元年开南中"④，设置羁縻州县。所谓"羁縻州县"，就是"即其部落列置州县。其大者为都督府，以其首领为都督、刺史，皆得世袭"⑤。据此唐代羁縻州县的特点是：一是"即其部落列置州县"；二是"以其首领为都督、刺史，皆得世袭"；三是"贡赋版籍，多不上户部"，"并无税赋供输"，仅由土长岁贡差发。从武德元年到贞观年间，唐朝一共在南

---

① （唐）魏徵等撰：《隋书·韦冲传》，第1270页。
② （唐）魏徵等撰：《隋书·史万岁传》，第1354–1355页。
③ 《资治通鉴》卷一百七十九《隋纪》。
④ （宋）欧阳修、宋祁撰：《新唐书·地理志》，第1140页。
⑤ （宋）欧阳修、宋祁撰：《新唐书·地理志》，第1119页。

中境内设置了南宁州（今曲靖）、曲州（今昭通）、遵备州（今邓川）等羁縻州共104个，每个羁縻州下属数量不等的羁縻县。这些羁縻州县建立之后，唐王朝即通过南中少数民族中的上层分子对各族人民进行统治。这就是唐王朝经略南中的基本方针。

唐王朝以羁縻州县的形式经略南中，首先必须笼络爨氏家族。爨氏在南中有几百年的根基，虽在隋初遭到沉重打击，但其社会基础并未受到动摇。为了能够顺利地重新把南中统一在中央王朝的有效控制下，唐高祖把被隋没为官奴的爨弘达释放出来，任命他为昆明刺史，"持其父尸归葬"。这样爨氏家族又在南中恢复统治。不过其直接控制的区域已大大缩小，仅为原建宁、晋宁、兴古三郡之地了。

唐王朝在南中的经略活动，一方面让爨氏"复长其民"，另一方面在洱海地区扶持新兴的南诏贵族集团，使其对诸爨进行牵制，同时利用南诏扼制吐蕃势力南下。南诏在唐的扶持下得到了迅猛发展，并利用诸爨内乱及其与唐王朝间的矛盾，于唐天宝五载（746年）左右击灭诸爨，后又将西爨白蛮二十万户迁徙至永昌（今保山市），从而彻底摧毁了爨氏家族在南中的统治。之后，唐、诏矛盾白热化，不久便爆发了著名的"天宝战争"。经过三次大战，到天宝十三载（754年）以唐王朝的失败而告终。南诏亦从此摆脱唐王朝的控制，逐渐发展成为割据一方的地方民族政权。

综观唐王朝在南中的经略活动，从成功的一面说，羁縻州县的设置，使分裂割据四百余年的南中地区重新纳入王朝统治体系，推动了南中地区社会经济的发展；从失败的方面讲，扶持南诏灭爨氏，无异于养虎为患，培育了一个地方民族割据政权。当然，这仅仅只是从唐王朝统治者的角度而言。如以云南社会历史的进步与发展来看，南诏的兴起，却是云南历史发展的一个重要阶段。

第三章

爨区民族

第一节　南中地区的民族结构与分布

由于史料匮乏，地下出土文物又难以准确对应，所以描述南中地区的原始民族结构和分布殊为不易，故为了探讨爨区民族的分布和流变，我们只能根据现有材料进行一些初步的分析。首先需要说明的是，因"原始民族"的概念十分含混，为了方便描述，暂把南中原始民族的时间界定在新石器时代晚期至东汉初年。同时，为了使论说更接近主题，与爨区有更紧密的联系，我们把原始民族的空间重点定位在云南境内，偶尔涉及南中七郡的范围。

对原始民族的描述，学术界通常采用三级编排制，即族类、族系、族属。三级的划分是以被考察民族某些文化要素的亲疏等次为依据。凡有相似文化特征但文化渊源关系疏远的民族，即归为一个族类；若文化相似之处更多，在历史发展上又具有较近文化的渊源关系，则归为一个族系；若几个民族其文化特征极为相似，在目前文化间的交往较为密切又具有明显的文化亲缘关系，则归为一个族属。

具体运用到西南地区，凌纯声先生首倡把西南各民族分为百越、苗瑶、氐羌三大族系。以后的学者则进一步加以阐发，认为从旧石器时代起，在文化上云南境内的原始居民就已经和我国其他地区的一些原始居民有着某些共同因素。到了新石器时代晚期，根据地下出土文物和考古学界的研究，大致可以从考古学文化的意义上分出：滇池地区—石寨山类型、滇东北地区—闸心场类型、滇东南地区—小河洞类型、滇南西双版纳地区—曼蚌囡类型、金沙江中游地区—元谋大墩子类型、洱海地区—马龙类型、澜沧江中游地区—忙怀类型、滇西北地区—戈登类型八个类别，或称洱海白羊村文化、大墩子文化、滇池区域文化、滇东北文化、澜沧江中游地区文化、滇东南文化六个文化类型。不管是八个类型，还是六个类型，多数研究者认为滇东南四个新石器时代类型出土的石器以梯形石锛为主，又出土有段、有肩的石斧、石锛类器物，具有我国东南沿海地区新石器文化的共同特点；大墩子类型、马龙类型和维西戈登村类型所出器物，明显与我国黄河上游甘青地区的新石器文化有一定的渊源关系；忙怀类型则可能是一支由北向南发展的文化。因此，根据民族学界提出的观点——云南境内的原始民族分为百越、氐羌、百濮三大族系；至迟战国以前三苗没有进入云南，把云南境内新石器时代文化类型的创造者对应确定为：忙怀类型的创造者是濮人，滇东北新石器文化类型的创造者是百越支系的僚人，滇池区域新石器文化类型的创造者是氐羌、濮越，洱海地区、金沙江中游地区和滇西北地区新石器文化类型的创造者是氐羌。其空间分界大致是从元谋盆地往楚雄偏北至云县，再连接保山画一条弧线，其西北部、北部主要为氐羌原始文化分布区，其东部、南部主要为濮越原始文化分布区。

进入青铜文化时代以后延至汉晋时期，民族学界主要根据《华阳国志·南中志》"南中在昔盖夷越之地，滇、濮、句町、夜郎、叶榆、桐师、嶲唐侯王国以十数"和《史记·西南夷列传》"西南夷君长以什数，夜郎最大；其西靡莫之属以什数，滇最大；自滇以北君长以什数，邛都最大……其外，西自同师以东，北至楪榆，名为嶲、昆明……自嶲以东北，君长以什数，徙、筰都最大；……皆氐类也，此皆巴蜀西南外蛮夷也"等相关记载，把滇、昆明等族名置于氐羌、百越、百濮三大族系的框架中，即僰、昆明、叟、摩沙归于氐羌系统，僚、鸠僚、濮归于百越系统；苞满、闽濮归于百濮系统。具体分布范围是：僰人分布在滇国境内到今滇东北昭通、曲靖，滇南建水、石屏、峨山，滇西楚雄至大理往西到保山一带；昆明族分布在今保山往东，北至大理州及永胜至四川盐源、盐边一带，滇池周围向东北延伸至曲靖上下周围地带及滇、川、渝、黔四省市连接地带；叟族在今保山至大理州、昭通、滇东南红河州和曲靖一带；摩沙夷分布在四川盐源、盐边至云南丽江一带。总之，氐羌族系的分布仍基本同于新石器时代晚期前后，大致在云南北部、东北部、中部和西部。僚族分布在夜郎僚人区域的西部，直抵东汉初年设置的永昌郡南部地带，即今普洱市、西双版纳州、临沧市、德宏州；濮族分布在今贵州省和云南省富源县、陆良县以东交界地带，文山州西部和红河州南部一带；鸠僚分布在今文山州、红河州、德宏州、临沧市、普洱市、西双版纳州一带。总之，百越仍主要分布在云南省东南部、南部和西南部，百濮系统中的苞满分布在云龙、保山东部和东北部，闽濮分布在德宏州、临沧市、普洱市、西双版纳州一带。

根据考古发现，考古学界把云南青铜文化分为滇池区域类型、滇西地区类型、滇西北类型、滇南地区类型，或滇池区域类型、洱海区域类型、怒江—澜沧江上游地区类型、澜沧江中下游地区类型、红河流域类型，并把上述类型与民族族属相联系，认为滇池区域青铜文化的主人是古代百越民族中的一支，滇西地区青铜文化主要是昆明人创造的，滇西北石棺墓是南迁的北方游牧民族白狼人的墓葬，滇南地区青铜文化的创造者也是百越民族，与滇池地区的越人有关系也有差异。另有学者根据石寨山青铜器上的近三百个人物图像的发式、服饰，把云南境内当时的民族推测为：椎髻类，为"靡莫之属"；辫发类，为"昆明之属"；结髻类，为"南中之越"；螺髻类，为"盘瓠之裔"。即椎髻类属于百濮系统，辫发类属于氐羌系统，结髻类属于百越系统，螺髻类似苗瑶系统。

虽然上述按青铜文化类型的族属分类尚未形成最后的定论，但考古学界仍与民族学界一样，采用百越、百濮、氐羌三大族系来概括当时云南的古代民族情况。

应该承认，学术界把云南境内新石器时代晚期到两汉时期的民族情况分为百越、百濮、氐羌三大族系，是有相当根据的。有学者以语言为依据，编排出的民族谱系有百越、氐羌等主要族系。但也有学者对三大族系的框架提出修正，或据《华阳国志·南中志》的记载，把云南境内新石器时代晚期至两汉时期的民族概括为濮越族系和氐羌族系；或认为在百濮、百越、氐羌三大族系外，还应有"南亚"族系存在；或认为在百濮、百越、氐羌之外，还应增加一个"夷"系，并把文献中记载的昆明、叟、徙、笮都、冉等归入"夷"系，认为夷系与羌系各族明显不同，且起源和发展演变上，也与羌人源流各别。但总的说来，这些修正仍未跳出百濮、百越、氐羌三个族系的框架，依然承认三个族系能包容当时云南境内的民族情况。客观地讲，三大族系的编排，既强调了云南当时的文化与我国其他地区的文化的联系，也强调了云南当时的居民的民族延续性，但最大的不足就在于忽略了云南境内居民的本土性，似乎云南各民族都是从外地迁入的。因为根据文献记载，氐羌主要活动在甘青高原上，百越则主要在钱塘江以南的东南沿海，百濮则在江汉以南地区，所以云南境内的百濮、百越、氐羌都是后来迁入的。但事实上作为人类起源重要地区之一的云南，不仅有距今170万年左右的元谋人化石和石制品，以及带有人工痕迹的动物骨片及可能为人工用火的遗迹，还有晚更新世时期的晚期智人西畴人、丽江人、昆明人等，以及分布广泛的旧石器时代遗址。这些远古的先民们一直云南的红土地上生息、繁衍，成为云南境内最早的居民，并应该在后来的众多民族群体中占有相应的比重与地位。

为了解决三大族系框架不足的问题，近年来，有日本学者提出，应把云南的古代民族分别界定为"骑马民族"和"稻作民族"，国内也有学者认为应界定为农业民族、畜牧民族、狩猎民族，并试图以此替代三个族系的编排，从而解决云南境内似乎只有外来民族而无土著民族的矛盾。但无论是骑马民族、稻作民族，还是农业民族、畜牧民族、狩猎民族，这些提法都是文化人类学的语言，主要是用来描述经济形态或文化特征，从严格意义上讲，与民族的族系界定关系不大。况且在当时的历史条件下，几种生产方式常常是兼而有之，很难区分是以哪一种为主，所以这样的编排并不能真正用来解释云南境内当时各民族的情况。实际上提出这种主张的学者在具体分析云南当时的民族情况时，也并未遵循自己的主张，而仍是在民族族系的归类上作了适当的调整，如：把僰人归入氐系而不是羌系，滇人归于百越，哀牢归于濮、氐羌系统，苞满则归于百濮系统。

此外，为解决三大族系编排的不足，也有学者在三大族系之外，增加了一个夷系，并把夷系各族认定为云南的土著，但对土著的文化特征却并未加以详论。另有学者不用夷系之称，直接把"昆明""斯榆""哀牢"确定为土著，并与考古学文化相联系。此说虽部分解决了三大族系编排的不足，但只肯定洱海区域、澜沧江区域有土著民族存在，其余滇池区域、滇东北区域、滇东南等地，仍用百濮、百越、氐羌三大族系来加以描述，似乎这些地方没有土著居民，这又使人百思不得其解。然而不管怎样，在三大族系之外，提出增加一个土著族系，并把文献记载中的一些古代民族划入土著族系，无疑是云南古代民族研究中的一大进步，其探索方向也应该给予高度肯定。但是，由于古代民族研究，无法以语言为依据来划分民族谱系，而只能以被考察民族的某些文化要素的亲疏等次为依据，因此文化相似之处较多，在历史上又具有较近文化渊源，就成为族系确定至关重要的标准。而在具体运作中，分析文化相似和较近文化渊源必须十分慎重。例如学术界通常把新石器时代滇池区域类型、忙怀类型等与东南沿海百越文化相比较，认为三者文化上的相似之处较多，从而将之归入一个民族族系。但若细加分析，便可发现三者不相似的地方也很多。首先，石器当中虽不乏有肩石斧、有段石锛，但其年代较之这些类型中原有的梯形石斧、石锛要晚，数量上也要少得多，并非主流。其次，陶器器类和制作技术有很大差别。因此，若把这些不相似之处或多于相似之处的古代民族归为一个族系就十分勉强，至多也只能说是百越文化部分融于当地土著文化，或部分百越人口融入土著民族之中。总之，文化相似和较近文化渊源的确立，应当注意文化整体的、多层面的比较，注重由文化融合而导致的不同民族的文化共享，注重相同的自然环境和社会环境下，各民族的独立发明、发现所创造的文化的某些一致性，否则族系的编排就很难符合历史真实。

第二节　"西爨白蛮"和"东爨乌蛮"

唐樊绰《云南志》卷四曰："西爨，白蛮也。东爨，乌蛮也。当天宝中，东北自曲、靖州，西南至宣城，邑落相望，牛马被野。在石城、昆川、曲轭、晋宁、喻献、安宁至龙和城，谓之西爨；在曲、靖州、弥鹿川、升麻川，南至步头，谓之东爨。风俗名爨也。"据考，曲、靖州为今昭通一带，宣城为今元江，石城为今曲靖，昆川为今昆明，曲轭为今马龙，晋宁、喻献为今澄江、江川，龙和城为今禄丰，弥鹿川为今泸西，升麻川为今寻甸、嵩明，步头在今元江。《云南志》明确提出"西爨"和"东爨"的概念与族属及其区界划分。但其他的相关文献只提"西爨"或"东爨"，两爨之名并不同时出现。如《隋书·梁睿传》："……其宁州、朱提、云南、西爨，并置总管州镇。"《隋书·韦冲传》："……冲既至南宁，渠帅爨震及西爨首领皆趋府参谒。"《通鉴》卷一百七十九《隋纪》："大将军刘哙之讨西爨也。"等等，都只提西爨。到《南诏德化碑》才提"东爨"，却又未载"西爨"，"……遣越巂都督竹灵倩，置府东爨，通路安南……其李宓忘国家大计，蹑章仇诡踪，务求进官荣，宓阻扇东爨"，"东爨悉归，步头已成内境"[①]。正因为如此，有学者认为东爨、西爨之说纯属虚妄，历史上根本就不存在。但这样轻易加以否定是没有多少根据的。之所以出现西爨、东爨不并提的情况，估计是在两爨同时存在的时候，西爨势力强大，经济发达，文化盛昌，便以"西爨"来概指两爨。当西爨被攻灭后，人口被强制迁徙，统治势力不复存在，故西爨这样的带有明显统治集团族属和地域概念的名称也就随之而消失了。相反，因东爨当时未被攻灭，所以东爨之名在南诏时仍旧存在。而如果爨无东、西两爨之分，那么爨氏破灭后，《南诏德化碑》就没有称"东爨"的必要了。

爨为何分西爨、东爨？什么时候分的？各自的地域大致是怎样划分的？必须弄清楚这些问题，才能更好地描述爨区的民族分布情况。

对于东、西两爨之分的时间上限，学术界的看法不尽相同。马长寿先生以《爨龙颜碑》中所载"岁在壬申，百六构衅，州土扰乱。东西二境，凶竖狼暴，缅戎寇场"为据，认为分野的时间是在公元432年，并说道："自从爨氏大姓爆发了这次内部分裂以后，战事虽暂告平息，而西爨、东爨相互对立，各自称王，

---

① 转见方国瑜主编：《云南史料丛刊》第二卷，第378页。

凡二百余年。"① 对此，方国输先生则认为碑中所记只是"爨氏统治地域内部的冲突"，不应由此而理解为东、西两爨分野的开始。我们认为，方先生的审慎是很有道理的。因为遍稽相关历史文献，并无任何直接或间接的材料可以证明南朝刘宋元嘉九年（即 432 年）的战乱是一次爨氏内部的分裂之争。其次，从"岁在壬申，百六构衅，州土扰乱，东西二境，凶竖狼暴，缅戎寇场"的语言表述结构而言，前三句说的是州土扰乱的时间和原因，而后三句说的则是东西二境所呈现的不安宁的情况，且已指明缘由之一是"缅戎寇场"。那么，值得研究的就是"凶竖狼暴"之所指，倘若说"凶竖狼暴"是指与爨龙颜相对抗的另一支爨氏，用语似不该如此。再次，"州土扰乱"系指州内地域，再用"东西二境"指州内地域，就显得重复，因此联系后面的"肃清边隅"一句，东西二境所指应是宁州的东、西两边境。考缅戎（闽濮）在永昌郡，地处宁州西南，那么"凶竖狼暴"也应指边隅之地。《宋书·文帝纪》："元嘉九年（432 年）……妖贼赵广寇益州，陷没郡县，州府讨平之。"② 赵广起义于益州，其地在贵州、四川一带，属宁州之东部边隅。再其次，据碑中所述，爨龙颜平定壬申之乱后，"君南中磐石，人情望归"，"独步南境，卓尔不群"，其结果都指向独统南中。若壬申之乱后分裂为东、西两大势力，碑当不会如此记述。其实，在此之前有关资料表明，爨氏内部纵然有冲突，但并未酿成分裂。如爨量联合李、董等大姓归降成汉李雄抗击晋军，爨琛则依附于晋被王逊派去迎击入侵的李雄之兵，选择依靠的对象如此迥然对立却未导致分裂，而雍、霍两大姓仅在降晋还是依附李雄的不同选择上，便导致了相互间的交恶吞并。两相比较，似可证明壬申之乱并未造成爨氏的内部分裂。

　　《宋书·文帝纪》载，元嘉十八年（441 年）十二月，"晋宁太守爨松子反叛，宁州刺史徐循讨平之"③。对此，方国瑜先生十分重视，虽未指明这就是爨氏内部分裂为东、西地的开始，但却认为徐循没有到任而只是遥领，讨平爨松

---

① 马长寿：《南诏国内的部族组成和奴隶制度》，上海：上海人民出版社，1961，第85页。

② （梁）沈约撰：《宋书》，第81页。

③ （梁）沈约撰：《宋书》，第88页。

子之事，是徐循为了谎报邀功，因此爨松子事件是一次爨氏内部的争端。我们的看法与此相异：爨松子的反叛是针对刘宋王朝的，而并非是针对爨龙颜而引起的爨氏内部的争端。因为查阅史籍，刘宋王朝自元嘉初年起，一直在往宁州派遣刺史，元嘉九年（432年），刘宋王朝也已经准备让王天宝出任宁州刺史，但因爨龙颜平定壬申之乱有功，便授爨龙颜为宁州刺史，此后刘宋王朝便不再往宁州派遣刺史。但到元嘉十五年（438年），刘宋王朝又派徐循到宁州任刺史，其个中原因，我们以为是由于爨龙颜此时已55岁，刘宋王朝认为爨龙颜老矣，正是控制宁州之机，便派出徐循为刺史以代替爨龙颜，结果却招致爨松子的反叛。而且从《爨龙颜碑》与《爨宝子碑》的碑阴题名比较中，不难发现《爨宝子碑》题名中的郡府属吏都是杨、陈、李、孟、董、文、刘、毛诸姓，而恰无爨姓，但《爨龙颜碑》中，宁州刺史属官和校尉属官，仅爨姓便达十人，占题名总人数的五分之一，且均出于爨姓世居之地的建宁郡。从中说明，爨姓在此时越来越强调宗族的团结，而不是越来越呈现出分裂的态势。另外，爨龙颜卒于元嘉二十三年（446年），碑立于大明二年（458年），离爨松子的反叛已有十二年，碑中也未反映出丝毫分裂的痕迹，反倒是歌颂其如何"独步南中""优游南境"，这也可以作为一个旁证。

　　然而历史上的确有过东、西两爨之分。《隋书·梁睿传》最早提到西爨之名。樊绰《云南志》卷六《云南城镇》载有西爨王之墓，曰："晋宁州，汉滇池故地也……西爨王墓，累累在望。"均表明爨分东、西是不争的历史事实。《云南志》中载东爨、西爨之地域分野，更可说明这一点。那么，爨分东、西的时间究竟应始于何时呢？《新唐书·南蛮传下·两爨传》："（爨瓒）既死，子震、翫分统其众。隋开皇初遣使朝贡，命韦世冲以兵戍之，置恭州、协州、昆州。未几叛。"[①]我们认为，爨瓒之子爨震、爨翫分统其众才是爨分东、西的开始。根据《隋书·梁睿传》："……至伪梁南宁州刺史徐文盛，被湘东征赴荆州，属东夏尚阻，未遑远略。土民爨瓒遂窃据一方，国家（北周）遥授刺史，其子震，

---

① （宋）欧阳修、宋祁撰：《新唐书》，第6315页。

相承至今……"①爨瓒之死当在北周时，且细品"相承至今"一语，"至今"是指上书之时，北周大象元年，即 579 年，"相承至今"意即时间较长。由此可以推测爨瓒之死至迟在此前十年左右，即其二子"分统其众"的时间大概在公元 570 年左右。

另据《隋书·韦冲传》："（韦冲）起为南宁州总管，持节抚慰。复遣上柱国王长述以兵继进……冲既至南宁，渠帅爨震及西爨首领皆趋府参谒。"②引文中已经把渠帅爨震及西爨首领相提并论，更可证明"分统其众"的确是事实。根据《隋书·梁睿传》中"南宁州，汉世牂柯之地……其处去益，路止一千，朱提北境，即与戎州接界……其处与交广相接"等记载，我们认为爨震分统其众的地域，到公元 579 年左右，已经在过去的兴古郡和朱提郡内，即通常所说的东爨境内。而这一带又多少数民族，并且接受汉文化较少，因此才有"东爨乌蛮"之称，也才有将爨震称为"渠帅"之史载。那么，与爨震并列相提的西爨首领又是谁呢？我们认为当指与爨震分统其众的另一爨氏代表人物爨翫。考《韦冲传》中所言，隋置南宁州总管府，韦冲为总管，统兵驻镇诸事都发生在隋开皇十年（590 年）前后。有资料表明，就在此时，"南宁夷爨翫降，拜昆州刺史，既而复叛"。估计所谓爨翫降，就是指与爨震"趋府参谒"之事。而且从史载来看，与爨震同时并控制西爨的只有爨翫。而《隋书·史万岁传》中所记率众迎击史万岁进攻的，也正是爨翫。

总之，从爨震、爨翫同时代但所统地域不同的分析中，我们认为"分统其众"才是爨分东、西的开始，其时间大致在公元 570 年。而且，从《隋书·梁睿传》中第一次也是最早记载"西爨"之名来看，爨分东、西的时间也当在公元 570 年左右。

明确爨分东、西的起始时间之后，东爨、西爨的地域空间界定的问题也就突现出来。《云南志》卷四中已明确了东、西两爨的地域空间，但这样的界定，根

---

① （唐）魏徵等撰：《隋书》，第1126页。
② （唐）魏徵等撰：《隋书》，第1270页。

据其他相关文献，似乎还不太准确。《隋书·史万岁传》："先是，南宁夷爨翫来降，拜昆州刺史，既而复叛。遂以万岁为行军总管，率众击之。入自蜻蛉川，经弄栋，次小勃弄、大勃弄，至于南中。贼前后屯据要害，万岁皆击破之。行数百里，见诸葛亮纪功碑，铭其背曰：'万岁之后，胜我者过此。'万岁令其左右倒其碑而进，渡西二河，入渠滥川，行千余里，破其三十余部，虏获男女二万余口。诸夷大惧，遣使请降，献明珠径寸。于是勒石颂美隋德。万岁遣使驰奏，请将翫入朝，诏许之。爨翫阴有二心，不欲诣阙，因赂万岁以金宝，万岁于是舍翫而还。蜀王时在益州，知其受贿，遣使将索之。万岁闻而悉以所得金宝沉之于江，索无所获……明年，爨翫复反，蜀王秀奏万岁受贿纵贼，致生边患，无大臣节。上令穷治其事。事皆验，罪当死。"[1] 史万岁的行军路线，是自大姚至大理一线，说明隋时西爨已实际达到洱海地区。《新唐书·南蛮传下·两爨传》："高祖即位，以其子弘达为昆州刺史，奉父丧归。而益州刺史段纶遣俞大施至南宁，治共范川，诱诸部，皆纳款贡方物。太宗遣将击西爨，开青蛉、弄栋为县。"[2] 这也表明西爨所统之地在隋朝唐初已达洱海周围地区。《南诏德化碑》中称："遣越巂都督竹灵倩，置府东爨，通路安南，赋重役繁，政苛人弊，彼南宁州都督爨归王、昆州刺史爨日进、黎州刺史爨祺、求州爨守懿、螺山大鬼主爨彦昌、南宁州大鬼主爨崇道，陷煞竹灵倩，兼破安宁。"[3] 其中的螺山大鬼主爨彦昌，方国瑜先生认为其领地在爨部之西，但未指明相当于今日何地。王崧《爨世家》认为，《云南志》中的爨彦璋也作爨彦徵，方先生认为二名同指爨彦昌，若此说不误，螺山当在今楚雄一带。综此，滇西至洱海周围到唐初仍是爨氏统治地域。

同时，滇池以南及滇东南地区唐初也仍为爨地。张九龄《敕安南首领爨仁哲等书》："敕安南首领：峃州刺史爨仁哲、潘州刺史潘明威、僚子首领阿迪、和蛮大鬼主孟谷悮；姚州首领、左威卫将军爨彦徵，将军、昆州刺史爨嗣绍，

---

① （唐）魏徵等撰：《隋书》，第1355页。
② （宋）欧阳修、宋祁撰：《新唐书》，第6315页。
③ 转见方国瑜主编：《云南史料丛刊》第二卷，第378页。

黎州刺史爨曾，戎州首领、右监门卫大将军、南（宁）州刺史爨归王，南宁州司马、威州刺史、都大鬼主爨崇道，升麻县令孟耽：卿等虽在僻远，各有部落，俱属国家，并识王化。比者时有背叛，似是生梗；及其审察，亦有事由；或都府不平，处置有失；或朋仇相嫌，经营损害。既无控告，自不安宁，兵戈相防，亦不足深怪也。然则既渐风化，亦当颇革蛮俗。有须陈请，何不奏闻？蕃中事宜，可具言也。今故令掖庭令安道训往彼宣问，并令口具。有不稳便，可一一奏闻。秋中已凉，卿及百姓并平安好！遣书，指不多及。"[1] 经考，黎州在今通海、石屏、蒙自、个旧，威州在今杨林，安南领地在今文山州、红河州中部。

因此，西爨的范围应在滇池、曲靖以西至洱海以东，北抵金沙江，南至建水一带；东爨则应延伸至滇东北、黔西和黔西南、川西南、桂西北南盘江流域以北、北盘江以西，然后弧绕滇东南、滇南红河、元江流域一带，即现在的昭通、东川、寻甸以东至滇黔桂交界处，北抵四川凉山东部，南至红河地区。至于《云南志》所述西爨、东爨的范围，已是爨氏势力衰减而相对缩小的地域，或者说是爨氏统治的中心地区。

东爨、西爨之名，在《云南志》中又与地域内的民族族别相联系："西爨，白蛮。东爨，乌蛮也。"并指出划分的依据是"风俗名爨也"。后世学者对此解释不一，或认为东爨乌蛮是指彝族先民，西爨白蛮则主要是指白族先民；或认为僰、白蛮等名称为不同历史阶段上对白族先民的不同称谓，昆明、乌蛮、罗罗等名称，也是历史上对彝族及其近亲民族先民的不同称谓；或认为白蛮、乌蛮在不同的地区有不同的含义：洱海地区是以不同族别来区分乌蛮、白蛮，滇东地区则以同一族别不同地区来区分乌蛮、白蛮，西昌地区是以同一族别同一区域不同的统治者来分乌蛮、白蛮。因此，洱海地区的乌蛮、白蛮是白族先民，而其余地区的乌蛮、白蛮则都是彝族先民。综上诸说，大致可归为两类：一是在地域分界的前提下讨论乌蛮、白蛮的民族流变，一是不以《云南志》两爨地域分界为限定来讨论乌蛮、白蛮的民族流变。两相比较，不把地域和民族

---

[1] 见《全唐文》。

等同起来的论说更接近历史事实。实际上，《云南志》也并非完全是以地域标准来划分乌蛮、白蛮，而是结合经济、文化之差异来划分，即"风俗名爨也"。也就是说，《云南志》是把地域标准和"风俗"标准结合起来划分乌蛮和白蛮的。简单地把划分标准理解为地域标准，这只是后世学者的一种误解。至于"风俗"标准的运用，《云南志》中例证甚多，如："西爨及白蛮死后，三日内埋殡，依汉法为墓……蒙舍及诸乌蛮不墓葬，凡死后三日焚尸"；"乌蛮以言语不通，多散居林谷"；"言语音，白蛮最正，蒙舍蛮次之，诸部落不如也"。值得注意的是，《云南志》中"风俗"标准的运用实例，特别强调"汉法"和居住环境，这也就说明与汉文化的融合程度和所居的地理环境、生态环境是形成乌蛮、白蛮不同风俗的关键所在。

　　综此，我们认为，东爨乌蛮是指在东爨疆域之内以乌蛮部落为主，并非是指东爨等于乌蛮。而西爨并不完全等于白蛮。也就是说，无论是东爨疆域内的乌蛮，还是西爨疆域内的白蛮，都不是其疆域内唯一的民族，还应有其他的民族生存其间。

　　具体而论，东爨疆域内有乌蛮。《新唐书·南蛮传下》："乌蛮与南诏世昏（婚）姻，其种分七部落：一曰阿竽路，居曲州、靖州故地；二曰阿猛；三曰夔山；四曰暴蛮；五曰卢鹿蛮，二部落，分保竹子岭；六曰磨弥敛；七曰勿邓。"①《云南志》卷一云："从戎州南二日程至石门……石门外第三程至牛头山，山有诸葛古城，馆临水，名马鞍渡，上源从阿等部落，绕蒙夔山，又东折与朱提江合。第五程至生蛮阿夔部落。第七程至蒙夔岭，岭当大漏天，直上二十里，积阴凝闭，昼夜不分。从此岭头南下八九里，青松白草，川路渐平。第九程至鲁望，即蛮、汉两界，旧曲、靖之地也。曲州、靖州废城及丘墓碑阙皆在，依山有阿竽路部落。过鲁望第七程至竹子岭，岭东有暴蛮部落，岭西有卢鹿部落。第八程至生蛮磨弥殿部落。此等部落，皆东爨乌蛮也。"②《新唐书》和《云南志》

---

① （宋）欧阳修、宋祁撰：《新唐书》，第6317页。
② （唐）樊绰著，赵吕甫校释：《云南志校释》，第33–35页。

的记载，除"勿邓"部落有彼载此不记的差异外，其余六部落地名虽稍异，但大致还是相同的。此六部落的具体位置，学术界早已考订，且几成定论，约在今四川凉山彝族自治州境内的雅砻江以东至云南的昭通市、曲靖市北部的巧家、会泽、宣威至贵州的鸭池河以西地带。

这六个部落，都以"乌蛮"之名冠之。学术界比较一致的意见是，这些乌蛮部落尚不能完全确定为近代彝族的先民，因为当时的乌蛮仍处在分化与重组的过程中，但溯其源，应是从过去的叟、昆明族中的一部分演化而来。

值得注意的是，《新唐书》是从乌蛮分布的角度来记述，《云南志》则是从旅程的角度来描述沿线分布的乌蛮。虽不一定全面，但结合历史地理考订，这些乌蛮部落都是居于山岭，出入林谷，故如果把东爨等同于乌蛮，那么就会据此得出东爨疆域内的东北部的龙池、千顷池等湖泊和平坝地区在爨氏统治的数百年间无人居住的结论。事实并非如此，根据《太平御览》卷七百九十一引《永昌郡传》"朱提郡，治朱提县。川中纵横五六十里，有大泉池水口，夷名千顷池，又有龙池以灌溉种稻，与夷道接"，可知在昭通一带的平坝中，直到三国时期仍有不少夷人居住。然因无史料佐证，无法弄清夷人之后在此居住的情况，但可以肯定的是，夷人不可能像学术界通常所说全部南迁了，而应仍有相当数量的夷人留居爨区东北部的平坝地带。

此外，爨区东北部的平坝地带，除有夷人分布外，还应有一定数量的汉族移民。由于《云南志》主要记述云南的少数民族，因此东爨境内东北部汉族的详情不得而知，但从其中一些语焉不详的记述中也可找到一些线索。如《云南志》卷一说："第九程至鲁望，即蛮、汉两界，旧曲、靖之地也。曲州、靖州废城及丘墓碑阙皆在。"曲州、靖州在今昭通市和贵州威宁，鲁望在今鲁甸。到了鲁望，就是蛮汉两界地，且曲州、靖州城外有丘墓碑阙，可足证汉族移居昭通为事实。考古调查和发掘表明，东汉、魏晋南北朝至唐初，云南出现了一大批地面有高大封土、墓前有汉文碑刻的砖室墓，墓内随葬品与内地汉人墓葬中的随葬品基本相同。其分布情况是：北起盐津、大关、彝良，至昭通为一集中地区；然后经鲁甸、会泽、威宁、宣威至曲靖。以曲靖为中心又分作两支：一支经陆良、宜良至澄江、江川等地，江川以南迄今尚无发现；另一支经寻甸、嵩明、昆明、禄丰、祥云、大理一直到保山地区。其中，昭通为砖室墓的集中地区，从中可见汉族移民的情况。另外，昭通后海子发现的霍承嗣壁画墓也可资佐证。

总之，就目前的考古材料和文献史料分析，东爨疆域内的东北部除了乌蛮居山林外，还有僰人和汉族移民居于平坝地带。

东爨疆域内的东南、南部红河流域、元江流域一带，是爨氏统治的腹地兴古郡的范围，汉晋时期有大量的僚族（今壮傣语诸族先民）广泛分布。从张九龄《敕安南首领爨仁哲等书》可知，直到开元二十二年（734 年）前后，仍有阿迪统辖的僚族分布在原兴古郡范围内。

在这一区域内，从原来的僰、叟、昆明中分化出来一部分，至唐初形成"和蛮"，为今哈尼族的直系先民。在《敕安南首领爨仁哲等书》中提到了"和蛮大鬼主孟谷悮"，足以证明和蛮的形成和存在。

西爨疆域内有白蛮。《云南志》卷四说："西爨，白蛮也……当天宝中，东北自曲、靖州，西南至宣城，邑落相望，牛马被野。在石城、昆川、曲轭、晋宁、喻献、安宁至龙和城，谓之西爨。"[①]据此，当时从昭通至元江一带，禄丰以东曾有大量的白蛮分布。此外，《新唐书·南蛮传下》说："白水蛮，地与青蛉、弄栋接……弄栋西有大勃弄、小勃弄二川蛮，其西与黄瓜、叶榆、西洱河接。其众完富与蜀埒，无〔大〕酋长，喜相仇怨。"[②]白水蛮就是白蛮，《云南志》卷四说："弄栋蛮，则白蛮苗裔也。""青蛉蛮，亦白蛮苗裔也。"表明大理州到楚雄一带也有白蛮。《资治通鉴》卷一百九十九说："贞观二十二年（734 年）夏四月丁巳，右武侯将军梁建方击松外蛮，破之。初，巂州都督刘伯英上言：'松外诸蛮逗降复叛，请出师讨之，以通天竺、西洱之道。'敕建方发巴蜀十三州兵讨之。蛮酋双舍帅众拒战，建方击败之……群蛮震慑，亡窜山谷。建方分遣使

① （唐）樊绰著，赵吕甫校释：《云南志校释》，第127页。
② （宋）欧阳修、宋祁撰：《新唐书》，第6315页。

者谕以利害，皆来归附，前后至者七十部，户十万九千三百。建方署其酋长蒙和为县令，各统所部，莫不感悦。因遣使至西洱河，其帅杨盛大骇，具船将遁。使者晓谕以威信，盛遂请降。其地有杨、赵、李、董等数十姓，各据一州，大者六百，小者二三百户。无大君长，不相统一。语虽小讹，其生业、风俗大略与中国同，自云本皆华人。其所异者，以十二月为岁首。"①《云南志》卷五云："渠敛赵，本河东州也……大族王、杨、李、赵四姓，皆白蛮也。"②表明洱海上下周围地带也有白蛮分布。

关于白蛮，学术界或认为系汉世僰人的后裔；或认为是氐、僰两种同化于汉族之部落，其汉化深者融为汉人，其尚有生活旧习之特征遗存者称为白蛮；或认为白蛮为氐族；或认为为彝族先民。虽各家之说难以统一，但有一点却是共通的，即以汉文化为参照系，认定白蛮文化大致类同于汉族文化。为了解释其形成原因，一种办法是把白蛮的族属基调定位在氐族或僰人，再融合进一些汉人；另一种办法是根据汉文化与当地文化的融合程度，把其中既汉化又保持当地民族原有特征的称为白蛮。两种办法，应该说都有道理，也都有相当的证据。但两相比较，第一种办法过分强调白蛮的迁徙成因，把僰人或氐族的分布扩大化，忽略了白蛮群体的土著性，这与历史真实不太相吻合。第二种办法不以居民的本土性或移徙作为前提，只把白蛮放在汉文化和当地文化融合的历史背景中，强调土著民族主动对异文化的接受和融合，把融合后的既有汉文化因素又保持土著文化特征的人们共同体（即民族）定位为白蛮。应该说这比第一种办法更为客观，也更符合历史实际。事实上，历史文献所说的氐和僰等，都是对原有族群已汉化又具有原有特征的民族群体的一种专门称谓。即"僰，羌之别种"，"氐，低地之羌"。因此，用"白蛮"之名来指称介于汉族和土著之间的民族群体，应该说是合乎古代民族称谓传统的。而且，《云南志》第一次提出"白蛮"的概念，并把白蛮放在汉族与土著民族及其文化的比较中，应该承认这

---

① （宋）司马光编著：《资治通鉴》，北京：中华书局，1956，第6256页。
② （唐）樊绰著，赵吕甫校释：《云南志校释》，第199页。

是一个了不起的创举。

至于爨氏家族自身的族属，因本书第一、二两章已多有涉及，故在此恕不赘述。唯一需要强调的是，爨氏从汉晋之世的"方土大姓"，蜕变为南北朝时的"爨氏""土民"和隋唐时的"蛮酋"乃至"两爨大鬼主"，其间自有其复杂而漫长的演进过程，同时也与当时诸多社会历史环境的变迁不无内在联系。

另据有关历史文献记载，唐代爨氏区域的腹地东、西两爨界内，除上举白蛮、乌蛮、僚族、和蛮及少量汉人之外，还有其他一些古代民族群体存在。如《新唐书·南蛮传下》说："爨蛮之西，有徙莫祗蛮、俭望蛮，贞观二十三年（649年）内属，以其地为傍、望、览、丘、求五州，隶郎州都督府。"[1]据学术界考订，傍、望、览三州在今楚雄、牟定、广通、禄丰、易门一带，则大致可以确定徙莫祗蛮在今楚雄、南华、广通、牟定、澄江一带爨区西界，到唐朝初年形成，是介于乌蛮与白蛮之间的一个民族集体。

第三节　爨区民族的流变

随着爨氏势力在云南的式微，以及其他社会环境的变迁，原爨区内的民族也出现了一些变化，这种变化主要表现为分布状态的变化，如西爨的西迁问题。至于民族流源的问题，当与爨氏衰微的关系不大，而主要是民族外部和内部的变化，重组分化的结果所致。因为原爨区内的民族在爨氏统治时期均是相对独立、自我发展的，所以统治者的变化不可能更深地影响区域内原有民族的流变。如果要深入地探究爨氏衰微的影响，至多也只是原来作为汉族移民上层的爨氏特别注重区域内民族间，尤其是汉族与当地其他民族的融合。及至爨氏衰微后，应强调的仅是各当地民族间的融合，亦即继之而起的统治者彝族与其他民族间

---

① （宋）欧阳修、宋祁撰：《新唐书》，第6315页。

的融合。当然，南诏作为一个地方民族割据政权，也不可能忽视与当地其他民族的关系，这是探讨爨氏衰微后民族流变必须加以认真考虑的。

西爨西迁，《云南志》卷四载："（归义，即皮逻阁）兴师问罪，行次昆川，信宿，而曲轭川溃散。（爨）崇道南走黎州，归义尽俘其家族羽党，并杀辅朝而取其女，崇道俄亦被杀，诸爨由是离弱……阁罗凤遣昆川城使杨牟利以兵围胁西爨，徙二十余万户于永昌城。乌蛮以言语不通，多散林谷，故得不徙。是后，自曲、靖州、石城、升麻川、昆川，南至龙和以来，荡然兵荒矣。（爨）日用子孙今并在永昌城。界内乌蛮种类稍稍复振，后徙居西爨故地，今与南诏为婚姻之家。"[1] 对于南诏迁二十万户西爨白蛮于永昌，方国瑜先生根据《晋书·地理志》对建宁、兴古两郡人口三万二千户的记载，认为即便人口孳衍再多，二十万户已是很大数字，因此表示怀疑。至于西迁至永昌城，则认为即便把"城"字释为永昌郡故地也不可能。"以后来的记录来说，永昌区域没有大量的叟族人口，虽有叟族，是由附近地区迁去，年代不久，所以不能确知永昌故郡。"[2] 因此，认为西爨迁去的人口，一是安置在澜沧江边和巍山、景东地区，二是在今会理、盐边等地。也有学者认为二十万户殆系二千户之误。另有学者认为"永昌城"泛指滇西地区，即保山附近至洱海区域一带。其理由之一是《南诏德化碑》碑阴职官题名中有爨姓贵族。理由之二是南诏、大理国时期，洱海区域的经济、文化都有较大规模的发展。理由之三是1964年大理喜洲弘山发现一元代火葬墓碑，碑文多系梵文，其中有一行汉字为"追为亡人寸白军千户杨祥之灵道"，证明唐代的西爨白蛮就是元代的"爨僰"或"寸白"。理由之四是滇池区域的砖室墓在唐初突然消失，代之而起的是南诏、大理国时期的大量火葬墓。总之，爨氏衰亡后，被迁的事实是存在的，但不太可能达到二十万户之众。据《元史·地理志》记载，今安宁、曲靖、马龙、澄江、武定、昆明等地都曾发生过西迁之事，所迁的当主要是爨氏族人。而且，如前所述，滇西

[1]（唐）樊绰著，赵吕甫校释：《云南志校释》，第130页。
[2] 方国瑜著，林超民编：《方国瑜文集》，昆明：云南教育出版社，2001，第475页。

洱海一带早已多白蛮，再把滇池区域等地的白蛮迁去，洱海、滇池两地的白蛮人口增多，势力增强，不利于作为统治者的乌蛮南诏政权，难以收到削弱西爨势力的效果。这样联系前后，就存在两种可能：一是滇西原来并没有白蛮，文献所载的只是根据爨氏统治势力达到那里，以统治者为白蛮而代表了非白蛮的滇西各民族。二是滇西原有白蛮，这次西迁的并不是滇池区域的白蛮，而是爨氏家族及其部曲，虽未达到二十万之众，但爨氏自汉代进入云南繁衍生息数百年，人数不会少，几万人是可信的。结合文献和当时的历史事实，上述第二种可能更为合理。为了更进一步地阐述这一结论，我们从爨氏在滇西的出现和大理三十七部与爨氏的关系等方面来加以分析。

当爨氏强大之时，虽统治了包括滇西在内的云南乃至四川、贵州、广西的一部分，但根据文献记载，隋初爨翫率兵西进与史万岁激战，似乎并未留居，且爨氏封官的地域多在滇东、滇中一带，并没有爨氏家族的人在滇西驻足。到爨氏破灭后，这种态势得到改变。虽无直接的文献可资佐证，但下列材料却可以帮助我们认识这一问题。一是《南诏德化碑》碑阴题名有"颇弥告身二色绫袍爨守口"。二是明正德《云南志·杜光庭传》有"蒙（南诏）学士爨泰"。三是《南诏野史》称大理国初年"段思平舅父爨判封为巴甸侯"。四是直至20世纪50年代仍在鹤庆县海北坪西北麓竖立的《寸氏墓碑志》，现根据鲁刚教授的隶定，将全文抄录于下：

寸氏墓碑志

鹤庆军民府土军百夫长兼试百户王赐篆额

鹤畔田节撰书

故寸氏讳升，其鼻祖爨琛者，晋武帝时为兴古太守，爨氏之名始此。厥后支裔蕃盛于八逻四镇，至爨龙颜又为宋时宁州刺史，世代渐远而讹曰寸也。今升者，曩理朝布燮宗六代孙也。宗生俸，俸生育，育生智，为元时本郡都目。智生海，继父之业而□鞠四子，曰庆、曰义、曰保，而升即三也，以癸未年生。气质淳朴，有倜傥之才，无骄倨之志。幼学书，最始于至正三十五年，本路高公见其笃实，辟管龟城迤北各乡人民。由是田粮增羡，处事有方，公愈器之，辟为臣。其为人也，财非谊不取，人非友不交。暨洪武十五年壬戌之春，天戈南下，犹袭其业，勤辅高公，首先归附，纳粮草接济官军。蒙本处守御指挥脱公见厥公勤敏顺，委充本郡耆宿，人威信服。本年秋，有伪右丞拜颜都等叛乱丘城，而升乃率当地人民蜂集莲光寨，谨备器械，一心与官军昼夜逐贼，遂克底定，所部村落，一毫无损。次年癸亥，蒙府宰高公嘉其勤能，不次赏劳。越明年甲子春，饮蒙天恩，建□师□见教授冯公之任，升不胜忻忻而言：吾有二男，曰厚、曰正，愿将长子遣送学校读书。续蒙酌免差役，时升又曰：余乃□□□泯矧男年幼幸沐。洪武三十二年庚辰之春，伊男厚□□德超群，蒙贡赴京，辟入胄监。洪武三十五年九月初三日，选拔都察院江西道，历事考试勤谨，核命四川重庆府大足县尹。在任五年，上奉朝廷依礼法，下得民心爱均父子，尝损己俸买置衣冠，四次专代省不淑□。永乐七年岁在乙丑七月既望之翼日，讣音一至，哭泣擗踊，乃知严考于本年二月十五日在家构疾，医药无效，祭神不享，□□□□□厚三日不食，弃任归乡，望间而哭。既结庐于墓侧，常陈箪篁，春秋时思，居丧三年，如礼服阕。乃曰：吾不幸早失□，□□□□□□贷货追设道场，颙超严考之神识。复求匠代勒碑，以刻尊胜之秘诠，答文光之令德，然文渊礼奥，世人□□□□□余辞弗获。乃嘉曰：夫孝者，德之本也，行之始也。立身行道，扬名于后世以显父母，孝之终也。今观□之言，可谓□□□□□□□子之行，可谓能显父母者矣。如《易·蛊》之初有曰：干父之蛊，有子考无咎。岂不是欤？复系以铭曰：

　　□□州郡守洁奉公高侯委仁有子明敏宦于川地既阙善细擗踊哭噫归庐续行勒碑既成文石以志秘诠颙超魂灵获济石存文存何千万禩

　　　　时永乐九年岁在辛卯□□□□□子承□郎、知县□□□□立石

　　　　寓云南鹤庆御□金陵苗重实刻碑

据以上材料可知爨氏西迁后自南诏、大理国到元明时期的社会地位等情况。尤其是从《寸升碑》中，我们知道"爨"改"寸"大约是在大理国晚期，同时也了解了爨氏后裔对汉文化传承的情况。

至于近现代腾冲寸姓之源，李根源在《景邃堂题跋》卷二中说："寸氏据其祖代相传，确为爨之嫡裔。"但寸氏究竟是大理一带的爨氏迁往，还是南诏时西迁爨氏直接安置，现已无法确考。据《元史·地理志》："腾冲府在永昌之西，即越赕地。唐置羁縻郡。蒙氏九世孙异牟寻取越赕，逐诸蛮有其地，为软化府。其后白蛮徙居之，改腾冲府。"估计徙居的白蛮中，间有爨氏族人跻身其中，后改为寸姓。

但并非所有爨氏族人都已迁往滇西，而是仍有部分留居原地。如段思平建立大理国政权时，曾得到其舅父巴甸侯（今建水）爨判的支持。由此可知，爨氏并未完全西迁。

此后，滇东、滇中曲靖、昆明、玉溪一带的民族分布发生较大变化。西迁前，主要是以爨氏为代表的西爨白蛮部落分布，到南诏、大理国时期，乌蛮势力逐渐强大，被称为"东方黑爨三十七部"。其具体分布地点是：

白鹿部，今楚雄市境内；罗部，今禄丰县东北部的罗次一带；罗婺部，今禄劝东部的云龙；华竹部，今元谋县境内；阳城堡部，今晋宁县晋城；阿宁部，今安宁市境内；嵩明部，今嵩明境内；仁德部，今寻甸县境内；于矢部，今贵州盘县、普安一带；普摩部，今曲靖麒麟区南部的越州镇一带；磨弥部，今沾益至宣威一带；纳垢部，今马龙县境内；夜苴部，今富源县东南部的亦佐一带；落蒙部，今石林县境内；师宗部，今师宗县境内；弥鹿部（阿卢部），今泸西；吉输部，今弥勒；褒古部，今弥勒、泸西之间；弥勒部，今弥勒县境内；宁部，今华宁县境内；罗伽部，今澄江县境；强宗部，今澄江县阳宗一带；步雄部，在今江川县境内；伽宗部，今呈贡一带；休腊部，今通海县河西一带；休制部，今玉溪市区；嶍峨部，今峨山县境内；因远部，今元江县因远坝；纳楼部，今建水南部的官厅一带；屈中部，今开远市境内；阿迷部，今开远市境内；王弄部，今文山县西部的回龙一带；阿月部，今马关县西部的八寨一带；强现三部，今西畴至文山一带；维摩部，今砚山县北部的维摩一带。①

　　不过上述三十七部并非同时存在，尚处于兼并和分化的状态，而且主要分布在这一区域的山区地带，正如景泰《云南图经志书》卷二所说，曲靖一带，"郡中夷、汉杂处，列屋于府、州、县之近者，大抵多汉、僰武人……其曰罗罗者，则散居于村落"。

　　三十七部中还有一部分属于"徙莫祇蛮"，原来居于楚雄往东至澄江、玉溪一带，随后发展，在南诏末形成罗伽、阳宗、步雄、休制、弥勒等部。

　　此外，爨地原无施、顺、磨些及望苴子、望外喻蛮等古代民族，但到南诏时期，据《云南志》卷六所记："拓东城（今昆明），广德二年（764年）凤伽异所置也……贞元十年（794年），南诏破西戎，迁施、顺、磨些诸种数万户以实其地。又从永昌以望苴子、望外喻等千余户分隶城傍，以静道路。"②强制迁徙进入拓东城，人数以"数万户"和"千余户"数，按每户五口计，可达数十万众，曾具有相当的势力。

　　再就是哈尼族先民"和蛮"部落，大约在南诏末年，通海都督境内的和蛮组成教合山、铁容甸、思陀、伴溪、七溪等部，另外一部分布在开南节度辖境的威远州罗盘甸。

　　其余分布在原东、西两爨境内的古代民族，还有白衣和棠魔。《新唐书·南蛮传》曰："大中（847—859年）时，李琢为安南经略使，苛墨自私，以斗盐易一牛，夷人不堪，结南诏将段酋迁陷安南都护府，号'白衣没命军'。"③又，《云南志》卷四云："棠魔蛮，去安南管内林西原十二日程，溪洞而居，俗养牛马，比年与汉博易，自大中八年（854年），经略使苛暴，令人将盐往西原博（易）牛马，每一头匹只许盐一斗，因此隔绝，不将牛马来。"④两条文献记录的是同

① 唐、宋乌蛮三十七部的具体名称，并见于《南诏野史》《滇系》《滇考》《滇云历年传》等史籍，然所载各有出入，因其具体地望，后世史家所考亦不尽一致，故文中所列名目与相对应的地望，仅供参考而不是以此为训。
②（唐）樊绰著，赵吕甫校释：《云南志校释》，第213页。
③（宋）欧阳修、宋祁撰：《新唐书》，第6282页。
④（唐）樊绰著，赵吕甫校释：《云南志校释》，第175页。

一件事，自然"白衣"和"棠魔"应为同族。按，安南都护府的地理位置，当分布在今文山州、红河州南部至越南北部一带，为同区域内汉晋"鸠僚"、唐代"僚子"的直系后裔和今壮傣语诸族的先民。

以上各族历经南诏、大理和元、明、清，居住地变化不大，只是族称上有所变动，限于篇幅，在此不赘述。

第四章

爨区政治

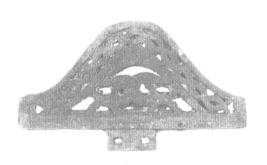

从宏观政治形势看，魏晋南北朝之世，是中国历史上最为动荡不安的时期。先是三国鼎立，相持不下，继后北方少数民族入主中原，进而形成南北对峙之势。朝代更迭如同游戏，地方政治紊乱复杂，盘根错节。动乱时期，军事力量扮演着重要的角色，州、郡两级，均莫不以都督、将军、使持节、兼镇将等为长官，既握兵符，又管民政，乃至县级小吏也加以将军、校尉、侯王等头衔。

社会历史背景决定了南中爨区的政治情形和基本形势，这也是地处西南边疆的南中地区政治紊乱的根本原因之所在。南中地区自东汉末年方土大姓形成势力后，即利用中央王朝的政治势力和军事力量，或挟官害民，或联合少数民族地方势力怂民害官，玩弄政治手腕和军事手段不断坐大。经过魏晋两朝各个大姓集团间的争斗与火并，爨氏独霸南中。数百年间，政治统治相对稳固，则是南中爨区政治的一大特点。

爨区政治格局的形成，在特殊的历史年代、特殊的地区，具有一定的地方特色，多元文化背景下存在多元政治文化。中原士大夫政治文化和西南少数民族部落首长政治文化相结合，儒家传统政治哲学与巫鬼政治哲学相结合，宗法社会结构和血缘社会结构与小农经济和农牧经济相结合，形成了爨区政治的特色。也正是由于这个原因，爨区始终未能形成一个完整、规范的政治体系，爨氏随着中原王朝强大统一的政治力量冲击而土崩瓦解，至隋、唐时期逐渐衰落。然而尽管如此，爨区的政治是中国西南边疆民族地区上承汉晋郡县制、下启隋唐边州制的重要政治形式，同时也是西南边疆民族地区政治发展史上的一个重要环节。

第一节　爨区的行政区划

西汉中叶，汉武帝开疆拓土，经过建元年间到元封二年（前 109 年）三十多年的苦心经营，先后在西南少数民族地区设置了牂柯、越巂、沈黎、汶山、武都、犍为、益州七郡，其中牂柯、犍为、越巂、益州四郡六十八个县为后来爨区的基本范围。东汉增设永昌郡领八个县，把政区延伸到伊洛瓦底江中上游地区。

延至建安十九年（214 年）刘备入主成都，在南中设置特别政区庲降都督府，治所最早在南昌县（今镇雄），章武二年（222 年）移治平夷，即今贵州普定。建兴三年（225 年）诸葛亮南征，调整郡县，移庲降都督治味县（今曲靖麒麟区）领南中建宁、朱提、云南、永昌、兴古、越巂、牂柯七郡。从此，南中政治、文化中心稳定在今曲靖不变，这一地区亦随之成为爨区的腹心地带。事实上，南中七郡基本成为爨氏称霸的大致势力范围。七郡共设六十二个县，其中，建宁郡十七个县，包括滇中、滇东（今天的昆明、玉溪、东川、曲靖）；朱提郡五个县（今昭通一带）；云南郡七个县（今大理、丽江）；永昌郡八个县（今保山、临沧、普洱、版纳）；兴古郡八个县（今贵州西南、云南东部及东南部）；越巂郡八个县（今四川西南部）；牂柯郡六个县（今贵州西部）。范围包括今天的四川西部、贵州西南部和云南大部。

在南中七郡的基础上，西晋、东晋两朝改设宁州，为直属于中央王朝的地方大行政区。西晋泰始七年（271 年，一说为泰始六年），从四川益州中分出宁州，改庲降都督为宁州刺史，为全国十九州之一。最初领南中七郡，后从建宁郡中分出晋宁郡，合称南中八郡。永嘉年间分为十七个郡，这一变化与中央王朝控制力量减弱以及南中大姓势力膨胀有关。其间，成汉李雄与晋王朝争夺南中，咸和八年（333 年）"南中尽为李雄所有"，十多年之间，屡次变更州郡建制，十七郡的名号亦多有更易。永和三年（347 年），晋灭李氏，恢复宁州。但此后的宁州仅空有名号，中央王朝不能切实统治，从东晋到南朝宋、齐、梁，中央任命宁州刺史约三十余人，大都为"遥领"而并未到任。此二百余年间，宁州的实权已掌握在爨氏手中。

北周改宁州为南宁州，沿置建宁、云南、兴古、朱提四郡，任命爨瓒为刺史。隋文帝开皇五年（585年），改任韦世冲为南宁州总管府总管，置恭、协、昆等州属总管府。其中，协州在今贵州西部，恭州在今昭通一带，昆州包括今昆明、楚雄、曲靖、红河、文山等地。唐初恢复驻今四川成都的益州，设总管府，下辖十七个州，其中南宁、昆、恭、戎、襕五个州在今天云南境内。唐初实行羁縻统治，设州频繁，最多时曾达数十州；并在滇中、滇东设南宁州都督府，滇西设姚州都督府和摩州都督府，下辖九十五州、一百六十三县。其中南宁州都督府辖六十个州、一百三十三个县，姚州都督府辖三十二个州，摩州都督府辖三个州。唐朝在云南的设治繁乱无章，控制力度减弱。从北周置南宁州直到唐代广设羁縻州县，实权长期为爨氏把持。而东爨、西爨则并非是按地理方位分割，而是以民族发展程度和民族集团政治、经济、文化差异来划分。东爨的范围包括唐代设置的曲州、靖州、弥鹿川、升麻川和步头，即今天的昭通，东川，曲靖的宣威、马龙、寻甸，贵州的威宁、毕节，滇南的师宗、弥勒、建水等地。唐初这一地区居住着阿旁、阿夔、阿竽路、暴蛮、卢鹿蛮、磨弥殿等部落，被称为"乌蛮"。西爨包括石城（曲靖市麒麟区）、昆川（昆明）、曲轭（马龙）、晋宁、喻献（澄江、江川）、安宁、龙和（禄丰）、求州（武定、禄劝）、螺山（昆明北郊）、傍州（牟定）、望州（广通）、览州（楚雄）、丘州（南华）、黎州（通海）、岿州（屏边）、龙武诸州（屏边）、步头（元江）。东、西两爨的腹心地带，相当于北周时期南宁州的建宁郡（今天的昆明、玉溪、楚雄、曲靖）、朱提郡（昭通）、兴古郡（今红河、文山、广西西部），或隋朝南宁州总管府辖下的昆州（今昆明、楚雄、红河、文山、曲靖）、恭州（昭通）、协州（贵州西部），以及唐朝前期的南宁州都督府、摩州都督府辖区。

尽管爨地的区分从北周时期才开始出现，但以"爨"为名目的地域名称，则是自三国初年诸葛亮南征设南中七郡重用方土大姓之后，南中地区社会历史发展的结果。特别是历经两晋之际的大乱后，从永和元年（345年）李雄任命爨为宁州刺史起，王朝任命刺史多不能到任，爨氏家族遂自领其地而"恃远擅命"。爨氏担任南中地方官，或由王朝任命，或自封自领，最早见于记录的是建安十六年（211年）之前任建伶县令的爨习。爨习虽职位不高，但在地方势力中已是郡太守董和忌惮的人物，诸葛亮南征后被以"南中俊杰"为名收为属官带到成都，官至"领军"。后至泰始元年（265年），又有爨谷出任交趾太守，率南中诸大姓远征交趾，随行还有建宁爨熊。后爨谷病死在交趾，爨熊被俘，在吴国秣陵遇害，晋朝封其后嗣为侯。再至两晋之际，爨量（亮）联合成汉李雄，以梁水郡太守的身份反抗宁州刺史王逊，太宁二年（324年），联合南中大姓李遏、董憽等投靠李雄后，在率兵进攻宁州刺史所在地建宁郡（曲靖）时被边界少数民族杀死。与此同时，王逊利用爨琛——另一爨氏代表人物为兴古郡太守抵御李雄，爨琛出兵朱提（昭通）战败投降，被李雄任命为交州刺史。而当时唯一能与爨氏相抗衡的霍、孟两大姓，则先后因火并而亡。自此，爨氏成为南中最有势力的大姓。

　　爨琛之后，爨頠出任宁州刺史，南中已是爨氏的天下，地方官吏多为爨姓子弟承袭，且官职名号多以将军为头衔。如爨宝子为振威将军、建宁太守。爨龙颜的祖父为晋宁、建宁二郡太守，龙骧将军，宁州刺史；父亲龙骧辅国将军，八郡监军，晋宁、建宁二郡太守，追谥宁州刺史，邛都县侯；其本人为建宁、晋宁二郡太守，宁州刺史，邛都县侯，袭封龙骧将军。而在爨龙颜为宁州刺史时期，又有爨松子为晋宁郡太守。其后南朝萧齐立国，势力仍不达于南中，宁州"诸爨、氐强族，恃远擅命，故数有土反之虞"[1]。南齐灭亡后，史载爨云任南宁州刺史，北周遥授爨瓒继任南宁州刺史。再至隋朝立国，设置恭州、协州和昆州，爨震"恃远不宾"[2]，其弟爨翫投降，拜为昆州刺史；后爨翫反叛被诛，拜其子爨弘达继任昆州刺史。唐朝初年，以爨归王为南宁州都督。爨归王之后，有爨崇道"理曲轭（马龙）川，为两爨（东、西爨）大鬼主"[3]。此间，还有安

---

① （梁）萧子显：《南齐书·州郡志》，第303页。
② （唐）魏徵等撰：《隋书·梁睿传》第1126页。
③ 张九龄：《曲江集》。

南首领岿州刺史爨仁哲，姚州首领、左威卫将军爨彦徵，将军、昆州刺史爨嗣绍，黎州刺史爨曾，昆州刺史爨日进，黎州刺史爨祺，求州爨守懿，螺山大鬼主爨彦昌等爨氏人物存史。

诸爨的官职从爨习为县令开始，到爨谷、爨量任郡守和爨琛拜交州刺史，大概比较实在，系直接由王朝任命。爨琛以后则多为自领，如爨崇道的头衔还有"南宁州司马、威州刺史、都大鬼主"。宁州以及后来的南宁州乃至唐初的昆州、恭州、协州等官职虽多随王朝更迭而变化，但地方行政系统却并非是由爨氏自置自任，有的还正式得到中央王朝的任命或遥授。换句话讲，整个魏晋南北朝时期，云南地方行政系统并没有被打乱。至于爨氏"振威""龙骧"等将军称号以及"侯"的封号，也不完全是爨氏的凭空臆造，而是当时刺史、太守、县令拥兵自重的产物，全国皆然。如东吴吕蒙初为平北尉领广德县长，后拜偏将军领寻阳县令[1]；南朝宋沈攸之为龙骧将军武康县令[2]，萧赤斧为建威将军钱塘令[3]，梁沈瑀为振武将军余姚县令[4]。爨宝子的"振威将军"、爨龙颜的"龙骧将军"，以及号称"使持节骠骑大将军、仪同三司开府、南宁州刺史、同乐县侯"的爨云，"振威将军、平蛮太保、关内侯"的毛辩等头衔亦当属此类。

第二节　爨区的政治格局

南中政治格局始终是中央王朝的一部分。但从汉武帝开边置郡到元朝建立行省一千多年来的历史发展看，云南地方行政系统有其反复、曲折的发展过程。汉代设益州郡领二十四县，是比较规范、系统的地方政区设置。正是由于规范

---

[1] 见《三国志·吴书·吕蒙传》。

[2] 见《宋书·沈攸之传》。

[3] 见《南齐书·萧赤斧传》。

[4] 见《梁书·沈瑀传》。

化的地方设置不符合当时的社会历史条件和西南民族的实际情况，故以中央王朝政治威力和军事力量震慑与征讨维持的地方行政系统最终走向崩溃。

蜀汉建国之初，吸取历史教训，采取以"南抚夷越"为基调的南中政策，建立有别于汉中、巴东、关州、江都四个军事都督区的"庲降都督"。庲降都督的职能包括政治、经济、文化、军事、民政和民族事务等内容，符合当时南中地区的实际，曾一度使南中地区的局势得以相对稳定，同时也为后来州一级的行政区划的设置奠定了基础，成为爨区政治格局形成的关键。

其一，南中政治地位的提高。庲降都督的设立，为后世晋王朝在南中设置宁州勾画出具体的空间范畴和地方行政区划的基本框架，并且使云南成为直属于中央王朝的准州级地方机构[①]，完成从都督区到地方行政区的过渡与衔接。

其二，操纵地方权力的官吏逐渐演变为地方势力。据记载，庲降都督总共存在49年，先后有邓方、李恢、张翼、马忠、张表、阎宇、霍弋等七人出任都督。这些人在贯彻蜀汉王朝"南抚夷越""招徕降之"、恩威兼施的政策时，逐渐把自己融入南中的地方势力之中，发展成为地方实力派。七个都督当中最突出的是霍弋，在其任职期间，"抚和异俗，为之立法施教，轻重允当，夷晋安之"[②]。适值蜀汉灭亡，霍弋摇身一变，跻身南中大姓之列。霍弋在南中17年，利用自身的地位和权力建立势力，子孙承袭相任，从侨居变土著，流官变世官。传到孙子霍彪时，霍姓已经是与爨、孟两大姓并驾齐驱称雄南中的地方实力派。

其三，大姓政治地位的提高。东汉以来，南中大姓构建势力主要体现在经济和军事两个方面。他们多充当郡县属吏，支持并维护封建统治，凭借王朝的政治权威求得发展。诸葛亮南征时，首次重用方土大姓，"南中平，皆即其渠率而用之"[③]，任用南中大姓李恢出任庲降都督、建宁太守，永昌吕凯为云南郡太守[④]，从此开南中大姓出任本土封疆大吏之先河，太守以下的官职，任用南中大

---

① 参见林超民：《云南郡县两千年》，云南广播电视大学1984年编印。

② （晋）常璩撰，刘琳校注：《华阳国志·南中志》，第360页。

③ 《三国志·蜀书·诸葛亮传》，引《汉晋春秋》注，第921页。

④ 参见《三国志·蜀书·李恢传》《三国志·蜀书·吕凯传》。

姓者"当甚多"①。这样一来，南中大姓便从东汉以来充当政治上的配角逐渐发展为主角，从而登上南中政治舞台，以致后来发展到了"开门节度，闭门天子"的境地。

其四，儒家传统的政治文化进一步输入南中。两汉以来随着大量汉族移居南中，已有汉文化传入。中央王朝也为了"使民乐其处而有长居之心"，与汉族移民始终保持稳定的政治关系，并享有一定的政治特权。一方面，这种特权在宗教、政治、经济、文化、军事领域发挥其作用，凝结为具有实力的社会集团；另一方面，这种特权又使南中各民族产生经济利益的冲突、民族矛盾和政治文化背景方面的不相融，等等。诸葛亮南征后扶持大姓，并且尽可能地调和与规范夷汉之间的民族关系，进一步输入政治文化，使之适应南中实际。史载，诸葛亮"乃为夷作图谱，先画天地、日月、君长、城府；次画神龙，龙生夷及牛、马、羊；后画部主吏乘马幡盖，巡行安恤；又画夷牵牛负酒、赍金宝诣之之象，以赐夷，夷甚重之"②。这便是一幅生动形象的统治图谱，把汉族传统政治文化的天、地、人结构引入南中。图谱既确定南中少数民族"牵牛负酒"称臣纳贡的政治地位，又勾勒出官吏、"部主吏"等"乘马幡盖，巡行安恤"的统治形象；既教化南中各民族认识自己，承认这种统治，又教谕"部主吏"如何处理民族关系和统治关系。图谱并不完全是针对各少数民族的，同时又是对两汉以来以武力为主导的民族政策与民族思想的调整。政治文化的进一步输入调和了夷汉关系，使南中一度出现稳定的局面。少数民族尤其拥护这种政策，以致"每刺史、校尉至，赍以呈诣，动亦如之"③。诸葛亮"攻心为上"，安抚招徕，启用方土大姓，使原来以郡县流官系统、方土大姓地方势力系统和少数民族上层夷帅统治系统为三大要素的南中政治格局发生了深刻的变化。首先是郡县官僚系统与大姓系统逐渐重合，变为一个系统；然后是通过联姻、盟誓等方式，大姓与夷帅系统重合，故到了南北朝时，作为大姓的爨氏遂被称为"酋帅""爨

① 方国瑜：《滇史论丛》，上海：上海人民出版社，1982，第47页。
② （晋）常璩撰，刘琳校注：《华阳国志·南中志》，第364页。
③ （晋）常璩撰，刘琳校注：《华阳国志·南中志》，第364页。

氏"了。爨区的政治格局也由三个系统变为一个。

庲降都督的建立，为爨区政治格局的形成提供了决定性的条件；南中七郡的设置，为爨区政治勾画出了空间范畴；庲降都督移治滇东，为爨区选择了培育政治文化的中心；蜀汉的南中政策，则为爨区扶持了夷汉同体的政治领袖。

庲降都督以后南中政治局势的复杂化，主要原因是中央王朝的频繁更迭和大姓势力的不断膨胀。

公元263年，蜀汉灭亡，霍弋降晋。泰始六年（270年），晋设宁州，南中政治地位进一步提高。但由于政治、经济基础不足，几年后又废宁州改为南夷校尉，隶属益州（成都）。太安二年（303年），李雄攻陷益州，晋王朝恢复宁州任命李毅为刺史，南中大姓和夷帅起兵反抗，"破坏郡县，攻围州城"[①]，李毅困死城中，朝廷以王逊继任宁州刺史。王逊分宁州所领七郡为十六郡，以分化瓦解大姓、夷帅势力，遭到强烈的反抗。平夷太守雷炤（朱提大姓）、平乐太守董霸（建宁大姓）、梁水太守爨量、前梁水太守董憕（建宁大姓）、益州太守李遏（晋宁大姓）等同时举兵，联络成都李雄，王逊内外交困而死。东晋咸和八年（333年）李雄攻陷宁州，南中大姓霍彪、爨琛等投降，晋王朝在南中的统治完全崩溃。李雄任命霍彪为宁州刺史、爨琛为交州刺史。李氏统治南中十五年，因力量所限，便把地盘分配给大姓，求得一时苟安。但南中大姓势力已坐大，李雄不能节制。出于自身利益，大姓之间分宗立派，互相争斗，至咸康五年（339年）发生了孟彦绑架宁州刺史霍彪的事件。在这次事件中，孟、霍两姓火并，同归于尽，交州刺史爨琛遂独霸南中。东晋永和三年（347年），爨頠被晋王朝任命为宁州刺史，但东晋已不能直接统治南中。宁康元年（373年），苻坚部将攻陷成都，也曾经略南中，但所获只是大姓、夷帅"遣使贡方物"而已。南北朝纷争不断，宁州更是游离于中央王朝的有效控制之外。

---

① （晋）常璩撰，刘琳校注：《华阳国志·李毅传》，第874页。

第三节 "遑耶"和"明月社"

"遑耶"和"明月社"是爨区政治文化中具有鲜明地方民族特点的名称。

"遑耶"二字，迄今已无确切的字义解释，大概是汉晋时期南中少数民族的一句语辞的译写，据研究，相当于川滇汉语方言中的"亲家"。《华阳国志·南中志》说："与夷为姓曰'遑耶'，诸姓为'自有耶'。世乱犯法，辄依之藏匿。或曰：有为官所法，夷或为报仇。与夷至厚者，谓之'百世遑耶'，恩若骨肉，为其逋逃之薮，故南人轻为祸变，恃此也。"① 据此，"遑耶"是汉族移民与少数民族之间建立关系的名称；"自有耶"则是汉族移民之间的关系的名称。两者对象有别，名称各异，其实质是相同的，即在世乱动荡时，对方犯法时互相帮助、互相包庇、互相关照；或者有一方遭到官府法办、惩治，甚至诛杀时，为之报仇雪恨。双方关系相处融洽，相互珍惜，可以世代传袭，与少数民族建立"遑耶"关系"至厚"者，称为"百世遑耶"，即这种关系的最高境界。之所以"南人"（包括汉族移民"大姓"和少数民族）不听政令，就是自恃有这种关系。

"遑耶"关系的出现有其深刻的背景。建立这种关系的必要条件是两种或多种集团的存在，并且是在受到某种政治势力和军事进攻的威胁的情况下才会出现。汉晋时期，中原王朝向云南尤其是滇东地区大量移民，其中有封建统治王朝组织的屯田戍守的汉族移民，有在云南发动战争时流散难归的汉族将士，有战乱、灾荒造成迁徙的流民，有强迫迁居的内地豪强，等等。当中与中原王朝政治联系最密切的应该是专门组织的屯田戍守的移民。屯田戍守是政府动员内地汉人配合边疆郡县设置的政治移民，流放也是中央王朝国家法律的措施之一。但是，随着历史的沉淀与积累，历代移民逐渐变为"南人"，这样的概念，在汉文献记载中，只不过与当地少数民族略有区别而已。少数民族的名称"夷"或"蛮"不变，而汉人在各代的称呼，或者是郡民、汉人、百姓，或者冠以王

---

① （晋）常璩撰，刘琳校注：《华阳国志·南中志》，第364页。

朝名称，如晋民、汉民、宋民、齐民等。而且，封建王朝制造汉户与当地少数民族的区别，甚至由此造成对立。但在很短的时间内，对立逐渐消除，国家已无力袒护和扶植汉人，居住在云南的汉族移民失去了王朝的荫护，开始形成相对独立的社会群体，少数人成为"大姓"，在地方上拥有能左右局面、役使他人的特权。这些人可以对抗王朝，也可以统治地方，在王朝更迭受到威胁时，或出于自身的利益与王朝或其他集团争夺时，需要当地民族的支持，尤其是少数民族上层人物的支持，需要通过特殊的方式与之建立关系。"遑耶"这样的关系就自然出现。

大姓群体在南中的出现并不是偶然的，它是中国历史进入特殊阶段的产物。从全国形势讲，东汉末年以来，地方上崛起地主豪强势力，相互之间曾经展开了激烈的兼并战争，以至于破坏了秦汉以来形成的大一统局面，使中国历史进入了一个以地方势力掌握国家权力的特殊时期。魏晋南北朝时期，封建王朝改名换姓，递嬗频繁，地方士族操纵国家政治的实质并没有发生根本的变化。曹魏"唯才是举"的口号，最终落入"高门华阀，有世及之荣；庶族寒门，无寸进之路"的"九品中正"的官吏选拔任用制度之中，使士族大地主在政治上获得了做官的特权，士族门阀制度与封建国家的选官制度完全结合在一起。

南中大姓在实质上与蜀汉荆州士人、益州豪族，以及孙吴江东顾、陆、朱、张等世家大族控制地方、分争列国的情况在本质上并无区别。所不同者，南中大姓所处的地域特殊，在全国的影响小一些而已。另外，南中大姓产生形成的条件也特殊一些。从这个意义上讲，南中大姓的特点也是突出的。秦汉以来，迁入南中的汉人被封建统治驱使和利用，作为维护地方政权工具。由于大民族主义统治的原因，移民肩负特殊的任务，受到封建王朝的扶植，享有特殊的地位和权利。这是南中大姓在少数民族地区出现的政治原因。但是，有着浓厚的大民族主义色彩的统治，必然遭到强烈的反抗，一味以军事镇压手段维持统治的局面始终不会长久。封建王朝与少数民族经过两汉的对抗，许多太守、县令被杀，许多郡县被攻破，仅滇东便被"破坏二十余县"①。随着汉王朝的衰落，南中地区出现夷汉联合反抗的事件，如"益州郡杀太守正昂，耆率雍闿，恩信著于南土"②，率领夷人和汉人抗蜀，以及越巂郡的高定、牂柯郡的朱褒、建宁的孟获等联合反抗蜀汉政权，标志着南中地方豪族与少数民族从对抗走向合作，心理上从互相排斥到逐渐认同。诸葛亮南征，"不留外人"，任用方土大姓，承认了这种事实。

但夷汉合作，主要还是大姓、夷帅两大地方势力的合作，且两大势力并没有合为一体。从名称上讲，代表汉族移民的方土大姓，一般称为大姓、豪姓、豪帅、豪率、耆帅等，代表少数民族的势力集团则称为夷王、夷帅、叟大帅、叟帅等。

有关南中大姓的记录，最早在牂柯郡出现，有龙、傅、尹、董、谢等姓；滇东、滇中地区则有焦、雍、娄、爨、孟、董、毛、李等姓。大姓有自己的势力范围，如建宁郡有五部都尉、四姓及霍家部曲，同乐县（今陆良）有爨氏，朱提有朱、鲁、雷、兴、仇、递、高、李等。大姓们拥有自己的部曲、军队、领地、城堡等，仅朱提、建宁二郡就有数千家之多。③

严格地说，这些豪门大族的存在，是中央王朝在地方贯彻政令、进行有序统治的障碍，因此，各个王朝一有机会就要扫除这些障碍。而对地方势力来讲，中央王朝是一种强大的政治压力，同时各个大姓之间也存在纷争和抢夺地方权力的矛盾。在此情况下，便出现了各大姓之间的联盟。例如，《华阳国志·南中志》中便记载了这么一件事：太安元年（302 年），建宁太守杜俊和朱提太守雍约"懦钝无治，政以贿成"，腐败无能，杜俊霸占了大姓毛诜、李睿的部曲；雍约受了大姓雷逢的贿赂，推举雷逢的儿子雷焰为孝廉，而委屈了大姓李猛的弟弟。于是，毛诜、李睿联合反叛，驱逐太守杜俊，朱提大姓李猛亦立即响应反对雍约，造成战乱。晋王朝派南夷校尉李毅征讨，毛诜、李猛被杀，李睿逃

---

① （宋）范晔撰，（唐）李贤等注：《后汉书·西南夷传》，第2853页。
② （晋）陈寿撰，（宋）裴松之注：《三国志·蜀书·张裔传》，第1011页。
③ 《十六国春秋·蜀录》说："雷焰杀南广太守孟桓，帅二郡三千余家叛降。"

奔其"遑耶"五苓夷帅于陵承。于陵承为李睿向李毅请求宽恕，李毅先是许诺，后又食言杀了李睿。于是，引起于陵承及毛诜、李猛的"遑耶"们的公愤，纷纷起来造反，"谋乱"四年，南夷校尉宁州刺史李毅困死城中。这是有关"遑耶"内容的较完整记载，也是诠释《华阳国志·南中志》中"世乱犯法，辄依之藏匿，或曰有为官所法，夷或为报仇"一语的典型事例。从中不难看出，当时造反的不仅仅是毛诜、李睿、李猛三家大姓的"遑耶"。换句话说，造成数万之众、坚持四年之久的反叛，绝非少数几家"遑耶"所能做到，而是大姓之间和大姓与少数民族上层人物之间的某种关系在起作用。由此可以断定，类似"自有耶""遑耶"的联盟关系，在南中曾普遍存在。从雍闿鼓动夷人反抗蜀汉到于陵承造反，其间当有一定的内在联系，这就是从信任到联盟的发展过程。

　　"遑耶"关系在南中出现，还应与当地少数民族风俗有关。《华阳国志·南中志》说"南人轻为祸变"，意思是不服管束，容易发生反叛，给王朝带来祸害。这显然是从封建统治者的角度着眼，而且这里的"南人"，主要又是指汉族大姓。大量的史实表明，西南夷地区的少数民族历来看重个人的品质，雍闿"恩信著于南土"[1]，孟获"为汉夷所并服"[2]，诸葛亮南征"攻心为上"，《三国演义》"七擒七纵"的渲染，从不同角度表现了西南夷重礼不重兵、讲信义、报恩德的主题。事实上，正是诸葛亮深刻了解夷人风俗，南征才取得了巨大的成功。而在此之前，已有不少典型事例。如汉明帝时（永平年间）郑纯为益州西部都尉，"独尚清廉，毫毛不犯，夷汉歌叹"[3]。越巂郡太守张翕，为官十九年，"汉夷甚安其惠爱"，死后"送葬者千数"[4]。相反，张翕的儿子张湍偏袒汉人，却结怨于夷人。再如，诸葛亮南征前，邓方出任朱提太守，"夷汉敬其威信"[5]。后迁牂柯太守，在夷汉之间"恩威并立"，离任时"夷民恋慕，扶毂泣涕"[6]。《华阳

---

① （晋）常璩撰，刘琳校注：《华阳国志·南中志》。
② 《蜀志·诸葛亮传》注引《汉晋春秋》。
③ （晋）常璩撰，刘琳校注：《华阳国志·郑纯传》。
④ （晋）常璩撰，刘琳校注：《华阳国志·张翕传》。
⑤ （晋）常璩撰，刘琳校注：《华阳国志·南中志》，第350页。
⑥ （晋）陈寿撰，（宋）裴松之注：《三国志·蜀书·马忠传》。

国志》的著者常璩表述的"遑耶"和"好诅盟"两个概念，一个是大姓与夷帅的交往，一个是地方官吏与夷人建立关系的方式，即"官常以盟诅要之"[1]，两种关系的认识基础均为一个"信"字。没有信任就没有尊重和忠诚，更不会有"遑耶"和"诅盟"。

另一方面，"遑耶"关系的建立与南中的社会历史状况也有关联。魏晋时期，南中各民族多处在部落联盟的历史阶段。汉代在云南设治，当时夜郎、滇、昆明、哀牢、邛都等广大区域内分布着同姓或异姓、同族或异族的多种少数民族，汉王朝设立郡县，多以一个较大少数民族的分布区域作为一个郡，如益州郡以滇人的分布区域为基础，同姓的有劳浸、靡莫等；永昌郡以哀牢人为主；云南郡到蜀汉才设立，与洱海区域当地民族的发展有关；牂柯郡以僚濮为主，包括了夜郎、句町、漏卧、进桑等部，后来发展为兴古郡；犍为郡（或南部属国）以僰人部落为主，后设朱提郡；越巂郡则以邛都为主。建宁郡的设置在诸葛亮南征之后，当时汉族移民大量集中在这一地区，位置上处于昆明、僚濮和古滇楚的直系后裔三个古代民族分布区的接合部。朱提郡是五尺道的必经之地，内地汉族移民通过这一地区向西南迁徙，受到的冲击最大。因此，魏晋时期的南中大姓主要集中在滇中、滇东、滇东北一带南中七郡的核心地区。尽管如此，区内还居住着大量的少数民族，与汉族移民错落相居。在这种情况下，夷汉之间必然发生联系。而且，统治的基础仍然是少数民族，统治的方式也受到制约。在汉代实行加封夷王、侯的方式，使部落酋长"复长其民"。部落社会的最大特征是联盟，实行军事民主，通过盟誓的方式建立政治秩序。但已经从血缘组织发展到地缘组织，"同姓相扶"仅为辅助形式。因此，我们说"遑耶"是一种联盟方式，是家族（大姓）与民族相结合的产物。

"明月社"在建宁味县（今曲靖市麒麟区），是专门用于盟誓的场所。《华阳国志·南中志》说："味县，郡治。有明月社，夷、晋不奉官，则官与共盟于此社也。"明月社没有遗址和出土文物可考，且早在唐代就不复存在。《云南志》

---

[1]（晋）常璩撰，刘琳校注：《华阳国志·南中志》，第364页。

作者樊绰仅称城中有诸葛亮留下的两块碑而未提及明月社。中国历史上曾有过大量关于盟誓的记载，尤其是在春秋战国时期盛极一时，但设"社"专供盟誓之用的，则只有味县一地，故可称其为特定历史时期、特定空间范围内出现的特殊文化现象。盟誓与上述"遑耶"制度一样，为爨文化中的特殊现象，也是爨区政治的一大特点。

第四节　鬼主制度

鬼主是爨区政治文化的特有现象，作为部落首领名称，"鬼主"出现于唐代，宋以后消失。鬼主的分布，最初在爨区的核心地带——滇池区域和滇东地区，宋代则主要分布在川西南和黔西地区。

魏晋时南中地区最强盛的势力是大姓，少数民族部落酋长多称"夷帅"，是否已称鬼主不见记录。但南中大姓最后同化为少数民族，这是不争的历史事实。其中又以爨氏最为典型。因此，鬼主制度与大姓有着密切的内在关联，且最大的鬼主就是曾经统治南中数百年的大姓爨氏。唐代爨氏家族成员爨崇道号称"两爨大鬼主"，其余称"鬼主"的爨氏人物更是不绝于史，故鬼主制度是爨区政治最突出的特点之一。

鬼主制度的源头，最早可以追溯到三国时期。史载，雍闿率领滇中少数民族反抗蜀汉时，曾经"假鬼教"动员"夷众"，这一"鬼教"是否与"鬼主"有直接的联系不得而知，但种种迹象表明，鬼主制度当由来已久。"假鬼教"用的是一种特殊的比喻技巧。史书记载，雍闿号召夷人反蜀，把蜀益州太守张裔比作"外虽泽而实内粗"的葫芦，连杀死的价值也没有，将其缚至东吴。《华阳国志·南中志》说："夷中有桀黠能言议屈服种人者，谓之耆老，便为主。议论好譬喻物，谓之夷经；今南人言论，虽学者亦半引夷经。"又说："其俗征巫鬼，好诅盟，投石结草。"耆老为"主"，征巫为"鬼"，许多著述认为这就是"鬼主"。虽然没有直接记载，两者之间却也不乏相关联的地方。史书说孟获"欺夷"，也是用比喻引物的方式煽动少数民族反蜀。实际上，当时的南中社会，已逐渐脱离了以血缘为纽带的社会组织而进入地缘组织社会。在这一社会中，口才的重要性日益显现出来，为少数民族中的"耆老"靠口才成为部落领袖提供了可能，同时也与后来的鬼主名号有着某种内在联系。例如，唐代南中头号大鬼主爨崇道，作为爨氏大姓后继者称雄于云南，拥有明确的官位，即南宁州司马威州刺史，但更为出名的却是"两爨大鬼主"或"都大鬼主"的名号。为实现其政治野心，爨崇道利用"鬼主"的名望发动夷民，杀死胞弟爨日进，"阴害"叔父爨归王。爨崇道称"两爨大鬼主"，这显然是自封的。这种沽名钓誉者，还有川西勿邓酋长苴梦冲，他自称"百蛮大鬼主"①，或称"大鬼主"，在贞元中突然反叛吐蕃，投奔唐王朝，被朝廷封为"怀化王"。

据统计，唐宋两代的鬼主，见于记录者共有92人，其中唐代35人，五代7人，宋代50人，即南宁州司马、威州刺史、都大鬼主爨崇道（樊绰《云南志》称"两爨大鬼主"）②，和蛮大鬼主孟谷悮③，螺山（昆明北郊大普吉）大鬼主④，东蛮都大鬼主船持⑤，勿邓邛部州团练使、长川郡公大鬼主苴蒿⑥，勿邓怀化王大鬼主苴梦冲⑦，两林顺政王大鬼主苴那时⑧，丰琶和义王大鬼主骠傍⑨，戎州管内驯、骋、浪三州归义王大鬼主董嘉庆⑩，勿邓怀化王次鬼主样弃⑪，牂柯国罗殿王鬼主

---

① 见《宋史·西南诸夷传》。
② 见张九龄:《曲江集》卷十二。
③ 见张九龄:《曲江集》卷十二。
④ 见爨彦昌《南诏德化碑》。
⑤ 见樊绰:《云南志》。
⑥ 见《新唐书·南蛮传》。
⑦ 见《新唐书·南蛮传》。
⑧ 见《新唐书·南蛮传》。
⑨ 见《新唐书·南蛮传》。
⑩ 见《新唐书·南蛮传》。
⑪ 见《新唐书·韦皋传》。

阿佩①,罗仵侯山（武定）大鬼主都干②,周近水（龙川江）鬼主董朴③,巂州、剑山大鬼主离吙④，巂州山后两林百蛮右武卫大将军都鬼主李卑晚及大鬼主傅能、阿花⑤,大渡河南勿邓邛州怀安王定远将军都鬼主标沙⑥,牂柯昆明大鬼主罗殿王普露静王⑦,邛部州大路蛮归德将军鬼主阿伏⑧,两林蛮怀化将军大鬼主苏吙⑨,两林归德郎将鬼主还祖⑩,山后两林蛮怀化将军鬼勿⑪,山后两林蛮怀化司戈鬼主坡礼⑫,邛部州云南大理国王、统辖大渡河南姚州、巂州界山前山后百蛮三十六鬼主⑬,柔远大将军、忠顺王、授检校太保、归德将军都鬼主诺驱⑭,山后两林蛮都鬼主李阿善⑮,泸州罗氏鬼主得益⑯,邛部州山前山后百蛮都鬼主牟黑⑰,大渡河南邛部州怀化校尉都鬼主韦则⑱,邛部州金紫光禄大夫、怀化校尉都鬼主蒙备、崖韄、墨崖⑲。

鬼主的空间分布，主要集中在滇池及滇东、川西南地区、黔西地区。其中：

滇池及滇东"两爨大鬼主"爨崇道，任南宁州司马、威州刺史。从当时的情况看，爨崇道称"两爨大鬼主"似有不实，但其为爨归王的侄儿，属于爨氏

① 见《旧唐书·南蛮传》。
② 见《新唐书·南蛮传》。
③ 见《新唐书·南蛮传》。
④ 见《旧五代史·唐明宗纪》。
⑤ 见《旧五代史·唐明宗纪》。
⑥ 见《旧五代史·唐明宗纪》。
⑦ 见《旧五代史·唐明宗纪》。
⑧ 见《宋史·西南诸夷传》。
⑨ 见《宋史·西南诸夷传》。
⑩ 见《宋史·西南诸夷传》。
⑪ 见《宋史·太祖纪》。
⑫ 见《宋史·西南诸夷传》。
⑬ 见《续资治通鉴长编》卷十注。
⑭ 《续资治通鉴长编》卷十注。
⑮ 见《宋史·西南诸夷传》。
⑯ 见《宋史·西南诸夷传》。
⑰ 见《宋史·西南诸夷传》。
⑱ 见《宋史·泸州蛮传》。
⑲ 见《宋史·西南诸夷传》。

家族中的头面人物，当在两爨地区具有一定的影响。此外，唐代东、西两爨还有"螺山大鬼主爨彦昌"与"和蛮大鬼主孟谷悮"等。爨、孟两姓汉晋时原为南中大姓，后随整个南中汉族被同化并演变为少数民族首领。

川西地区的鬼主，以嶲州（西昌）大渡河以南山前山后的"勿邓、两林、丰琶"等部落为主。唐代贞元中最先出现在这一地区的鬼主有勿邓的苴蒙、苴梦冲，两林大鬼主苴那时及丰琶大鬼主骠傍等。宋代的鬼主几乎全部集中在这一带。

黔西牂柯故地的鬼主有唐代的阿佩、五代的罗甸王、宋代的盖得第等，主要又是在罗殿（甸）、亦奚不薛等地。元代称这一地区为"罗氏鬼国"或"鬼国"，称其酋长为"主"、其民为"鬼蛮"，但已不再有"鬼主"的称呼。

鬼主制是南中少数民族特有的社会组织制度。汉晋时未见明确的记载，从汉武帝开边置郡到东汉末年的三百多年中，西南夷地区的滇、夜郎、哀牢、昆明等古代民族的社会组织也得到一定发展。两汉设置郡县，建立郡县行政管理系统，与此相应，根据当地少数民族社会组织的特点，封授王侯、邑长、郡长，实行双轨制政治。大者封王，如滇王、夜郎王、哀牢王等；中者封侯，如句町侯、漏卧侯、破虏傍邑侯等；小者则封邑君、邑长。与郡、县相应，两个系统同时存在，郡、县管理由王朝委派流官，少数民族上层接受王、侯封号，上缴象征性的贡赋，然后按其原有的方式在本民族内部实施统治。对此，历史文献称为"羁縻"。诸葛亮南征后起用当地人任郡县官吏，但多限于汉族移民中的方土大姓，少数民族部落社会仍保持相对独立。《华阳国志·南中志》说：到西晋太康五年（284年），"罢宁州，置南夷，以天水李毅为校尉，持节统兵镇南中，统五十八部夷族都监行事"[1]。又说："每夷供贡南夷府，入牛、金、旃、马，动以万计，皆预作忿恚致校尉官属，其供县亦然，南人以为饶。"当时南中的"五十八部夷族"，无论在数量上还是对南中经济，都是重要的社会基础。而且，少数民族社会的组织系统，仍然在发挥功能。

---

[1]（晋）常璩撰，刘琳校注：《华阳国志·南中志》，第363页。

　　唐代以降出现"鬼主"名号，其内部结构亦随之见于史册。《新唐书·南蛮传》说："夷人尚鬼，谓主祭者为鬼主，每岁户出一牛或羊，就其家祭之，送鬼、迎鬼必有兵，因此复仇云。""大部落有大鬼主，百家则置小鬼主。"[①] 樊绰《云南志》也说："大部落则有大鬼主，百家二百家小部落亦有小鬼主，一切信使巫鬼。"《宋史·黎州诸蛮传》则说："谓主祭者鬼主，故其酋长号都鬼主。"根据这些记载可知，鬼主有大小之分，其本质特征为"主祭者"，即宗教领袖，同时又是军事、行政首领。唐代的鬼主，有大鬼主、都大鬼主、次鬼主等称谓，宋代一般称都鬼主。从鬼主的势力范围和所统领部落数量上看，"都大鬼主"的级别最高。如"两爨大鬼主"爨崇道（樊绰《云南志》称"都大鬼主"），其势力范围覆盖了今天云南省的大半部分，故此人虽作恶多端，与其弟爨日进、爨日用争权夺利，又"阴害"叔父爨归王，仍被称为"两爨大鬼主"。又，史载川西南一带勿邓"地方千里，有邛部六姓"[②]，两林在勿邓南 70 里外，虽为小部落，但被"诸部推为长，号都大鬼主"[③]。由此可见，都鬼主一般是几个部落的盟主，如宋开宝三年（970 年）出现的邛部州都鬼主阿伏，便为大路蛮和勿邓蛮诸部的共同盟主。不过，宋代的都鬼主与大鬼主没有严格的区别，如唐代两林顺政王大鬼主苴那时与五代巂州山后两林百蛮右武王大将军都鬼主李卑晚，以及宋开宝八年（975 年）的两林蛮怀化将军大鬼主苏吠，为同一地同一部落的鬼主，称呼上则先为"大鬼主"，后为"都鬼主"。但有时大鬼主仅为一个部落的首领，如唐代螺山大鬼主爨彦昌、罗仵侯山大鬼主都干等。鬼主则基本上仅限于是一个部落的酋长，且唐宋两代大体一致。如唐代牂柯国罗殿王鬼主阿佩，周近水鬼主董朴，巂州剑山的夷望、鼓蛮、西望、安乐、汤谷、佛蛮、亏野、阿西益、阿鄂、铷蛮、林井、阿昇十二鬼主，以及宋代庆历二年（1042 年）的泸州罗氏鬼主李阿盖等。因而可以这样看，唐宋两代的鬼主仅属一种不规范的政治制度，与少数民族内部社会组织及少数民族上层人物在部落中的影响和名望有关，属

---

① （宋）欧阳修、宋祁撰：《新唐书》，第6315–6317页。

② （宋）欧阳修、宋祁撰：《新唐书·南蛮传》，第6317页。

③ （宋）欧阳修、宋祁撰：《新唐书·南蛮传》，第6317页。

于一种特殊的、民族的、局部的政治文化现象。

进入宋代，鬼主制度开始为中央王朝所承认和利用。自公元 8 世纪中叶三次"天宝战争"以后，在西南地区形成了南诏、吐蕃与唐王朝三足而立的政治局面。南诏与唐、吐蕃时分时合。鉴于这一形势，唐王朝采取扶持建立三大势力之间的缓冲地带的策略。对那些支持自己的部落首领大加封赏，如贞元年间韦皋讨伐吐蕃时，勿邓大鬼主苴梦冲、两林大鬼主苴那时、丰琶大鬼主骠傍助征战有功，事后唐王朝封苴梦冲为怀化王、苴那时为顺政王、骠傍为和义王，同时封戎州管内驯、聘、浪三州的鬼主董朴为归义王。延至五代和宋代时期，为拉拢当地少数民族上层，中央王朝曾先后封嶲州山后两林百蛮都鬼主李皁晚为右武卫大将军，大渡河南勿邓邛州六姓蛮都鬼王标沙为怀安王、定远将军，两林蛮大鬼主苏吠为怀化将军，两林鬼主还祖为归德郎将，山后两林蛮鬼主坡礼为怀代司戈，邛部州都鬼主诺驱为柔远大将军、忠顺王、检校太保、归德将军，大渡河南邛部州都鬼主韦则为怀化将军，邛部州都鬼主蒙备为金紫光禄大夫、怀化校尉。宋代历来以官多为患而著称，官位爵秩毫不吝啬，且对鬼主的分封多由皇帝亲自下诏，同时颁给印章、袍带。如《宋史·舆服志》载："真宗咸平三年（1000 年），赐山前后百蛮王诺驱印。"

归结起来，鬼主的名号又可分为赐封、自封、推举、传位、世袭等多种类型。除上举赐封的实例外，自封的如勿邓都鬼主，原仅为酋长，后自封为都鬼主。《宋史·西南诸夷传》说："勿邓……其酋长自称'百蛮都鬼主'。"推举的如两林都大鬼主，《新唐书·南蛮传》说："两林号悭，而诸部推为长"，称其为"都大鬼主"。传位者如《新唐书·南蛮传》所说："贞元中，以勿邓大鬼主苴蒿兼邛部团练使，封长川郡公。及死，子苴骠离幼，以苴梦冲为大鬼主。"一般而言，鬼主之位传内不传外，但也有特例，如苴梦冲先投靠唐王朝受封，后又反叛，被韦皋"斩于琵琶川，立次鬼主样弃"[①]。樊绰《云南志》也说："就杀梦冲，因别立鬼主，以总其部落，贞元中船持为都大鬼主。"世袭者从上引"子苴

---

① （宋）欧阳修、宋祁撰：《新唐书·韦皋传》，第4935页。

骠离幼"一句便可得知。又如乾道八年（1172年）崖辔死,其侄墨崖袭职①。至于鬼主的姓氏，在南中有爨氏、孟氏和董、李两姓，两林则有鬼主李阿善。

总之，从政治文化的角度看，在整个爨文化时期，鬼主制度虽始终未能纳入规范的封建政治系统，而仅为地方民族的特有社会组织形式之一，但在爨区政治文化中，却占有举足轻重的地位，并成为爨文化的重要组成部分。甚至到了公元8世纪中叶南诏灭西爨后，这一古老制度也未曾随爨文化的衰落而消亡，而是顽强保留到元初云南行省建立后才逐渐被土司制度所取代。

① 见《宋史·太祖纪》。

第五章

爨区经济

第一节　爨区经济概况

经济活动是人类社会赖以存在的物质基础，同时也是构成文化的重要内容和表现形式之一，爨文化时期的社会经济也不例外。

爨区的社会经济状况，由于上千年时光流水的冲刷，其面目早已模糊不清，但透过历史文献的零星记载和考古材料的反映，大致轮廓仍依稀可见。总的说来，具有下列三大特点：

一、承上启下，兴旺发达

从历史的高度看，爨文化时期的社会经济，与其所隶属的文化体系一致，在渊源和传承关系上，主要是继承和发展了古滇文化农业、牧业和手工业并茂的云南高原本土民族经济，并大量吸收、融合了包括汉族移民在内的外来先进生产技术和生产工艺，从而将地方民族经济推上了一个新的发展高度，为整个爨文化的繁荣兴盛提供了坚实的物质基础。

以后，随着爨氏家族的溃散和爨文化的衰落，数以十万计的"西爨白蛮"大举西迁[①]，汇入以洱海区域为中心的西部经济开发洪流中，为更加灿烂辉煌的南诏、大理古代文化的昌盛发挥了重要作用。而在两爨故地的东部地区，则随着"东爨乌蛮"分布范围的进一步扩大，并由山区、半山区向平坝、河谷地带蔓延，也促成了南诏、大理国时期东部"乌蛮"社会经济的长足发展，而出现了继爨文化而兴起的后爨东部"乌蛮"民族文化。

---

① 详见樊绰《云南志》卷四。

因而可以说，在云南开发史上，爨文化时期的社会经济，同样是承上启下的重要一环，较之整个爨文化在云南地方民族文化史上的显著地位，亦毫无逊色之处。

二、多元一体，各具特色

爨区的社会经济，与爨文化的整体结构形式基本一致，也呈现出多元复合的特征，而主要由农业、牧业两大经济类型及手工业、商贸业共同构成。其中，又以爨氏统治的根据地晋世建宁、兴古、朱提三郡，亦即唐代东、西两爨地区较为发达，并以此为腹地辐射到西部云南、永昌和东部牂柯地区，形成一个既有个性又有共性的区域性地方民族经济体系。

据有关历史文献和考古材料分析，爨区的农业经济大致可分为水田稻作农业、热区稻作农业、山地砍烧农业和原始农业四个层次，其最高发展水平由爨区腹地的"西爨白蛮"所代表，标志是水田稻作、牛耕和稻麦轮作的大面积普及。牧业经济也分定居、半定居和游牧等多种不同类型，其中也以爨区腹地的"东爨乌蛮"居于领先水平，主要表现为牧业经济区的拓宽、生产规模的扩大、牲畜品种的增加以及优良畜种的大批涌现。手工业则以井盐业、矿冶业和纺织业为主，并在生产的规模、技术和工艺上达到了前所未有的高度且最富于地方民族特色。与此同时，商业贸易亦随之同步发展，而尤以红河航道的开通、本地商人的出现以及地方市场的初步形成等为其时代特征。

对此，需要强调的是，云南在地理上属青藏高原与中南半岛结合部的内陆腹心地带，境内山川起伏，河流纵横，地形地貌复杂多样，再加之自古以来即为多民族杂居区，各民族交错而居、立体分布、频繁迁徙，因而在各地区各民族之间以及同一地区不同民族之间，经济类型的差异和发展不平衡的问题时至今日仍普遍存在，在一千多年前的爨文化时期当更加突出。因此，上述经济类型及其层次的区分，仅为一粗浅的勾勒，实际呈现为相互交织，依地形、气候、植被和民族分布各具特色的总体格局。

三、起伏跌宕，曲折发展

从发展的角度看，爨区社会经济的发展轨迹如果从蜀汉初年诸葛亮南征起算，截至唐天宝年间南诏灭诸爨为止，共五百余年间，随着南中政治局势的不断变幻，爨区的社会经济亦起伏跌宕，上下波动，呈现出曲折发展的显著特征。

大致说来，在蜀汉统治南中的四十余年间，由于推行"南抚夷越"的开明政策，爨区经济的发展较为平稳，不仅迅速治愈了汉末蜀初因战乱造成的创伤，而且有了较大的发展。史称诸葛亮南征后，南中诸郡"军资所出，国以富饶"[①]，"赋出叟濮，耕牛、战马、金银、犀革，充继军资，于时费用不乏"[②]，等等，便是一个侧面的反映。

降及西晋时期及东晋初年，随着南中地区社会矛盾的不断激化，加之晋王朝派驻南中的刺史、校尉、太守等封疆大吏肆意妄为、狂征暴敛，并顽固推行民族歧视与屠杀政策，致使以建宁为中心的南中诸郡狼烟四起、烽火连天，大姓、夷帅与王朝势力相互厮杀而纷争不已。在连年不断的战乱中，各民族人民惨遭涂炭，"死者十万计"[③]，地方经济残破不堪，竟致"吏士散没，城邑丘墟"[④]而近乎焦土的境地。

及至东晋咸和八年（333 年）以后，随着爨氏家族霸主地位的初步确立和王朝统治势力的削弱，南中地区的各种社会矛盾趋于缓和，战乱纷争大大减少，民族关系相对融洽，社会经济亦得以逐步恢复、发展并日趋繁荣。到了隋王朝建立前夕，北周末年，驻成都的北周益州总管梁睿曾一再上书朝廷，称南中地区"户口殷众，金宝富饶，二河有骏马、明珠，益宁出盐井、犀角……"[⑤]

再至公元 6 世纪末隋初开皇年间以后，爨区经济持续发展，并于唐代中叶

① （晋）陈寿撰，（宋）裴松之注：《三国志·蜀书·诸葛亮传》，第919页。
② （晋）陈寿撰，（宋）裴松之注：《三国志·蜀书·李恢传》，第1046页。
③ （唐）房玄龄等撰：《晋书·李雄载记》，第3037页。
④ （唐）房玄龄等撰：《晋书·王逊传》，第2109页。
⑤ 《隋书·梁睿传》，第1126页。

达到鼎盛时期。尤其是在爨氏直接统治下的东、西两爨地区，经济发展水平更是高居爨区各地之首。史称："西爨，白蛮也；东爨，乌蛮也。当天宝中，东北自曲、靖州，西南至宣城，邑落相望，牛马被野。"① 这便是当时爨区腹地繁荣景象的生动写照。

但与此同时，爨氏内部由来已久的矛盾亦进一步加剧，并不时爆发战乱纷争。延到唐开元、天宝之际，曲轭川"两爨大鬼主"爨崇道"阴害"南宁州都督爨归王，归王妻"乌蛮女"阿姹及其子爨守隅向滇西南诏国主皮逻阁求助。适值南诏刚刚崛起，在统一了洱海地区之后，正积极寻找机会向外扩张，闻"诸爨豪乱"遂挥兵东来，一举诛灭爨崇道家族党羽并乘势兼并了两爨之地。后皮逻阁卒，子阁罗凤立。天宝七载（748年），阁罗凤"遣昆川城使杨牟利以兵围胁西爨，徙二十万户于永昌城……是后，自曲、靖州（今滇东北）、石城（今曲靖市）、升麻川（今寻甸一带）、昆川（今昆明），南至龙和（今安宁、禄丰一带）以来，荡然兵荒矣！"②

此后，直到唐贞元年间，袁滋奉命南行前往滇西册封南诏，路过两爨故地，虽已事隔四十余年，此处仍是满目疮痍，一片荒凉。对此，《云南志》卷一说："贞元十年（794年），南诏立功归化，朝廷发使册命……第九程至鲁望（今昭通、鲁甸一带），即汉、蛮两界，旧曲、靖之地也。曲州、靖州废城及邱墓碑阙皆在……至制长馆（今马龙县），于是始有门阁廨宇迎候供养之礼。"昔日盛极一时的爨文化，已如滔滔流水东逝去。

综上所述，爨区的经济是爨文化兴旺发达的物质基础，上承古滇文化之余脉，下启南诏、大理文化之先河，同时还融入了大量的汉文化因素，是一种农业、牧业、手工业并茂的高原型地方民族经济；爨区经济的构成，与爨文化的整体特征相对应，也呈现出多元复合型的特点；而发展的轨迹则是起伏跌宕，上下波动，随着爨氏的兴起而兴起，随着爨氏的溃散而衰落。

---

① 樊绰：《云南志》卷四，第127页。
② 樊绰：《云南志》卷四，第129页。

第二节　爨区农业经济

农业是社会经济的基础产业，同时也是爨区经济的主体。爨文化时期，农业经济长足发展，生产力水平明显提高，尤其是在爨氏统治的根据地和腹部地区滇东、滇中、滇东北一带及滇西洱海周围地区，出现了空前繁荣与兴旺的局面。爨区农业经济的发展与繁荣，既是爨氏统治得以维系的基础与前提，又是云南农业发展史上的关键性阶段，并由此而确立了云南靠内地区高原型地方民族农耕经济的基本模式。但从整体上看，爨区的农业经济存在明显的不平衡性特征，地区之间差异较大。

一、爨区农业溯源

云南是人类的发祥地之一，早在一百多万年以前，便有远古人类活动的踪迹。及至新石器时代，古人类活动的范围已遍及今云南境内的大部分地区。一般而言，人类进入新石器时代最显著的标志，便是原始农业和畜牧业的出现。考古材料表明，在云南众多的新石器时代遗址中，不少便位于后世的爨区腹地，如宣威尖角洞、曲靖蝙库坑、昆明官渡石碑村、鲁甸马厂、昭通闸心场等。其中，曲靖蝙库坑发现的大面积炭化稻，表明早在三四千年以前，南盘江上游一带已萌发了原始农业的古老文明；而滇池沿岸大量出土的带有稻谷印痕的泥质红陶，则说明迄今三五千年以前甚至更早，这里的古代居民已进入了原始的农耕社会。对此，汪宁生先生指出："新石器时代滇池周围的居民，也以经营原始农业为生活主要来源。"[①]

从公元前六、七世纪即春秋中开始，云南的历史步了入青铜时代，并随之出现了光辉灿烂的古滇青铜文化。目前已发掘出土的数十个青铜文化遗址，大

---

① 汪宁生：《云南考古》，昆明：云南人民出版社，1992，第20页。

部分也是分布在后来的两爨地区，著名的如晋宁石寨山、呈贡天子庙、安宁太极山、江川李家山、曲靖八塔台、官渡羊甫头等。透过大量出土文物，尤其是各类形制各异、数量众多的青铜农具，可知当时滇中、滇东一带的古代居民已跨入了较发达的农耕阶段。正是这种发达的农耕经济，铸就了古滇文化的辉煌文明。

历史文献的记载，与考古发现基本一致。史载战国中叶"庄蹻入滇"时，情况是"……蹻至滇池，地方三百里。旁平地，肥饶数千里"①。这一记载，可与考古材料相互印证。降及古滇文化达到最高发展阶段的秦、汉之际，《史记·西南夷列传》说："西南夷君长以什数，夜郎最大；其西靡莫之属以什数，滇最大；自滇以北君长以什数，邛都最大。此皆魋结，耕田，有邑聚……滇王者，其众数万人，其傍东北有劳浸、靡莫，皆同姓相扶……"②据此，当时自夜郎（今贵州安顺）以西直到滇池一线，都是"耕田有邑聚"的定居农耕经济区。而这一区域，恰恰就是后来的西爨地区。其地望，"滇"自不用说，指的是滇池周围；而与滇人"同姓相扶"即属于同一古代民族和部落联盟的"劳浸、靡莫"，按其居于滇之"其傍东北"的距离与方位，显然是位于今滇东曲靖市麒麟区、马龙、陆良一带的古代居民。由此可以确知，西爨之地，当是云南开发最早的农业经济区。另据研究，秦汉时期滇中、滇东地区的古代农耕民族主要是"僰人"，亦称"滇僰"，入晋后改称"叟"，为唐代"西爨白蛮"的直系先民之一③。因而可以说，古滇文化与爨文化之间，不仅有着经济、文化上的传承关系，而且在族属上也有渊源。

公元前2世纪末，西汉王朝恩威并用征服了西南夷各部后，在西南夷地区设置了益州、犍为、牂柯、越嶲诸"边郡"，将其纳入汉帝国的版图之内。其中，后世的两爨地区，分属益州、牂柯、犍为三郡辖下。与此同时，还在汉"开西南夷置郡县"之初，为了就地解决修路、驻防军民的粮食供给和郡县政

---

① 见《史记·西南夷列传》，第2993页。《汉书》所载略同。
② （汉）司马迁：《史记·西南夷列传》，第2991–2997页。
③ 王叔武：《关于白族族源问题》，载《历史研究》，1957（4）。

府的财政开支，汉王朝曾在西南夷各郡布置大规模的军民屯田。《史记·平准书》说："当是时，汉通西南夷道，作者数万人……乃募豪民田南夷。"[1]《华阳国志·南中志》亦云："……汉武帝元封二年（前109年），叟反，遣将军郭昌讨平之，因开为郡，治滇池上，号曰益州……汉乃募徙死罪及奸豪以实之。"[2]西汉时迁入西南夷地区的军民屯户，多分布在各郡县据点周围的平坝地带及交通沿线，形成一片片的汉族移民区。以后，随着边疆与内地政治、经济联系的逐步加强，又有大批的内地人户接踵而来，进入西南夷地区屯垦、戍边、游宦、经商、开矿、流寓，其中的不少人也就此落籍下来，加入了汉族移民的行列。在早期的汉族移民中，部分人，尤其是那些来自内地的"奸豪""豪民"，有的后来发展为宗法制大家族——大姓。东汉以后，形成与当地土著民族上层——夷帅并驾齐驱的一大地方势力，爨氏家族便是其中最显赫的大姓。

　　大量汉族移民的到来，给西南夷地区注入了新的血液，不仅带来了先进的生产技术，而且其本身就是经济建设的一大生力军，对边疆的开发立下过不朽的历史功勋。其中，落籍滇中、滇东以及滇东北一带的汉族移民，人数众多，分布广泛，对这一地区的进一步开发和农业经济的持续发展贡献尤为突出。东晋以后，随社会历史背景的变迁和人文地理环境的影响，包括大姓在内的所有分布在南中各地的汉族移民及其后裔，最终都无一例外地融入当地各土著民族之中。以爨氏为首的滇东、滇中建宁诸大姓及其统辖下的汉族下层群众（时称"汉部曲"），多融入当地农耕民族两汉"僰人"的后代晋世"叟人"中间，并发展壮大为唐代"西爨白蛮"。

二、分布格局与概况

　　爨文化时期的农业经济区，包括了今云南大部和贵州、广西西部及四川南部局部地区，即三国两晋南北朝之世的南中诸郡。但在发展水平和分布格局上，

---

[1]（汉）司马迁：《史记·平准书》，第1421页。
[2]（晋）常璩撰，刘琳校注：《华阳国志》，第393页。

与爨区经济的整体特征一致，也呈现出发展不平衡的特点，且部分地区前后出现较明显的变化。大体说来，爨区农业经济的发展水平，以建宁郡居首，朱提、云南两郡次之，兴古、永昌、牂柯三郡又次之；而在各地区各民族内部，也存在较大差异，平坝、河谷地带以农耕经济为主，山区、半山区则以牧业为主要经济形式，形成立体经济的分布格局。现分述于下：

（一）建宁郡

建宁郡位于滇东曲靖与滇中昆明、玉溪一带，最初为古滇王国及劳浸、靡莫之地，西汉开为益州郡，辖今云南大部分地区，郡治滇池县（今晋宁晋城）。东汉割其西部归永昌郡。三国初年改为建宁郡，移郡治于味县（今曲靖市麒麟区），设庲降都督驻味县统南中诸郡。西晋泰始年间置宁州，州府沿驻味县。西晋末分建宁郡西部诸县设晋宁郡。以后屡经变更，北周时改为南宁州，下辖建宁、兴古、牂柯、云南四郡。大约自此时起，出现"西爨"之称[1]。

入隋后，设南宁州总管府驻味县，辖昆、恭、协三州。昆州当晋建宁、晋宁、兴古三郡地。唐初称南宁州都督府，下辖十六州，后又屡经省置废析衍为六十余州。[2]

再至唐中叶开元、天宝年间，爨氏统治区称东、西二爨。《云南志》卷四云："西爨，白蛮也；东爨，乌蛮也。当天宝中，东北自曲、靖州，西南至宣城，邑落相望，牛马被野。在石城、昆川、曲轭、晋宁、喻献、安宁至龙和城，谓之西爨；在曲、靖州、弥鹿川、升麻川，南至步头，谓之东爨。风俗名爨也。"[3] 其中，西爨白蛮地区石城、昆川等七大城镇的方位和地望，据林超民先生《云南郡县两千年》考定：石城在今曲靖，昆川即今昆明，曲轭即今马龙，晋宁、安宁与今地名同，喻献、龙和两城分别为今澄江和禄丰。其大致范围，由滇东南盘江上游延伸到滇中五大湖区周围。

---

① "西爨"之说，历史文献中首先见于《隋书·梁睿传》。另有人据《爨龙颜碑》"东、西二境"推论两爨之分始于刘宋，亦可略备一说。

② 详见尤中《云南地方沿革史》，昆明：云南人民出版社，1990。

③（唐）樊绰著，赵吕甫校释：《云南志校释》，第127页。

有关爨文化时期此区的经济以及滇中的情况，《华阳国志·南中志》说："晋宁郡，本益州也……郡土平敞，有原田，多长松，皋有鹦鹉、孔雀，盐池田渔之饶，金银畜产之富。"[①] 而滇东的经济状况，史称："建宁郡，治故庲降都督屯也，南人谓之'屯下'。"[②] "（庲降都督）李恢迁濮民数千于云南、建宁界，以实二郡。"[③] 据此可知，蜀汉时期，曾在味县一带大举军民屯田，故以味县为中心的滇东地区，三国初年以后必有长足发展，而逐渐与滇中持平甚至后来居上，否则便难以维持其南中首府地位五百余年。在历史文献和碑刻文物之中，《三国志·蜀书·李恢传》所云"赋出叟濮，耕牛、战马、金银、犀革"里的大部分，当主要出自滇中、滇东各县；北周末年梁睿上书所称"户口殷实，金宝富饶"，"其地沃壤，多是汉人，既饶宝物，又出名马"之说，《云南志》卷四所载"邑落相望，牛马被野"，以及《南诏德化碑》所谓"安宁雄镇诸爨要冲，山对碧鸡，波环碣石，盐池鞅掌，利及羊欢，城邑连绵，势连戎僰"，等等，也都主要是对爨区腹地滇中、滇东一带发达农耕经济的概括和追述。

另据史籍和碑刻记载，滇中、滇东农业经济区历来为爨氏家族的根据地，同时也是爨氏故里，《华阳国志·南中志》云，建宁郡有"大姓焦、雍、娄、爨、孟、董、毛、李"等八大家族，爨氏即为其中之一。又云：建宁郡"同乐县（辖今曲靖市麒麟区南部和陆良县一带），大姓爨氏"。爨氏人物载入史册之第一人爨习，东汉末建安年间官居建伶县（今昆明市昆阳）县令[④]，后诸葛亮南征，将其视为南中"俊杰"携往蜀中拜为"领军"（一种高级军职）[⑤]。爨习之后，爨氏家族人才辈出，且多居要职。三国及西晋时期存史者，有魏末南中大姓远征交、广时的三军主帅爨谷，将军爨熊[⑥]，西晋梁水太守爨亮（亦作"量"）[⑦]、兴

① （晋）常璩撰，刘琳校注：《华阳国志·南中志》，第394页。
② （晋）常璩撰，刘琳校注：《华阳国志·南中志》，第402页。
③ （晋）常璩撰，刘琳校注：《华阳国志·南中志》，第435页。
④ 见《三国志·蜀书·李恢传》。
⑤ 见《华阳国志·南中志》及《士女目录》。
⑥ 见《华阳国志·南中志·附录》，另见《晋书·陶璜传》。
⑦ 见《晋书·明帝纪》。

古太守爨琛①。至东晋初年爨琛拜交州刺史爨氏开始称霸南中后，更是世为显贵不绝于史，先后有晋宁州刺史爨頠②，建宁太守爨宝子③，晋建宁太守、刘宋晋宁太守、宁州刺史、邛都县侯爨龙颜④，晋宁太守爨松子⑤，西魏宁州刺史、同乐县侯爨云⑥，北周南宁州刺史爨瓒、爨震父子⑦，隋末唐初昆州刺史爨翫、爨弘达父子⑧，武周昆州刺史爨乾福⑨，唐开元、天宝年间末代南宁州都督爨归王、爨守隅父子⑩，以及爨氏宗裔岿州刺史爨仁哲⑪，威州刺史曲轭川"两爨大鬼主"爨崇道及其父爨摩、子爨辅朝⑫，昆州刺史爨日进⑬，黎州刺史爨祺⑭，等等。由此可以确知，滇东、滇中一带农耕经济区，不仅是爨氏家族的根据地和故里，而且是爨文化的腹心地区。

（二）朱提郡

朱提郡位于今滇东北昭通市一带及川南和黔西北三省结合部，自古即为滇、川、黔交通要冲。西汉武帝时置朱提、堂狼、郁䣖、南广、汉阳五县，隶犍为郡（治僰道，今四川宜宾）辖下，后增设"犍为南部"，置"都督"以统之，成为准郡级政区。东汉改为"犍为属国"，省西汉五县为朱提、汉阳两县。汉末建安二十年（215年）正式置为朱提郡，辖朱提（今云南昭通、鲁甸）、堂狼（今云南巧家、会泽、东川）、汉阳（今贵州威宁及水城北部）、南广（今云南盐津、镇雄、威信及四川筠连、高县、珙县等）、南昌（今贵州赫章、毕节）等县。进

---

① 见李京：《云南志略》。

② 见《元和姓纂》。

③ 见《爨宝子碑》。

④ 见《爨龙颜碑》。

⑤ 见《宋书·文帝纪》。

⑥ 见（明）正德《云南志》卷二十一。

⑦ 见《隋书·梁睿传》。

⑧ 见《资治通鉴》卷一百八十八《唐纪》四。

⑨ 见《通典·边防典（三）》。

⑩ 见《云南志》卷四。

⑪ 见《全唐文》卷二百八十七及樊绰《云南志》卷四。

⑫ 见樊绰《云南志》卷四。

⑬ 见《南诏德化碑》。

⑭ 见《南诏德化碑》。

入爨文化时期以后，朱提郡虽属县亦屡经省废析置，但郡级政区较为稳定，先后隶庲降都督、宁州刺史和南宁州刺史辖下。入隋后析为恭、协二州，隶南宁州总管府。唐代衍为曲、靖、协等州，隶南宁州都督府，属"东爨乌蛮"地。

朱提郡地跨滇、川、黔，也是南中诸郡里开发较早的地区之一。史称秦代末年，封建王朝便已"略通五尺道"，将其统治势力推进到朱提郡地并向南延伸至滇东今曲靖一带[①]。两汉时期，朱提地区的社会经济曾一度十分繁荣。《华阳国志·南中志》说："朱提郡，本犍为南部……先有梓潼文齐，初为属国，穿龙池，溉稻田，为民兴利，亦为立祠。大姓朱、鲁、雷、兴、仇、递、高、李，亦有部曲。其民好学，滨犍为，号多士人，为宁州冠冕。"[②]降及三国两晋特别是南北朝时期，朱提郡的农业经济情况不复见于文献记录，但可以相信的是仍保持较高水平，故北周末梁睿上书时，亦将其列为"户口殷众，金宝富饶"之区。不过，北周末隋初之朱提，经济发展水平已明显让位于建宁，"宁州冠冕"之称业已成为历史。

另据记载，朱提郡历来为"夷、汉杂处"之地，加之自然条件差异较大，故各古代民族的经济类型与发展水平参差不齐。其中，从事农耕经济的主要是汉族和"僰人"，两者又多属历史上从川南一带迁入的移民。据尤中先生《西南民族史》考证：今四川南部宜宾一带古为"僰侯国"，主体民族为僰人，在西南各少数民族中"经济文化发展水平最高，和当时的汉族最为接近"，故《水经注·江水》引《地理风俗记》说：僰人，"夷中最仁，有人道，故字从人"。后至秦代，僰人南迁进入滇东北地区。《华阳国志·蜀志》说：犍为郡治僰道县（今宜宾），"……本有僰人，故《秦纪》言僰僮之富。汉民多，渐斥徙之"[③]。至于汉族，则当多属秦通西南夷后，步僰人后尘而来的移民。

爨文化时期朱提郡农耕经济萎缩滞后的原因，据分析，主要有三。一是经汉末蜀初和两晋之际的历次战乱后，未能得到彻底的恢复。二是郡境位于乌蒙

---

① 见《史记·西南夷列传》；《水经注·江水》。
② （晋）常璩撰，刘琳校注：《华阳国志》，第414页。
③ （晋）常璩撰，刘琳校注：《华阳国志》，第285页。

山腹地，"凉风渗淋，寒水北流"[①]，自然条件欠佳，发展后劲不足。三是自东汉以来，大量"昆明人"东迁进入朱提一带放牧，入唐后发展壮大为"东爨乌蛮"之一部，随之而来的是牧业经济逐渐上升而农耕经济退居从属地位。对此需要指出的是，朱提郡故地唐代曲、靖两州，虽然名列"东爨乌蛮"地榜首，但境内由僰、汉两族融合而成的"白蛮"，不仅在人数上仍颇为可观，同时农耕经济依然占较大比重且发展水平不低，故《云南志》卷四称，唐天宝中南诏大徙"西爨白蛮"二十万户西迁后，曲、靖两州与西爨故地一道亦"荡然兵荒矣"。据此，曲、靖两州"白蛮"，当时也在被强迁之列。

自三国初年以来，虽史籍中未见有爨氏人物出任朱提郡县长官的记录，但建宁郡其他大姓就任朱提郡守者不乏其人，加之两郡地域毗邻，疆土相连，故大姓、夷帅之间的相互交往联系较为密切，有时为了共同的利益，甚至不惜共同联手起兵作战。较典型的如西晋末南夷校尉、宁州刺史李毅挑起纷争，朱提大姓李猛兄弟联合建宁大姓毛诜、李睿等，拥"众数万"举兵反[②]。后至王逊继任宁州刺史时，又有平夷太守朱提大姓雷炤联合平乐太守建宁大姓董霸"破牂柯、平夷、南广，北降李雄"[③]。正是这些千丝万缕的联系，使得朱提郡一带在整个爨文化时期基本上都稳定在爨区的范围内。

（三）兴古郡

兴古郡包括今滇东南红河、文山两州及滇东、滇中部分地区，东部一线延伸到黔西和桂西北，是南中诸郡里设置较晚的郡级政区之一，始于蜀汉建兴三年（225年）诸葛亮南征时，"分建宁、牂柯置兴古郡"[④]。兴古郡初辖十一县，郡治宛温（今砚山县）。[⑤]西晋末，宁州刺史王逊"乃割兴古盘南"分置西平、梁水二郡。[⑥]以后，建制虽亦颇多变更，但直到隋初仍沿袭"兴古郡"之称。

---

① 《孟孝琚碑》。
② （晋）常璩撰，刘琳校注：《华阳国志·南中志》，第367页。
③ （晋）常璩撰，刘琳校注：《华阳国志·南中志》，第374页。
④ （晋）常璩撰，刘琳校注：《华阳国志·南中志》，第357页。
⑤ 尤中：《云南地方沿革史》，昆明：云南人民出版社，1990。
⑥ （晋）常璩撰，刘琳校注：《华阳国志·南中志》，第461页。

唐代衍化为盘、黎、从、英、勤诸州，部分地区属"东爨乌蛮"地。

兴古郡的农耕经济，较之建宁、朱提二郡，开发程度较低且发展水平明显滞后，除北部胜休（今通海、峨山）等县地近滇中较为发达外，其余大部分地区处于原始农耕阶段，采集和渔猎在经济生活中仍占有一定比重。《华阳国志·南中志》说："兴古郡，建兴三年置……多鸠僚、濮，特有瘴气，自梁水、兴古、西平三郡少谷，有桄榔木，可以作面，以牛酥酪食之，人民资以为粮。"《水经注·叶榆水》亦云："盘水又东迳（兴古郡）汉兴县。山溪之中多生邛竹、桄榔树，树出面，而夷人资以自给。"

所谓"桄榔木"，据刘琳先生考证：为"热带常绿乔木，属椰子科，俗称砂糖椰子，高三四丈，其树干之髓可制取淀粉，名桄榔粉，或称西谷粉，云南西南部、南部炎热之地均产之"[1]。至于"瘴气"，另见《永昌郡传》:兴古郡"纵经千里，皆有瘴气，菽、谷、鸡、豚、鱼、酒不可食，若食啖，病害人"。其实，所谓"瘴气"，实际上是疟疾，云南南部地区多疟蚊，被其叮咬后疟原虫传入人畜体内而致病。古人不解其中缘由，又见滇南河谷湿热地带多雾气，误认为是疟疾病源，称之为"瘴气"而视为畏途，从而在较大程度上阻碍了南部地区的开发。不过，兴古郡一带尽管"少谷"而以桄榔木为粮，但毕竟已有了"菽、谷、鸡、豚、鱼、酒"，可推知为已达到较高水平的原始农耕经济。

爨文化时期，兴古郡及其辖下诸县虽多不在两爨范围之内，但与爨氏家族的联系却最为密切，史载两晋之际爨琛为兴古太守，并由此发迹进而称霸南中[2]。而与爨琛同时代的爨亮（亦作"爨量"）则"保兴古盘南以叛"[3]。延至唐中叶，爨氏宗裔在兴古郡故地任职者，又有岿州（今建水、个旧一带）刺史爨仁哲、黎州刺史爨曾等人。有的甚至可能已随任落籍世领其地，如上举黎州刺史

① （晋）常璩撰，刘琳校注：《华阳国志·南中志》，第456页。
② 见李京：《云南志略》。
③ （晋）常璩撰，刘琳校注：《华阳国志·南中志》，第374页。

一职,开元年间为爨曾担任①,后至天宝初为爨祺②,大约即为父子相袭世代为官者之一。

(四)永昌、云南二郡

永昌、云南二郡位于滇西、滇西南及滇南一部,也是南中诸郡里开发较早的地区之一。初属益州郡地,西汉时曾在这一带布置过军民屯田,并形成"大姓陈、赵、谢、杨氏"和著名永昌大姓吕氏家族。至东汉初永平十年(67年)置"益州西部都尉",辖不韦、嶲唐、叶榆、邪龙、云南、比苏六县。再至永平十二年(69年)哀牢王内附,以其地增设哀牢、博南二县,分益州西部六县置永昌郡,郡治不韦县(今保山)。降及三国初年,诸葛亮分建宁、永昌及越嶲三郡部分属县增置云南郡,下辖七县,治云南县(今祥云、弥渡),地望当今滇西大理、丽江及楚雄部分地区。永昌郡经割析后仍辖八县,郡治不韦,辖区包括今滇西南保山、临沧、德宏和滇南普洱、西双版纳及境外部分地区。

永昌、云南两郡地区的农耕经济,汉代已初具水平,《后汉书·西南夷列传》说:"永昌郡……土地沃美,宜五谷……"延至爨文化初期分置云南郡后,《华阳国志·南中志》说:"云南郡……土地有稻田、畜牧,但不蚕桑。""永昌郡……土地沃腴,宜五谷,出铜锡。"根据这些记载,三国两晋时期,仅以农耕经济而论,永昌、云南两郡地区的发展水平虽已不低,但较之建宁、朱提仍有一定差距。然而,在以后的历史阶段中却有了较大发展,不仅在北周末梁睿的上书中被列为"户口殷众,金宝富饶"之地,入唐后其兴旺繁荣也一举与西爨地区基本持平,成为南诏、大理古代文化崛起的先声和主要源头。

唐代滇西洱海周围地区农耕经济的兴旺发达,当推洱海沿岸的"河蛮"为代表。据《通典》卷八十七记载,唐初贞观年间,"河蛮自固洱河城邑",大致经济情况是:"其地有数十百部落,大者五六百户,小者二三百户,无大君长,有数十姓,以杨、赵、李、董为名家。各据山川,不相役属,自云其先本汉人。有城郭村邑……其土有稻、麦、粟、豆,收获亦与中夏同。"另据《新唐书·南

---

① 见《全唐文》卷二百八十七。
② 见《南诏德化碑》。

蛮传》所载，永徽年间（650—655年），赵孝祖率兵进发"西洱河"时，眼见洱海东南一带有"大勃弄、小勃弄二川蛮，其西与黄瓜、叶榆、西洱河接，其众完富与蜀埒，无酋长，喜相仇怨"。而洱海东岸的情况，《云南志》卷五说："渠敛赵，本河东州也……州中列树夹道为交流，村邑连甍，沟塍弥望，大族有王、杨、李、赵四姓，皆白蛮也。"与此大致同期，在永昌故地，农耕经济也有了较大发展。其中最突出的是傣族地区，《云南志》卷四载："茫蛮部落……楼居，无城郭……孔雀巢人家树上，象大如水牛，土俗养象以耕田，仍烧其粪。"

云南、永昌二郡农耕经济在爨文化时期得到长足发展并后来居上，原因恰好与朱提郡一带相反。简单说来，首先是自汉末蜀初以来，南中地区的战乱纷争多未波及滇西一带，客观上为滇西经济的发展提供了较为稳定的社会环境。其次是以洱海为中心的滇西靠内地区，发展农耕经济的自然条件较好，且两汉时期已打下了一定的基础。最后一点，也是最主要的一点，这是以滇西"白蛮"诸部为主体的各族人民共同开发建设的结果。

此外，还要一提的是，通过对文献记载的分析，史学界多认为在爨氏统治时期，其势力未能对滇西地区构成有效控制，原因主要是以吕氏家族为首的滇西诸大姓的抵制。史载，三国初年南中诸郡联兵叛蜀时，适值永昌郡无太守，"功曹吕凯奉郡丞蜀郡王伉保境"[1]，拥兵与益州诸大姓对抗，诸葛亮平定南中后，对吕凯大加褒奖并启用为云南太守。西晋太康年间，吕凯子吕祥曾出任南夷校尉，后"献光珠五百斤还临本郡"[2]，大概是为建宁诸大姓所不容。至吕祥子元康末年"为永昌太守，值南夷作乱，闽濮反，乃南移永寿，去故郡千里，遂与州隔绝"[3]。再至东晋咸和八年（333年）"李雄破宁州"，拜爨琛为交州刺史（成汉交州辖永昌、兴古、牂柯等郡），"诸吕不肯附，举郡固守"[4]，遂自此割据滇西拥兵自重。故《晋书·地理志》云：东晋咸康八年（342年），省永昌郡。据

---

① （晋）常璩撰，刘琳校注：《华阳国志·南中志》，第435页。
② （晋）常璩撰，刘琳校注：《华阳国志·南中志》，第435页。
③ （晋）常璩撰，刘琳校注：《华阳国志·南中志》，第435页。
④ （晋）常璩撰，刘琳校注：《华阳国志·南中志》，第435页。

此，由吕氏家族"世官领郡"滇西云南、永昌两郡，虽经济上属爨区范围，但政治上已游离于爨氏统治势力之外，因而只能视为爨文化的外围地区或者说辐射区。

（五）牂柯郡

牂柯郡亦为汉武帝"开西南夷置郡县"时所设，郡治故且兰（今贵州福泉），初辖十七县，地当今贵州大部、云南东南部及广西西北部分地区。蜀初诸葛亮调整南中政区时，割其西部、西南部入兴古郡，尚余七县，均分布在今贵州境内。

牂柯郡一带虽开发较早，且迁入了大量汉族移民布置军民屯田，并在两汉之际便已形成了龙、傅、尹、董、谢、王、赵等牂柯诸大姓，但受自然环境等诸多因素的制约，经济发展较为缓慢而相对滞后，进入爨文化时期以后情况亦大致如此。《华阳国志·南中志》说："牂柯郡……上值天井，故多雨潦……畲山为田，无蚕桑……寡畜产，虽有僮仆，方诸郡为贫。"所谓"畲山为田"，据考证："意为火耕，即放火焚山林草木，然后翻土种上庄稼，草木灰即为肥料。"①这种较为原始的耕作方法，迄今仍在西南地区部分山地民族中广泛运用，一般称为"刀耕火种"或"砍烧农业"。

两晋南北朝时期，与"西爨白蛮"一样，牂柯诸大姓及其统辖下的汉族移民也与当地以"僚人"为主的民族相互融合，入唐后形成所谓"东谢蛮""西赵蛮""南谢蛮"等，可惜农耕经济仍然无大发展。《旧唐书·南蛮传》说："东谢蛮，其地在黔州（今贵州遵义一带）之西数百里……土宜五谷，不以牛耕，但为畲田，每岁易……西赵蛮，在东谢之南……风俗物产与东谢同……牂柯蛮，首领亦姓谢氏……无城壁，散为部落而居，土气郁热，多霖雨，稻粟再熟。"据此，牂柯地区的农业经济发展水平，直到唐代仍普遍滞后，其中"牂柯蛮"大概是这一带的最高水平代表，但较之爨区腹地仍有较大差距。

牂柯郡诸大姓，最初与爨氏家族和建宁大姓之间往来密切。至东晋初爨琛

---

① （晋）常璩撰，刘琳校注：《〈华阳国志〉校注》，第379页。

投靠成汉李雄并开始称霸南中时，大约是因其头号大姓谢氏家族与爨氏政治取向不同，故"（虽）南中尽为李雄所有，唯牂柯谢恕不为寿（李雄弟）所用，遂保郡，独为晋……"[①] 此后，两郡大姓之间的交往联系虽未彻底中断，但却由此而逐渐疏远，到了北周时期，牂柯便已不复列于南宁州辖下，因此牂柯亦仅为爨氏统治的外围地区。

此外，汉晋之世的南中诸郡里，还有北部的越嶲郡。越嶲郡亦为西汉置，郡治邛都县（今四川西昌），最初辖今川西南及滇西北部分地区，延至蜀初置云南郡时，割其属下青蛉、姑复等县入云南，自此越嶲郡辖区便仅限于今川西南一带。再至东晋初爨氏称雄以后，越嶲郡虽仍系名于宁州辖下，但已非爨氏统治势力所及，且郡内农耕经济不占主导地位，故在此暂且从略不叙。

三、农业生产技术

根据以上分地区考察，爨区农耕经济的发展水平，整体上以滇东、滇中建宁郡爨氏统治中心区居首，代表着爨文化时期农耕经济的领先水平；其次为朱提、云南两郡，但在发展过程中出现了变化：朱提郡盛而转衰逐渐滞后，云南郡后来居上跃升前列；再次为永昌、牂柯、兴古三郡，其中又以永昌发展较快，牂柯居中，兴古郡的大部分地区则较长时间滞留在原始农耕阶段上。其间，固然与各地区所处的自然环境、经济发展的起点、政治局势的治乱，以及各郡县境内古代民族的文化传统等主客观因素都不无关联，但与此同时，也与各地农业生产技术进步和提高的步伐密切相关。

一般而言，决定古代农业生产水平的要素，除了生产劳动者的数量和自身的素质，最主要的便表现在农田水利、牛耕技术、轮作方法和所栽种的作物品种与栽培方式等几个方面。根据文献记载分析，爨区农业经济发展的不平衡性，在很大程度上便根源于各地区在上述四个方面的差异，而爨区腹地滇东、滇中、

[①]（晋）常璩撰，刘琳校注：《华阳国志·南中志》，第377页。

滇东北一带和滇西洱海周围地区，之所以能在整个爨区农业经济中占据领先地位或后来居上，原因也正是在这四个方面均处于优势地位。

（一）农田水利

众所周知，水利是农业的命脉，对位于云贵高原腹地的爨区更是如此。根据有关资料，在现今的云南境内，山地占全省总面积的84%，高原占10%，坝子（盆地、河谷）仅占6%。即便在坝子中，亦少有绝对意义上的平地。加之夏、冬季风的交替影响，降水多集中在夏、秋两季，"春旱秋涝"的特征较为明显。因而，兴修泄洪蓄水工程，开凿排灌渠道，自古及今都是发展农业生产的基础与关键。

爨区的农田水利建设，早期的情况限于史料不得而知。史载，西汉末年文齐为犍为南部都尉时，率领朱提各族群众"穿龙池（今昭通八仙海），溉稻田，为民兴利"[①]。后至两汉之际新莽代汉时，文齐迁益州太守，又在滇中地区兴修水利，"造起陂池，开通灌溉，垦田二千余顷"[②]。东汉时期滇池周围的水利事业，从20世纪70年代中期分别在呈贡县小松山、七里场汉墓中出土的两件陶制水田模型看，当时滇池沿岸地区的水利灌溉已较为普遍且受到应有的重视，以致水田、池塘、沟渠被制成模型随葬埋入墓中。两汉时期农田水利的兴修，为后世爨区腹地农耕经济的发展打下了一定的基础。

进入爨文化时期以后，有关南中诸郡兴修水利的情况，史籍未留下记载，同期的考古资料亦无明确反映。因而，有的学者推测此期南中地区的水利事业"无大进展"。对此，我们持怀疑态度。因为从历史发展的脉络看，经汉末蜀初和两晋之际的大动乱后，在爨氏称霸的东晋、南北朝以及隋、唐四百余年中，整个爨区的社会经济基本上是呈现为平衡发展的趋势。尤其是在滇东、滇中一带爨区腹地和滇西洱海周围地区，以水田稻作为代表的农耕经济有了长足发展，乃是难以否认的客观史实，如果没有相应的配套水利设施作为基础，这一切岂

---

① （晋）常璩撰，刘琳校注：《华阳国志·南中志》，第414页。
② （宋）范晔撰，（唐）李贤等注：《后汉书·西南夷列传》，第2846页。

不成了空中楼阁？当然，对此还可以继续讨论，同时更有待于新的史料特别是考古资料的发现加以证实。

唐代爨区的水利建设，同样没有直接的历史记载，但可资佐证的间接材料却不少。例如，《新唐书·南蛮传》说："自曲靖州至滇池，人水耕。"这一记载，主要是指滇东北至滇东、滇中一带的情况，"人水耕"即耕种水稻田。但成书于唐初贞观十六年（642 年）的李泰《括地志》则说："曲靖以南、滇池以西，土俗耕作水田……"《云南志》卷七也说："从曲靖州已南、滇池已西，土俗惟业水田。"后两者的记载，显然在空间上把滇西地区也包括在内，应该说更符合历史事实。不过，最值得引起注意的还是"土俗惟业水田"一句。对此，我们的理解是：所谓"土俗"，即世代相因形成习俗或者传统；而"惟业水田"，则是说专以耕种水稻为业。当然，这一概括仍嫌过于笼统，但据此可以相信的是，延至唐代初、中叶，水稻种植在滇东、滇中爨区腹地和滇东北、滇西部分农耕经济区，已经十分普及且形成了传统。其渊源当可上溯到两晋、南北朝之世甚至更早。而与普及水稻密切相关的农田水利配套设施，亦当自东晋初年爨氏称霸以来便有所发展和积累，进入唐代以后才可能达到"土俗惟业水田"的程度。

退一步说，即使是以有所保留的眼光审视，最迟到了爨文化后期的唐代初、中叶，爨区的农田水利建设也已完成了历史的突破而达到了前所未有的高度。其水平集中反映在水稻种植的空间分布上，已从汉代的滇东北、滇中两个地区扩大到滇东、滇西一带，从而由东到西连成一片，绵延千里，形成了蔚为可观的规模性生产。因而可以说，以兴修水利作为基础与前提的水田稻作农业经济，乃是爨文化的显著特征之一，不仅在纵向上已远远超越了古滇文化以旱地稻作为主的农业经济，在横向上也恰恰是爨区腹地及滇西洱海周围经济发展水平领先于其他地区的重要原因之所在。

（二）牛耕技术

农业生产的耕作技术，是一个内涵极为丰富的概念，但在古史研究领域内，衡量耕作技术和农业生产力发展水平，一般都以牛耕的出现及其普及程度作为重要标志之一。因而，这里着重讨论爨文化时期的牛耕及其相关问题而暂不涉及其他。

经济史研究中以牛耕来衡量古代农业生产力的水平，原因不外乎有二：一是在热动力农业机械尚未问世之前，借助畜力可以大大提高劳动生产率，从而扩大种植面积以增加农作物产量；二是可以深耕翻土，对精耕细作、提高单位面积产量具有重要意义。据研究，我国中原地区的牛耕技术大约出现于春秋中、晚期而普及于战国[①]，并由此引起了中国经济史上的第一次产业革命和随之而来的社会大变革。但在云南历史上，对牛耕出现的时间上限，考古学界存在较大分歧，部分学者认为始于古滇文化时期，而著名考古学家李昆声先生等持不同看法，认为还要晚一些："云南牛耕当始于东汉初—中期，约当公元 2 世纪。"[②]对这一问题，固然也有待于再作深入讨论，但据此可以肯定的是，从三国初年开始的爨文化时期，是云南边疆开发史上确凿无疑的牛耕时代。

据《三国志·蜀书·李恢传》记载，蜀汉建兴三年（225 年）诸葛亮平定南中后，李恢任"庲降都督"驻节建宁郡治味县（今曲靖市麒麟区），"赋出叟、濮，耕牛、战马、金银、犀革，充继军资，于时费用不乏"。《华阳国志·南中志》亦云："出其金银、丹漆、耕牛、战马，给军国之用。"由此可知，早在爨文化初期，耕牛在以建宁为中心的南中地区已被广泛使用，并有余力大量输往蜀中。降及唐代初、中叶，随着水田稻作农业的发展和大面积普及，牛耕的作用亦日益见重。《新唐书·南蛮传》所谓"人水耕"，从耕作技术的角度讲，其实是指牛耕。对此，有必要略作解释：据了解，在云南腹地，由于土质的关系，种植水稻时通常都是采取"水耕"的办法，即先放水浸泡耕地（俗称"泡田"）数日，待其充分湿润后，再驾牛进入水田中开犁。之所以这样做，据悉主要是因为土壤黏性强，加之水稻根系发达，需要深耕以利于其生长，因而在长期的生产实践中总结出这一办法。相反，如果采用北方式的旱耕之法，虽以两牛甚至三牛套耕仍难以进行。或许，古人正是见到滇中农夫、耕牛在没膝深的水田

---

① 范文澜：《中国通史简编》，北京：人民出版社，1965。
② 李昆声：《云南牛耕的起源》，载《考古》，1980（3）。

中往来耕作，遂谓之为"水耕"。这一耕作方式时至今日仍在滇中、滇东及滇西等云南靠内地区广为采用。

至于牛耕的具体操作方法，据《云南志》卷七记载，为"每耕田用三尺犁，格长丈余，两牛相去七八尺，一佃人前牵牛，一佃人按犁辕，一佃人秉末"。这种方法，俗称"二牛抬杠式"，在云南部分地区一直沿用到清代中、晚期才被淘汰，并在明、清时期的游记、方志中留下大量记录。清人桂馥《札朴》卷十《滇游续笔》所说"大理耕者，以水牛负犁，一人牵牛，一人骑犁辕，一人推犁"，即为其中之一。

牛耕技术的广泛运用，是爨区农业经济得到长足发展的一大内在动力，对爨文化的兴盛发挥了重要的作用。但需要说明的是，爨区内部经济发展水平的严重不平衡，在牛耕技术的运用上也表现得较为突出。例如，据《旧唐书·南蛮传》所载，在爨区东部牂柯郡故地，直至唐代中叶，生活在这里的"东谢蛮""西赵蛮"等古代民族仍然处在"不以牛耕，但为畲田（刀耕火种）"的阶段，故其农耕经济的发展水平势必落后于爨区腹地。但值得大为称道的是，在南部的傣族地区，大约到唐代初、中叶已出现了上文提到过的"象耕"，这是傣族先民充分利用当地自然资源发展生产的一大创举，同时也是爨文化时期边疆民族经济发展进步的反映。

（三）轮耕复种

轮耕复种在农业生产中的作用，主要是通过提高耕地的利用率，达到增加单位面积农作物产量的功效。因而，利用轮耕复种的方法进行耕作，也是农业生产力进步的表现之一。较之农田水利和牛耕，轮耕技术的运用在爨区农业生产中的普及程度要高得多，即便是在经济发展水平相对滞后的东部牂柯地区，入唐以后也普遍采用轮耕而出现了"稻粟再熟"的进步[1]。但相比之下，仍以爨区腹地和滇西一带领先。

轮耕复种技术在云南历史上起源于何时，同样是限于史料而不得其详。较

---

[1] 见《旧唐书·南蛮传》"牂柯蛮"条。

早的亦见于唐初李泰《括地志》："曲靖以南，滇池以西……水田每年一熟，八月收获，到十一月、十二月之间，复种小麦及大麦。"后《云南志》卷七所言更详："从曲靖已南，滇池已西……水田每年一熟。从八月获稻，至十一月十二月之交，便于稻田种大麦，三月四月即熟。收大麦后，还种粳稻。小麦即于冈陵种之，十二月下旬已抽节如三月，小麦与大麦同时收获。"经了解，这种稻麦轮耕复种的方法，时至当代仍为滇中、滇东一带各民族农户所因循。其中，种稻的一季，俗谓之"大春"，种麦则谓之"小春"，唯小春作物现已转为以种植小麦、蚕豆为主。另据了解，20 世纪五六十年代，昆明郊区大、小春作物的一般收成是：大春每亩年均产量四五百斤，小春二三百斤，大致比例为 1∶0.5。换言之，采用轮耕复种技术，可使每亩耕地的单产增加 50% 以上。爨文化时期的情况，估计相去不会太远。

稻麦轮作复种法的产生，经分析也主要是与云南靠内地区的气候和地形有关，根据当代的测量数据，在相当于古代爨区腹地的今滇东曲靖、滇中昆明、滇东北昭鲁和爨区外围滇西大理等四大坝子（盆地）中，海拔最高的为大理坝 1965 米，其余依次为昭鲁坝 1907 米、昆明坝 1887 米、曲靖坝 1863 米；纬度则以昭鲁坝稍高，在北纬 27.5° 上下，其余均在北纬 25°—26° 之间。总体特征为海拔偏高而纬度较低，反映在气候上，则表现为年温差小而日温差大，降水充沛而干湿（季）分明，日照充足而无霜期长（无霜期多在 210—250 天之间）。针对这种特定的气候条件，爨文化时期的先民们创造了稻麦轮作复种技术，应该说是一种因地制宜而行之有效的先进的耕作方法，故一千多年来一直为云南靠内地区各族农户所遵循而沿袭至今。

（四）作物品种

爨文化时期所栽培的农作物，仅从历史文献的记录看，主要是粮食、蔬菜、水果三大类型。据唐初贞观年间梁建芳《西洱河风土记》和《云南志》卷七的记载，粮食作物有稻、麦、菽（豆）、粟（小米）、黍（黄米）、稷等，"菜则葱、韭、蒜、菁，果则桃、梅、李、奈"以及南部热带水果椰子、波罗蜜果、荔枝等。此外，见于记录的还有经济作物和经济林木麻、茶、柘蚕林、桄榔木、青钢木、孟滩竹、木棉树（娑罗木）、野桑木、濮竹，以及药用植物升麻、附子、槟榔等。其中，最重要的还是传统的高产粮食作物水稻。

据考古发现和中外学术界研究，云南是稻谷的起源地之一，早在距今 8000 年以前，云南的远古居民便已开始驯化野生稻并揭开了稻作农业的序幕[①]。降及古滇青铜文化时期，稻作农业已较为发达，但主要是以旱地稻作即陆稻为主。大量的考古材料显示，古滇人种植的稻谷，几乎全为粳稻。在稻种分类学中，稻谷"分为水稻和陆稻,陆稻偏粳而水稻偏籼……"[②] 陆稻即通常所说的"旱谷"，耕作技术要求较粗放，产量相对也低，即使是按当代的水平，一般每亩单产量仅为二三百斤。与此相反，水稻的单产量却要高得多，每亩可达四五百斤，如精耕细作，便可高达千斤以上，但种植技术要求较高，劳动强度大，且须有相应的配套排灌设施，故日本稻作学家村松一弥把"从在火烧地里栽培杂谷（包括陆稻）发展到水田稻作"称为"是一个了不起的飞跃"[③]。确实,在高产旱地作物玉米和马铃薯传入云南之前，由旱地稻作向水田稻作的过渡，在爨文化时期得以基本完成并广泛普及开来，从农作物栽培技术和品种更新的角度讲，这也是一个"了不起的飞跃"，不仅大幅度提高了粮食产量，极大地丰富了社会财富，为爨文化的兴盛发挥了重要的作用，而且是云南农作史上的一大进步。

综上所述，在爨文化时期，爨区的农耕经济，在整体上都有了不同程度的发展和进步。其中，尤以爨区腹地滇东、滇中、滇东北以及爨区外围滇西洱海周围地区发展水平较高，是一种较为发达的以水田稻作农业为特征的高原型地方民族农耕经济，其余各地则分别处在原始农耕经济、山地砍烧农业或正在发展中的热区稻作农业等不同发展阶段上。农业生产技术的发展，在爨区腹地和洱海周围，随着农田水利设施的建设、牛耕技术的广泛运用，以及高产作物水稻的普及，到唐代初、中叶，即爨文化晚期，业已完成了由旱地农业向水田农业，由锄耕农业向牛耕农业和由中、低效农业向高效农业的三大过渡的初步定

---

① 柳子明：《中国栽培稻的起源及其发展》，载《遗传学报》（*Journal of Genetics*），1975（1）。

② ［日］渡部忠世：《稻米之路》，尹绍亭等译，昆明：云南人民出版社，1982。

③ ［日］村松一弥：《中国的少数民族》，每日新闻社，1973。

型。在此之后的一千多年间，云南古代农耕经济的发展历程基本上都是因循这一模式向前运动，主要表现为面的逐渐扩大和量的不断增加，以及局部生产工艺的改进与完善。因而可以说，爨文化时期的农耕经济，不仅是爨文化兴盛的基础与前提之一，同时又是云南古代农业发展史上的关键性阶段。

第三节　爨区牧业经济

牧业生产是云南各兄弟民族最主要的传统经济活动之一，自古以来都在地方民族经济中占有重要地位。时至 20 世纪 80 年代，在云南全省的农业总产值中，牧业仍占据 20% 左右，仅次于农业（种植业）而位居第二[①]。爨文化时期，牧业在爨区经济生活中所占的比重，甚至有可能超过农耕经济而占据首要位置。兴旺发达的爨区牧业经济，是支撑爨文化的又一重要物质基础。

一、爨区牧业溯源

畜牧活动在云南的起源极其久远，考古材料表明，最迟不晚于新石器时代初、中期，云南的远古居民便已开始驯化牲畜开展牧业生产。延至青铜器时代，畜牧业已发展起来。20 世纪 60 年代初，考古工作者在大理州祥云县大波那发掘了一座铜棺墓，出土文物中除了大量的青铜兵器、农具和生活用具外，最引人注目的还有一批铜制"六畜模型"[②]（牛、羊、马、猪、狗、鸡）。大波那古墓的考古年代，经测定为公元前 465±75 年[③]，说明早在春秋战国之际的古滇文化

---

① 中共云南省委政策研究室主编：《云南省情·农业（1949—1984年）》，昆明：云南人民出版社，1986。

② 见汪宁生：《云南考古》，第38页。

③ 中国科学院考古研究所：《放射性碳素测定年代报告》（四），载《考古》，1977（3）。

前期，人们便已学会了驯养牲畜并达到了较高的水平。到了秦、汉之世的古滇文化兴盛期，牲畜的形象更是大量出现在各类出土文物上，反映了当时畜牧业的发达兴旺[①]。

然而，在古滇人的经济生活中，畜牧业并不占主导地位，仅为从属于农耕经济的次级产业。真正以畜牧业为主体经济的是分布更广、人数更多、势力也更加强大的古昆明人原始游牧族群。历史文献的记载和考古材料显示，秦、汉之际昆明人主要分布在滇池一线以西，与古滇人相毗为邻、犬牙交错、互相穿插，并不断发生军事冲突。《史记·西南夷列传》说："西南夷君长以什数，夜郎最大……此皆魋结，耕田，有邑聚。其外（即自滇以外），西自桐师（今保山）以东，北至叶榆（今大理），名为嶲、昆明，皆编发，随畜迁徙，毋常处，毋君长，地方可数千里。"其实，根据其他历史文献的佐证，《史记》所述，尚仅指古"昆明人"主体部分的分布范围，实际上其整体分布面远不限于桐师以东和叶榆以南，而是遍及今滇西怒江以西和北部金沙江两岸广大地区。

两汉时期，昆明人一直是"西南夷"地区最强大的游牧族群，曾多次与两汉王朝发生大规模的冲突和战争。据《史记·大宛列传》记载，汉"开西南夷置郡县"之初，为了打通途经昆明人游牧区的"蜀—身毒（印度）道"，曾若干次地派出使节和军队前往开路，先后"为求道西十余辈……皆闭昆明，莫能通身毒国"。至元封二年（前109年，是年汉置益州郡），遂"发三辅罪人，因巴、蜀士数万人，遣两将军郭昌、卫广往击昆明之遮汉使者，斩首虏数万人而去。其后遣使，昆明复为寇，竟莫能得通"[②]。另据《华阳国志·南中志》记载，在此之前，"司马相如、韩说初开（益州郡西部地区），得牛、马、羊属三十万"。这些数以十万计的牲畜，显然多是从"昆明人"手中掳掠而来。昆明人牧业经济实力之强，由此可见一斑。

大约在两汉之际，昆明人发展壮大，拓宽游牧范围，向东迁徙进入滇池

① 见汪宁生：《云南考古》。
②（汉）司马迁：《史记》，第3171页。

沿岸地区，并发动了反抗汉王朝封建统治的斗争。史载，东汉初"建武十八年（42年），夷渠帅栋蚕与姑复、叶榆、弄栋、连然（今安宁）、滇池（今晋城）、建伶（今昆阳）昆明诸种反叛，杀长吏。益州太守繁胜与战而败，退保朱提……"次年，汉王朝调集大军入滇驰援，历时三年才将这次反抗斗争镇压下去。最后，汉军"追至不韦（今保山），斩栋蚕帅，凡首掳七千余人，得生口五千七百人，马三千匹，牛羊三万余头"[①]。降及三国初年，昆明游牧族群进一步发展壮大，分布区域亦随之扩大到滇东、滇东北乃至黔西、川南一带。据《三国志·蜀书·李恢传》记载，蜀汉建兴三年（225年）诸葛亮南征时，分遣投效麾下的建宁大姓李恢率偏师自平夷（今贵州毕节）取道朱提直趋建宁去抄叛军后路，途中他们曾被围困于一个名为"昆明"的地方。据此，可以推知当时在滇东北及黔西、川南朱提郡一带，已有不少昆明人分布并形成了一定的势力。其迁入的时间，当不晚于东汉中、后期。彝文典籍的记载大体与此相符，《西南彝志》说：东汉初年，彝族的祖先仲牟由原居滇池西岸"江头"与"江尾"之间的一座大山中（据考在今易门县境），后因遭到滔天洪水，"仲牟由牵了自己的马，赶了自己的羊"，向东迁徙到达东川（今会泽、东川一带），以后又辗转迁入贵州开基立业。传至妥阿哲时，因助诸葛亮南征有功而被封为"罗殿王"。另据彝文经典《六祖起源》的记载，也称贵州水西（今毕节、威宁一带）的彝族，"是由云南中部迁入罗甸"。为此，马长寿先生在其《彝族古代史》中指出："仲牟由的原居地，无论根据汉文史志或彝文经典，都是异口同声说出在滇池附近。"

　　总而言之，昆明游牧族群乃是秦汉时期"西南夷"各族之中分布最广、实力最强的本土民族，由其所经营的畜牧业生产，代表着同区域内牧业经济的主体成分。进入彝文化时期以后，这一格局亦大体相循不变。因此，我们对彝区牧业经济的考察，将着重围绕昆明人及其直系后裔唐代"乌蛮"诸部与其近亲各民族而展开。（图5-1）

---

①（宋）范晔撰，（唐）李贤等注：《后汉书·西南夷列传》，第2847页。

图 5-1：云南曲靖市会泽县城北郊水城村出土的厩养猪牛陶器模型（蒋志龙　提供）

二、分布格局与概况

爨文化时期，昆明族群及其后裔和近亲各民族，依然在爨区牧业经济中占据着主导地位，且由其所代表的牧业经济分布面，总体上呈继续扩大的趋势并最终覆盖了爨氏统治下的绝大部分地区。反映在民族分布格局上，形成了昆明人及其后裔和近亲各牧业民族，与本地区僰、僚、濮、汉等农耕民族"大杂居、小聚居"的复杂局面。但在各地区内部，以昆明人为代表的牧业民族又多活动在山区、半山区从事畜牧业，与居住在平坝、河谷和城镇周围的各农耕民族相毗为邻，而表现出"立体分布"的特征。

三国两晋南北朝之世，昆明人在沿袭旧称的同时，又被统称为"夷"。《华阳国志·南中志》："夷人大种曰昆，小种曰叟。"所谓"大种"，盖因昆明人分布广、人数多、实力强而以此称之。入唐后，其中的一部分改称"乌蛮"，其余或沿称"昆明"，或分化出来形成一些新的族群集体。不过，族称的改变和内部的分化，并未影响昆明人及其后裔以牧业为主的经济特征。

在整个爨文化时期，以"昆明—乌蛮"为主体的爨区各牧业民族，可大致以滇池一线为中轴，纵向划分为东、西两大区域，但在相互之间和同一地区内部，经济发展水平和生活方式同样呈现出不平衡性和多样性的特点。现分述于下：

（一）东部地区

爨区牧业经济区的东部地区，主要包括滇中、滇东和滇东南部分地区以及滇东北、黔西、川南结合部，大体上相当于三国两晋时期爨氏统治下的建宁、兴古、朱提三郡辖下部分地区和牂柯郡西部。其中又可再细分为四个部分：

其一为滇东、滇中一带，即爨区腹地。这一地区位于云贵高原中部，山势起伏不大，山峦、坝子、湖泊、河谷相间分布，气候干湿冷暖适中，宜农宜牧，自然条件较为优越，平坝地区农耕经济较发达，主体民族为汉世僰人的后代叟人和以南中诸大姓为首的汉族移民及其后裔。昆明人主要是活动在山区、半山区暖温带丛林之中从事牧业生产，有的甚至穿插到爨氏统治中心宁州首府味县（今曲靖市麒麟区）境内。《水经注·温水》说：味县一带，"水侧皆是高山，山水之间悉是木耳夷居，语言不同，嗜欲亦异。虽曰山居，土差平和而无瘴毒"。《永昌郡传》则说："建宁郡，葬夷置之积薪之上，以火燔之，烟气正上，则大杀牛羊，共相劳贺作乐……"文献记录中的这些所谓"木耳夷"和"建宁郡夷"，指的都是以畜牧为业的昆明人，广泛分布在建宁郡辖区内的山林地带，看来已进入定居或半定居阶段，经济发展水平相应也较高，故两晋时期曾是统治阶级大肆搜刮和劫掠的主要对象之一。史载，西晋初"太康五年（284 年），罢宁州，置南夷（校尉府），以天水李毅为校尉，持节统兵镇南中，统五十八部夷族都监行事。每夷供贡南夷府，入牛、金、旃、马，动以万计"[1]。至西晋末年王逊任宁州刺史、南夷校尉驻建宁郡城时，"征伐诸夷，俘馘千计，获马及牛羊数万余"[2]。

其二为朱提郡辖下滇东北、黔西北及川南局部地区。朱提郡地处乌蒙山腹地，境内多崇山峻岭，气候偏干冷，更适宜于牧业生产，因而是爨区内昆明人分布较广、牧业经济比重也较大的地区之一。其中，郡治昭鲁盆地等平坝、河谷地带，主要居住着僰、汉等农耕民族，广大山区、半山区则为昆明人占主导的牧业经济区。对此，《永昌郡传》说："朱提郡……夷分布山谷间，食肉衣皮。"特别是在由朱提郡境东北部分割出来的南广郡地区，直至东晋初年，农耕经济仍未发展起来而以畜牧业为主导性经济活动，《华阳国志·南中志》说："南广郡……土地无稻田蚕桑，多蛇蛭虎狼……"

其三为兴古郡辖下滇东南地区。兴古郡北接建宁，东连牂柯，西南与云南、永昌两郡为邻，郡境东、南为低纬度低海拔丘陵河谷湿热地带，客观上不利于发展畜牧业，主要居民为原始农耕民族僚、濮族群，昆明人及其近亲民族分布较少，故三国两晋时期牧业经济主要集中在西、北与云南、建宁两郡毗连地带，以后随昆明人分布范围的逐步扩大才深入到南部地区。对此，虽文献中缺乏明确记载，但对照前后的历史资料亦可推知其大概。

其四为爨区外围东部牂柯郡地区。牂柯郡地当今贵州大部，主体民族为僚人。史称，汉、晋之世，其地"寡畜产，虽有僮仆，方诸郡为贫"[3]。即牧业经济发展水平较低，但牂柯郡西部与建宁、朱提两郡相接，故三国两晋南北朝时期随昆明人向牂柯境内迁徙扩散而有所发展，入唐后成为昆明人的一大分布区并造成较强的势力。

上举爨区东部四郡地区的牧业经济，仅以三国两晋爨文化前期而论，当以朱提郡最为发达，建宁郡次之，兴古、牂柯两郡又次之。后至南北朝末年东、

---

① （晋）常璩撰，刘琳校注：《华阳国志·南中志》。
② （唐）房玄龄等撰：《晋书·王逊传》，第2110页。
③ （晋）常璩撰，刘琳校注：《华阳国志·南中志》。

西两爨形成后，情况又发生了某些变化。

　　有关东、西二爨的划分，近人袁嘉谷先生说："两爨之分，一以地理，一以人种（民族），一以言语，一以文化。"[1]这一说法大体不误，但应补充的是，"东爨乌蛮"与"西爨白蛮"之间，经济类型也不一致。大体说来，"东爨乌蛮"以牧业经济为主导，基本上属畜牧民族；"西爨白蛮"则以农耕经济为主，畜牧业为辅。对此，历史文献的记载较为明确，而最有说服力的又当推《云南志》和《新唐书·南蛮传》的有关记录。据《云南志》卷四说：当唐中叶南诏灭诸爨并大徙"西爨白蛮"之时，"乌蛮以言语不通，多散林谷，故不得徙……后徙居西爨故地"。以后，"乌蛮"发展为原爨区腹地的主体民族，亦即南诏、大理国时的"东方三十七蛮部"或"东方黑爨、松爨三十七部"中的绝大部分。

　　唐代东部"乌蛮"的经济生活，《新唐书·南蛮传》说："乌蛮……其种分七部落，一曰阿竽路，居曲州、靖州故地；二曰阿孟……土多牛马，无布帛，男子椎髻，女子披发，皆衣牛羊皮。"《云南志》卷一说得更清楚："此等部落，皆东爨乌蛮也，土多牛马，无布帛，男女悉披牛羊皮。"这些，虽然说的是爨氏统治崩溃和"白蛮"西迁以后的情况，但据此可以确知，直到唐中叶爨文化晚期，"东爨乌蛮"诸部的经济生活，仍以传统的畜牧业为主。

　　进一步说，对《云南志》卷四中"西爨，白蛮也；东爨，乌蛮也。当天宝中，东北自曲、靖州，西南至宣城，邑落相望，牛马被野"之说，我们认为还有必要再作区分："邑落相望"当指西爨农耕经济区，"牛马被野"则应为东爨牧业经济区的情况。说得更准确一点，前者是对"白蛮"经济的描述，后者是对"乌蛮"经济的概括。为此，需要略作说明，在云南靠内地区，尽管自然环境宜农宜牧，但农、牧业在空间布局上却又有一定的分界线，互不重合。导致这种局面产生的原因，据了解主要是牲畜啃吃庄稼的问题。对此，虽史籍中反映不太明确，但实际上却一直是农业与牧业之间的内在矛盾之一，时至今日依然普遍存在，俗谓之"牛害"，是为引起矛盾和纠纷的一大根源。因而，"邑落

----

[1] 袁嘉谷：《滇绎》卷二。

相望，牛马被野"之说，当为"西爨白蛮"发达的农耕经济与"东爨乌蛮"兴旺的牧业经济盛况的对举，而不应理解为同一微观空间内的共存现象。当然，农业与牧业之间，也并非绝对相互排斥而势同水火。两者在相互矛盾的同时，又有相互依存的一面，诸如农耕民族对畜力、肉食和肥料的依赖等，但畜牧业在其经济生活中，一般都是居于从属和辅助的地位，与较严格意义上的牧业经济有着质的区别。

唐代"东爨乌蛮"牧业经济区的覆盖范围，按《云南志》卷四所载，为："在曲、靖州、弥鹿川、升麻川、南至步头，谓之东爨。"其大致地望，"曲、靖州"即《新唐书·南蛮传》中屡次提到的曲州与靖州，地当晋世朱提郡故地和建宁郡北部，大体上相当于今滇东北昭通、鲁甸、巧家一带，以及滇东宣威、会泽、东川等地；"升麻川"即汉、晋牧靡、牧麻县地，原为晋世建宁郡辖下属县，在今寻甸、嵩明两县一带。"升麻川"初为"东爨乌蛮"孟氏家族的领地，后至唐中叶爨归王任南宁州都督时，发兵"袭杀孟聘、孟启父子，遂有升麻川"[1]，而将其纳入爨氏的直接控制之下。至于"步头"，史家一说在今屏边县蛮耗，一说在今建水县阿土，一说在今元江县城，然三地均位于元江—红河水道沿岸，且相距不远，故皆可从之。相形之下，分歧最大的是"弥鹿川"，其地望，马长寿先生认为在今滇东曲靖市沾益县一带[2]，但史界多认为应在今滇东南泸西县境。我们的看法当以后一说为是，唐代"东爨乌蛮"弥鹿川，即南诏、大理国时的"东方三十七蛮部"之一的"弥鹿部"分布区，与弥勒、师宗、罗雄等部"乌蛮"相毗为邻，而非"磨弥""卢鹿"两部之合称。

如果以上所述不谬，唐代"东爨乌蛮"的分布范围亦即爨区东部的牧业经济区，大致以滇池为基点，向东北方向延伸到嵩明、寻甸、东川、会泽、宣威、曲靖市麒麟区北部、沾益直至今昭通市及黔西北、川南一带，向东南则为弥勒、泸西、师宗、罗平及红河北岸通海、华宁、建水等县。这一广大区域，在整体

---

① 见《云南志》卷四、《新唐书·南蛮传》。
② 马长寿：《南诏国内的部族组成和奴隶制度》，上海：上海人民出版社，1961。

上都属爨氏家族的势力范围，并以牧业经济为主。其间，又与"白蛮"和滇东南"僚、濮"农耕经济区相互交织穿插，各居平坝和山区、半山区而"立体分布"。及至唐中叶南诏徙走"西爨白蛮"后，"乌蛮"便自北而南连成一片，形成盛极一时的"东方三十七蛮部"。反映在称谓上，也就不再有东、西两爨之分而统称为"东爨"。此外，还要补充说明几个问题：

一是在爨区东部，唐代出现的所谓"乌蛮"之称，不仅显系他称，且带有应予批判和否定的侮辱性质，一般限指两爨范围的汉、晋昆明人后裔各畜牧部落。两爨之外的部分地区，不少昆明人仍因旧称，如《新唐书·南蛮传》说："咸亨三年（672年），昆明十四姓率户二万内附，析其地为殷州、揔州、敦州，以安辑之。"这一部分昆明人，即后世滇东北东部至黔西一带的"罗殿国"和"罗氏鬼国"，亦即今水西彝族的先民。[①] 与此同时，唐代"东爨乌蛮"各部落往往又有"独锦蛮""卢鹿蛮"等各自的称谓，故"乌蛮"之说，不过统称而已。

二是大约从唐代初、中叶开始，东部昆明人中分化出一个新的民族群体，当时被称为"和蛮"[②]，即今滇东南红河州南部诸县哈尼族的直系先民。"和蛮"得名之由，据历史文献所载，谓"（夷语）山谓之和"[③]，则当为"山地民族"之意。然其从昆明人中分化出来的缘由，学术界多着眼于因迁徙蔓延而与原来的民族集体逐渐疏远，并由此发生文化变异方面。这一解释固然不无道理，但更主要的恐怕还是根源于经济生活方式的变化，即"和蛮"的由来，乃是昆明人中的一支自北而南迁徙到达红河南岸地区后，因河谷丛林地带气候湿热而辗转于较为凉爽干燥的山区、半山区游牧，故被称为"和蛮"。以后又因红河南岸一带湿热多疫情（即所谓"多瘴气"）不利于发展畜牧业，遂逐渐转化为农耕，从而与昆明人从经济生活方式上区分开来而形成新的民族群体。当然，对此还可以进一步探讨，但可以肯定的是，作为所谓"和蛮"的后裔和彝族的近亲民族，

① 详见尤中《中国西南民族史》，昆明：云南人民出版社，1985。
②《全唐文》卷二百八十七云："和蛮大鬼主孟谷悮。"
③ 见樊绰：《云南志》卷八。

哈尼族之所以能够在历史上创造出举世闻名的山地"梯田文化"，并遥遥领先于彝语支各近亲民族，自当有其深远的经济根源。

三是据《太平御览》卷七百八十九引《南夷志》说，唐代安南都护府辖下有"棠魔蛮，去安南西林原十二程，俗养牛马……"经考证，"棠魔蛮"属僚、濮族群，主要分布在今越南北部，虽地望已不在爨区范围之内，但以此结合晋世兴古郡南部僚、濮取桄榔粉合"以牛酥酪食之"的记录，可大致推知，入唐以后滇东南一带的牧业经济亦当有所发展。

（二）西部地区

爨区牧业经济的西部地区，主要指滇池一线以西广大区域，即三国两晋时的云南、永昌二郡辖区及建宁郡西部。从整体上讲，西部地区虽然政治上多非爨氏统治势力所及，但经济上却与东部地区连为一体，同属爨区经济的组成部分。西部的牧业经济区，相对而言分布更广，涉及的古代民族更多，同时发展不平衡的问题也更为突出。大致说来，也可分为三个区域：

其一为滇西地区。这一地区，地理上属云贵高原西部与横断山脉南延部分的结合部，位于滇池以西至洱海周围并向西南延伸到怒江西岸一带，自然条件与滇东、滇中基本一致，自古即为昆明游牧族群的发祥地和传统的牧业区。据《史记·西南夷列传》所载，秦、汉之际昆明人"随畜迁徙"的活动范围自滇池以西、桐师（今保山）以东、北至叶榆（今大理），"地方可数千里"，指的主要就是这一地区。其地望，大体上相当于三国两晋时的建宁郡西部、云南郡大部及永昌郡东北部，其中又可再分解为三个部分：

一是建宁郡西部与云南郡东部结合地带，即今楚雄彝族自治州南部、大理州东南部以及玉溪、普洱两市北部一带。这一范围，又是秦汉时期昆明人游牧经济区的腹心部位。其中，地处哀牢山脉东麓的汉益州郡和晋建宁郡西部双柏县（今玉溪市易门县、楚雄州双柏县一带）便是后世包括"东爨乌蛮"在内的滇东、滇东北以及黔西彝族所普遍追述的故土和祖居（详见上文所述彝文典籍《西南彝志》和《六祖起源》的有关记述）。

此区牧业经济的状况，三国两晋时期限于史料不得而知，入唐后始见于记录。《新唐书·南蛮传》说:"爨蛮西有昆明蛮,一曰昆弥,以西洱河为境,即叶榆河也……人辫首,左衽,与突厥同。随水草畜牧,夏处高山,冬入深谷。尚战死,恶病亡,胜兵数万。"其中,"以西洱河为境",意为"以西洱河为界","境"应作"界"解,也就是"昆明蛮"在"爨蛮"之西到西洱河以东之间。有关这一点,《通典·边防典》所记可资为证:"昆弥国,一曰昆明,西南夷也。在爨之西,洱河为界,即叶榆河也。"据此,直到唐朝初年,活动在滇池、洱海之间的昆明人不仅继续沿用其古老的"昆明"族称并保持传统的"辫首"习俗不变,而且仍然保持着"随畜迁徙"的游牧生活,是为整个爨区昆明畜牧族群中最为原始古朴的部分。在政治上,大约是因其往来迁徙,形影不定,且民风强悍,人多势众,故自晋世以来,无论是东部的爨氏家族还是西部的吕氏大姓,均未能将其纳入有效的控制之下。

另据记载,在当时的滇、洱之间,还分布着相当数量的所谓"徙莫祇蛮"和"俭望蛮"。《新唐书·南蛮传》说:"爨蛮之西,有徙莫祇蛮、俭望蛮。贞观二十三年(649年)内属,以其地为傍、望、览、邱、求五州,隶郎州都督府。"据尤中先生考证:"徙莫祇"即后世彝族"撒马都"支系的先民,而傍、望、览、邱、求五州之地,即今楚雄州、牟定、广通、禄丰及玉溪市西部易门县一带[1]。其中,部分地区已突入"西爨白蛮"地区的西部重镇龙和城(今禄丰)附近并与之相交错。局部地区还由爨氏宗亲担任行政长官,如唐中叶天宝初年,爨守懿(疑即南宁州都督爨归王之子爨守隅)便曾出任过求州刺史[2]。因此,尽管"徙莫祇蛮"和"俭望蛮"也属昆明族群,但很可能已定居或半定居下来并开始逐步向农耕经济转化,故与活动在同一区域内仍保持"随畜迁徙"古老传统的昆明游牧族群产生差异,并由此出现不同的族称而被分别载入史册。

二是洱海周围地区。地望包括洱海周围今大理州辖下各县市,以及洱海以东楚雄州北部姚安、大姚等县,地当汉世益州郡西部或三国两晋时的云南郡

---

① 尤中:《中国西南民族史》,昆明:云南人民出版社,1985。
② 见《南诏德化碑》。

大部。这一区域，是爨文化时期农耕经济发展最快也最为发达的地区之一，同时也是古昆明人的传统分布区。洱海周围地区昆明族群的活动，史载东汉初年"昆明诸种"起兵抗暴时，叶榆（今大理）、弄栋（今姚安、大姚）两县的昆明人亦在其中。[①] 至东汉建初二年（77年），又有"邪龙县（今巍山）昆明夷卤承等应募"，出兵协助汉王朝镇压哀牢夷的反抗，事后被封为"破虏傍邑侯"。[②] 进入爨文化时期以后，《华阳国志·南中志》说："云南郡……土地有稻田畜牧。"据此可知其农、牧业均有一定发展。又说：郡内"有上方、下方夷"。其中，"下方夷"当为后世洱海周围平坝地区农耕民族"白蛮"（亦称"河蛮""洱河蛮""西洱河蛮"等）的先民，"上方夷"则应为活动在山区、半山区从事畜牧业的昆明人。及至北周末年梁睿上书时，又提到"二河（即洱海、滇池，其中洱海又称'洱河'）有骏马明珠"[③]，可见当时洱海沿岸地区的畜牧业又有了进一步的发展，并以出产名马著称于世。

入唐后，洱海周围地区的昆明人改称"乌蛮"。最初，"乌蛮"诸部多分布在洱海沿岸外围地带，并逐渐形成六个较大部落联盟，史称"六诏"。其族属，《云南志》卷三说："六诏并乌蛮。"其中，又以南诏最为强盛。《新唐书·南蛮传》说："南诏……本哀牢夷后，乌蛮别种也。夷语王为'诏'，其先渠帅有六，自号'六诏'，曰蒙嶲诏、越析诏、浪穹诏、邆睒诏、施浪诏、蒙舍诏。兵将，不能相君，蜀诸葛亮讨定之。蒙舍诏在诸部南，故称'南诏'。"据林超民先生考证："六诏的地域：蒙舍诏在今巍山，蒙嶲诏在今漾濞，邆赕诏在今邓川，浪穹诏在今洱源，施浪诏在今邓川东北的青索乡，越析诏在今宾川。六诏地域并在洱海周围，即汉世叶榆、邪龙二县地。"[④] 后至唐中叶开元二十五年（737年），蒙舍诏主皮逻阁发兵攻入洱海沿岸，"逐河蛮，取大和城（即太和城，今大理

① 见《后汉书·西南夷列传》。
② 见《后汉书·西南夷列传》。
③ 见《隋书·梁睿传》。
④ 林超民：《云南郡县两千年》，云南广播电视大学1984年编印。

太和村），又袭大釐城（今大理喜洲）守之，因城龙口（今大理上关）"[1]。不久，又扫平其余五诏，并征服了"白蛮"诸部，统一了洱海地区。降及天宝年间，南诏乘东部"诸爨豪乱"之机，挥师东进兼并了两爨之地，从而为爨文化时期的终结打上句号。

唐代南诏崛起前，洱海周围的社会经济较之爨区腹地滇东、滇中一带，共同点是农耕经济较为发达并在整个爨区范围内双双并列领先水平，区别则是入唐后洱海地区牧业经济逐渐退居从属地位。究其所由，重要的原因之一是部分"乌蛮"陆续放弃传统的牧业经济转化为以农耕为主。其中，最具典型意义的又当推南诏蒙氏王族。

据《僰古通纪浅述》《南诏野史》《白国因由》以及《南诏源流纪要》等"野史"记载，南诏蒙氏王族源出永昌哀牢夷，先祖细奴逻"避难逃于蒙舍"，靠"耕于巍山之麓"为生。后有梵僧一再前来化缘，细奴逻全家慷慨布施，"僧乃取刀砍犁耙已，数有十三痕"，且曰："自汝至子孙为王一十三代，我乃观音化身，奉天命受记汝也……"[2]此事后来被绘入著名的《南诏中兴二年画卷》。图画中，细奴逻一家或揖或跪虔诚斋僧，旁边有两头水牛匍匐在地，后有一犁，与《云南志》卷七所载"二牛抬杠式"犁具如出一辙[3]。这些图文资料，虽被蒙上了浓厚的宗教色彩而显得扑朔迷离，但据此可以相信的是，最迟到了唐代初、中叶，位居"六诏"之首的蒙舍诏"乌蛮"部落，业已转化为以农耕为主，其余五诏的情况亦大体如此，不会相差太远。或许，这就是洱海周围地区牧业经济退居从属地位的原因所在。

三是滇西沿边地区。此区位于滇西澜沧江、怒江两大巨津中游和怒山、高黎贡山南延地带，纬度大体与滇中、滇东一致，但山势起伏较大，三国两晋时属永昌郡北部而与云南郡西南相接，地当今保山市及德宏、临沧两州市北部诸县。这一地区，也是昆明游牧族群的主要活动范围之一。史载，秦、汉之际昆

---

[1] 详见《新唐书·南蛮传》及《云南志》卷五。

[2] 尤中：《僰古通纪浅述校注》，昆明：云南人民出版社，1988。

[3] 详见汪宁生《云南考古》（云南人民出版社，1980）图版96所录《南诏中兴二年画卷》第三段。

明人"随畜迁徙"的西界达"桐师（今保山）以东"，实际上尚不限于此中，而是横跨怒江两岸直抵高黎贡山西麓今腾冲县一带。

在昆明族群的起源问题上，地处澜沧江与怒江之间的今保山市境具有极为特殊的地位。《华阳国志·南中志》说："永昌郡，古哀牢国。哀牢，山名也。其先有一妇人，名曰沙壶，依哀牢山下居，以捕鱼自给。忽于水中触有一沉木，遂感而有娠。度十月，产子男十人。后沉木化为龙出，谓沙壶曰：'若为我生子，今在乎？'而九子惊走，唯一小子不能去，陪龙坐，龙就而舐之。沙壶与言语，以龙与陪坐，因名曰元隆，犹汉言陪坐也。沙壶将元隆居龙山下。元隆长大，才武。后九兄曰：'元隆能与龙言，而黠有智，天所贵也。'共推为王。时哀牢山下复有一夫一妇，产十女，元隆兄弟妻之，由是始有人民，皆象之，衣后着尾，臂胫刻文。元隆死，世世相继……南中昆明祖之。"[1] 这一传说，亦见于东汉杨终《哀牢传》和《后汉书·西南夷列传》，与《华阳国志》所载大同小异，一般又称为"九隆神话"或"九隆传说"，后世在彝语支各民族中流传极广。

对此，尤中先生考证道：上古沙壶捕鱼触沉木之处，即今保山市西部易罗池，"易罗池又名'九龙池'，即'九隆池'。哀牢部落的祖先在九隆之前已经居住在滇西，他们是滇西最古老的土著民族，而西汉初年的滇西昆明部落群中，有很大一部分是从原来的九隆氏族中繁衍出来。所以，《华阳国志》在叙述了哀牢部落祖先起源的九隆传说之后，紧接着便指出九隆为'南中昆明祖之'"。[2] 据此，今保山一带乃是滇西昆明族群的起源地和最古老的牧业经济区之一。降及东汉初年滇池、洱海两大区域"昆明诸种"起兵抗暴失利后，史载汉军"追至不韦（今保山，时为永昌郡治），斩栋蚕帅，凡掳馘七千余人，得生口五千七百人，马三千匹，牛羊三万余头"[3]。由此可知，汉世永昌郡治不韦县一带，不仅是昆明族群的分布区之一，而且牧业经济的发展水平不低。

进入爨文化时期以后，永昌郡牧业经济的情况基本未留下记载，入唐以后

① （晋）常璩撰，刘琳校注：《华阳国志》，第424页。
② 尤中：《中国西南的古代民族》，昆明：云南人民出版社，1980。
③ （宋）范晔撰，（唐）李贤等注：《后汉书·西南夷列传》，第2847页。

才又重新见于记录。唐代滇西沿边地区的畜牧业，尤以盛产骏马见长。《新唐书·南蛮传》云："越睒之西多荐草，产善马，世称'越睒骏'……日驰数百里。"《南诏德化碑》亦有"越睒天马生郊"之说。越睒的地望，林超民先生定位于今保山地区西部高黎贡山西麓腾冲县瓦甸一带。[①] 另据《云南史记》称："马出越赕川……藤充（今腾冲县城周围）亦出马……申赕（今龙陵及芒市北部）中亦有马，比于越赕。"以此观之，滇西产骏马，并非限于越赕一地，而是区域性的特产，足以表明此区的牧业经济亦已达到相当的水平。

在此，需要说明的是，按《云南志》卷六所载，唐代活动在越赕一带的古代民族，"其种并是望苴子"。同书卷四又说："望蛮外喻部落，在永昌西北，其人长大……其地宜沙牛，亦大于诸处，牛角长四尺已来。妇人唯嗜乳酪，肥白。俗好遨游。"据此，在永昌西部从事游牧（即"遨游"）活动的民族主要是"望苴子"，即"望蛮"。其族属源流，史学界多将其归为近现代滇西佤族的先民，但按其"人长大"、妇女"肥白"等体质特征揣度，似又令人难以信服。因而，对这一游牧部落的族属尤其是与昆明人的相互关系，似还有作进一步探讨之必要。以上所述，仅为彝区西部据《史记》所称昆明族群原游牧范围之内牧业经济的概况及其发展变化，对分布在同一区域内的"白蛮"等其他民族的牧业生产，因其多为从属于农耕经济的次级产业，或发展水平尚居于较为原始的阶段，故亦恕不多作涉及。

其二为滇西北地区。滇西北地区与川西南相毗邻，汉代多属越嶲郡地，蜀初析入云南郡，地当今大理州北部、丽江市及楚雄、怒江、迪庆三州部分地区。地理上位于横断山脉腹地，金沙江、澜沧江、怒江蜿蜒流过，云岭、怒山、高黎贡山纵向排列，为典型的高山峡谷地貌；散布于崇山峻岭之间的草甸和坝子，海拔多在 2000 米以上，有的甚至海拔 3000 多米。受此影响，区内气温偏低，无霜期短，故畜牧业历史悠久源远流长，历来为云南省内最主要的牧业经济区之一。

① 林超民：《云南郡县两千年》，云南广播电视大学1984年编印。

爨文化时期滇西北一带的古代民族，据历史文献的记载，主要有"昆明—乌蛮"及其近亲民族"摩沙"—"磨些"和从"乌蛮"中分化出来的"施蛮""顺蛮""长裈蛮"，以及"白蛮""汉裳蛮"等多种民族成分。其中，"昆明—乌蛮"及其各近亲民族不仅在人数和分布面积上占据着优势地位，而且由其所从事的畜牧业在区内社会经济中具有主导性的作用。大致情况如下：

"摩沙夷"—"磨些蛮"："摩沙"或"磨些"为今纳西族的直系先民，是滇西北至川西南一带最古老的土著民族之一，早在汉、晋之世便已形成单独的民族群体。《华阳国志·蜀志》说："定筰县（辖今四川盐源到云南宁蒗县一带）……县在（越嶲）郡西，渡泸水、宾刚徼（今丽江），曰摩沙夷。"入唐后，改称"磨些"，为"摩沙"的同音异写。爨文化时期"摩沙"—"磨些"的经济生活，《云南志》卷四说："磨些蛮，亦乌蛮种类也。铁桥上下及大婆、小婆、三探览、昆明等川，皆其所居之地也。土多牛羊，一家即有羊群……男女皆披羊皮，俗好饮酒歌舞。"据此，唐代"磨些"人不但"土多牛羊，一家即有羊群"，牧业经济较为发达，而且"俗好饮酒"，大约农耕经济亦有所成长。其分布区域，据考，铁桥为今丽江市玉龙县西北塔城，其余"大婆""小婆""三探览"亦在今丽江市玉龙县及迪庆州香格里拉县东南部一带。至于"昆明等川"，似应为唐代昆明城附近，即今四川盐源至云南宁蒗泸沽湖周围地区。这一带，目前仍是纳西族支系摩梭人的聚居区。

在此，值得一提的是，史称"磨些"为"乌蛮种类也"，即与"乌蛮"为近亲民族。在唐朝初年前后，磨些人中的一支向南拓展，进入洱海以东今宾川县一带，称"越析诏"而跻身唐初"六诏"之列，但牧业经济仍占有较大比重，故又有"花马之国"的称号。延至唐开元年间，为南诏（蒙舍诏）所兼并。对此，《云南志》卷三说："越析，一诏也，亦谓之磨些诏。部落在宾居（今宾川县宾居街）……有豪族张寻求，白蛮也。开元中，通诏主波冲之妻，遂阴害波冲。剑南节度巡边至姚州，使召寻求笞杀之。遂移其诸部落，以地并于南诏。"此后，"磨些"的分布范围，又收缩回滇西北及川西南地区。

"施蛮""顺蛮"：《云南志》卷四载，"施蛮，本乌蛮种族也。铁桥西北大施赕、小施赕、剑寻赕，皆其所居之地……男以缯布为缦裆裤，妇人从顶横分其发，当额并顶后各为一髻，男女终身并跣足，披牛羊皮……顺蛮，本乌蛮种类，初与施蛮部落参居剑、共诸川，哶罗皮、铎罗望既失邓川、浪穹，退而逼夺剑、共，由是迁居铁桥已上，名剑羌……男妇风俗与施蛮略同"。据此，"施蛮""顺蛮"原居今大理州北部剑川、鹤庆及丽江市玉龙县南部一带，是从"昆明—乌蛮"中分化出来的两个不同的民族集体，至唐中叶南诏"合六诏为一"时，邆赕、浪穹二诏"乌蛮"兵败退至"剑、共诸川"后，迫使"施蛮""顺蛮"向北迁徙，散布到铁桥以上今迪庆州维西及怒江州北部澜沧江、怒江高山峡谷地带，成为后世傈僳族、怒族的先民之一。

"施蛮""顺蛮"的社会生产，看来属较为单一的"食肉衣皮"型牧业经济，相对于同区域内的"磨些"与"乌蛮"发展水平为低。

"长裈蛮"：古称裤子为"裈"（音 kūn），故"长裈"即为"长裤"之意。《云南志》卷四说："长裈蛮，本乌蛮之后，部落在剑川，属浪诏。其俗皆衣长裈曳地，更无衣服，唯披牛羊皮。南诏既破剑、浪，遂迁其部落与施、顺诸蛮居……"由此可知，"长裈蛮"主要分布在剑川一带，初为"昆明—乌蛮"族群之一部，与浪诏为同族或是其辖下属民，后大约是因经济发展滞后而从"乌蛮"中分化出来，但其经济水平似仍略高于"施蛮"与"顺蛮"。"长裈蛮"长期与分布在同一区域内的"施蛮""顺蛮"交错杂居，且同样以牧业经济为主，后又被南诏相继徙往铁桥西北，延至后世便逐渐融为一体，南诏晚期改称"卢蛮"，为今傈僳族先民。[1]

"昆明—乌蛮"：滇西北地区位于洱海周围与川西南两大"昆明—乌蛮"聚居区之间的联结地带，自古即为昆明族群的分布区。史载，东汉初年在"昆明诸种"的抗暴斗争中，时属越巂郡辖下的姑复县（今华坪、永胜一带）的昆明人亦参与其间，并名列"昆明诸种"之首，反映了这一带有大量昆明人分布。

到了爨文化时期，随着滇西北"乌蛮"内部经济文化发展水平逐渐拉开距

---

[1] 详见尤中：《中国西南的古代民族》，昆明：云南人民出版社，1980。

离，有的分化出来形成"施蛮""顺蛮""长裈蛮"等新的民族群体，有的则向位于南部的洱海周围迁徙并形成强大势力。据《新唐书·南蛮传》记载，在唐代初年的"六诏"中，分布在洱海沿岸及其以北地区的"浪穹、邆赕、施浪，总谓之'浪人'，亦称'三浪'"。其中，又以邆赕诏实力较强，传至诏主咩罗皮时，"自为邆川州刺史，治大釐城（今喜洲）"，势力已从洱海北岸推进到洱海西南岸。后于开元二十二年（734年）左右被南诏皮逻阁击败，退守邓川，与"浪穹、施浪合拒"南诏。再败，又退至野共川（今鹤庆）、剑川一带继续与南诏对抗。

降及中唐贞元十一年（795年）或稍后，盘踞"剑、共诸川"一带的"浪人"终被南诏彻底击溃，"三浪悉灭"。[①]其部众多被徙往永昌安置，上层贵族分子或逃往泸北（今雅砻江以北），或远走吐蕃。当然，这已是后话。

以"三浪"为代表的"乌蛮"诸部，是滇西北地区"乌蛮"及其近亲各民族中发展水平最高的部分。大约在爨文化后期的唐代初年前后，自滇西北南下洱海周围各自称雄一隅，后于唐中叶被南诏击败退居"剑、共诸川"（今大理北部剑川、鹤庆两县及丽江南部一带）。其经济生活，最初当以畜牧业为主导，南下后一度转化为以农耕为主或农、牧业兼营（如上举越析诏又称"花马之国"，可见其牧业生产仍占较大比重），再至北撤后又恢复其传统的牧业经济，而始终在滇西北各牧业民族中居于领先地位。

其三为滇西南、滇南沿边地带。这一地区，呈带状沿今中缅边界中、下段分布，相当于今德宏、西双版纳两州和临沧、普洱两市南部。滇西南、滇南沿边地带自东汉置永昌郡始便一直稳定在永昌辖下相袭不变，三国两晋时为爨区西部吕氏家族的势力范围。以后曾一度失控，至南诏兴起后才又重新将其纳入统治之下。与滇西北、滇东北地区的情况相反而近似于滇东南，此区多为低纬度低海拔丘陵、河谷、丛林湿热地带，大部分地区处于北回归线以南，气温偏高，雨量充沛，土壤肥沃，植被茂密，因而更适合发展稻作农业而不大利于畜牧业生产。

---

① （宋）欧阳修、李祁撰：《新唐书·南蛮传》，第6295页。

爨文化时期，据历史文献的记载，分布在滇西南、滇南沿边地带的古代民族，主要是今傣族各支系的先民，其次为今阿昌族先民"寻传蛮"、景颇族先民"裸形蛮"和孟高棉语族佤、布朗、德昂三族先民"闽濮"——"朴子蛮"等。其中，属"昆明—乌蛮"近亲民族藏缅语族的"寻传""裸形"等古代民族当时尚居于原始采集与狩猎经济的滞后阶段。《云南志》卷四说："寻传蛮……俗无丝棉布帛，披波罗（老虎）皮，跣足可以践履榛棘，持弓扶矢，射豪猪，生食其肉……裸形蛮……其男女遍满山野，亦无君长。作栏舍屋，多女少男，无农田，无衣服，惟取木皮以蔽形。"至于"朴子蛮"，虽发展水平略高，但仍然保留着较为明显的原始经济残余，故从社会经济的角度考虑，似亦不应估计过高。其大致情况，《云南志》卷四说："朴子蛮，勇悍矫捷，以青娑罗缎为通身袴，善用白箕竹弓，入深林间射飞鼠，发无不中……其土无食器，以芭蕉叶籍之。"

相对而言，在滇西南、滇南沿边地带各民族中，经济发展水平最高的当推今傣族的先民，即汉、晋时期的"滇越"及其后裔唐代的"茫蛮""金齿蛮""银齿蛮"诸部。其社会经济，如前所述，当属较为发达的热区稻作农耕经济，畜牧业仅居辅助性地位。其中，尤以驯化和役使大象最为突出。傣族先民驯养大象的历史，可以追溯到公元前2世纪末汉"开西南夷置郡县"之前。《史记·大宛列传》载："昆明……其西可千余里有乘象国，名曰滇越。"据此，今滇西南德宏州一带傣族的先民，早在西汉时便已学会驯养大象并用作运载工具，故时称"乘象国"；同时又因其属"百越"族群（今壮傣语族）中的一支，与汉世东南沿海地区的"闽越""南越"为近亲民族，故又谓之为"滇越"。

延至爨文化晚期的唐代初、中叶，驯养大象在滇西南、滇南沿边地带傣族先民中进一步发展起来，并被广泛用于犁地耕田。《云南志》卷四说："茫蛮部落……妇人披五色娑罗笼，孔雀巢人象树上。象大如水牛，土俗养象以耕田，仍烧其粪。"《新唐书·南蛮传》亦云："茫蛮，本关南种。茫，其君号也，或呼茫诏……象才如牛，养以耕。"众所周知，象是世界上最大的陆生动物，多产于热带、亚热带丛林之中，云南南部湿热地区，自古及今都是我国境内大象的主要栖息地之一。生活在这一带的傣族先民，在汉代古滇越人"乘象"的基础上，到爨文化时期又把驯象用于耕田，这不能不说是一种充分利用当地自然资源发展社会生产的典范。

三、牧业生产水平

爨文化时期的牧业生产水平，对照历史文献的记载和考古材料所揭示的情况，较之古滇文化已有较大的发展而达到了新的历史高度。大体说来，主要表现在以下几个方面：

首先反映为牧业民族活动范围的拓宽。如上所述，据《史记·西南夷列传》的记载，秦、汉之世的"西南夷"地区，大致可以滇池为中轴线纵向划分为东、西两大区域。东部地区主要是以僰人为代表的"耕田、有邑聚"的农耕经济区，西部则是昆明族群"随畜迁徙"的活动范围，亦即牧业经济区。经过东汉进入爨文化时期之后，以"昆明—乌蛮"为代表的各牧业民族，分布范围逐渐扩大到爨区内的大部分地区，而由其所经营的畜牧业，亦随之在爨区各地普遍发展起来。再加之由汉代僰人后裔与外来汉族移民融合而成的"白蛮"诸部，以及南部傣族先民"茫蛮"等农耕民族兼营的畜牧业，爨区牧业经济达到空前的规模与繁荣，从而为爨文化的兴盛提供了更加广阔与坚实的物质基础。

其次表现为牧业生产水平的进步与提高，主要又集中体现为以下几点：

一是生产规模扩大。如《云南志》卷七说："沙牛，云南（洱海区）及西爨故地并生沙牛……天宝中，一家便有数十头。"同书卷四则说，滇西北磨些人"一家便有羊群"，而"茫蛮"畜象，也是"一家数头养之"。甚至"土俗惟业水田"的"河蛮"，据《通典》所载，亦"畜有牛、马、猪、羊、鸡"。以此推之，当时爨区内的各类牲畜，总数当以百万计。这种可观的牧业生产规模，较之当代亦有过之而无不及。

二是优良畜种大批涌现。例如，在汉世已培育出"滇池驹"[①]的基础上，爨

---

① 《华阳国志·南中志》云："滇池县，郡治，故滇国也……长老传言，池中有神马，或交焉，即生骏驹，俗称之曰'滇池驹'，日行五百里。"

文化时期又出现了"越赕骢"等一系列良种马并被载入史册："藤充（腾冲）及申赕（今龙陵、潞西北部）亦出马，次赕（今禄丰县罗次）、滇池尤佳。"其中，据《云南志》卷七介绍，"越赕骢"的培育方法是："初生如羊羔，一年后，纽莎为拢头縻系之。三年内饲以米清粥汁，四五年稍大，六七年方成就。尾高，尤善驰骤，日行数百里。本种多骢，故世称'越赕骢'。"[1]这种精心培育骏马的方法，在一千多年前的西南边疆民族地区，堪称一流水准，乃是当时畜牧业生产技术先进水平的体现之一。

另据记载，在爨文化时期，滇西地区还培育出一种名为"大鸡"的优良禽种。《云南志》卷七说："大鸡，永昌、云南出，重十余斛，咀距劲利，能取鹝、鳄、载、鹊、凫、鸽、鸲鹆之类。"鸡能制服鳄鱼[2]，实在令人无法想象，可惜未能传衍下来，否则将是我国的一大珍禽。

三是牲畜品种增加。一般而言，畜种的数量，也是衡量畜牧业发展水平的重要标志之一。爨文化时期的家畜、家禽，据《云南志》、两《唐书》等历史文献的记载，计有黄牛、水牛、牦牛、犏牛、马、驴、骡、山羊、绵羊、猪、猫、狗、兔、鸡、鸭、鹅，等等。其中，犏牛为牦牛与黄牛的杂交后代，骡为马与驴的混血种，反映了牲畜杂交技术在爨文化时期已运用和推广到了牧业生产中。然而，最值得一提的还是水牛。据考古学界研究，古滇文化时期的牛，主要是黄牛（唐代称"沙牛"），"水牛至今未发现任何遗迹，这与我国南方其他地方以水牛为主要特征不同……"[3]说明当时尚未开展水牛饲养，至少是尚未普及。进入爨文化时期以后，不仅有关水牛的确切记录开始见于文献，而且在稍后的《南诏中兴二年画卷》中，出现了较为生动、直观的水牛形象[4]。其来源，则显然与两汉以来大批汉族移民的植入和爨文化时期水田稻作与牛耕的大面积普及

---

① （唐）樊绰著，赵吕甫校释：《云南志校释》卷七，第276页。

② （唐）樊绰著，赵吕甫校释：《云南志校释》，第282页。一说"鳄"为"鹗"之误，鹗即鱼鹰。

③ 张兴永：《云南春秋战国时期的畜牧业》，载《农业考古》，1989（1）。

④ 见汪宁生《云南考古》（云南人民出版社，1980）图版96。

密切相关。但考虑到爨区本身便拥有极其丰富的野生水牛资源①，因而亦不应排除就地取材、驯化野生水牛而来之可能。

四是驯化和牧养野生动物。云南素有"动物王国"之称，野生动物资源十分丰富。爨文化时期对野生动物的驯养，除了驯化野生水牛之外，最突出的便是大象。对此，《云南志》曾反复提及，如卷四说："象大如水牛，土俗养象以耕田。"卷七又说："开南已南养象，大于水牛，一家数头养之，代牛耕也……象，开南已南多有之，或捉得，人家多养之，以代耕田也。"据此，当时在爨区南部捕捉并驯化大象用以耕田犁地业已相当普遍，并形成传统沿袭到南诏时期。

与此相似的还有鹿，据《云南志》卷七载："鹿，傍西洱河诸山皆有鹿。龙尾城（今下关）东北息龙山，南诏养鹿处，要则取之。览赕（今牟定、楚雄）有织和川及鹿川，龙足鹿白昼三十、五十，群行啮草。"其实，洱海沿岸及其周围地区出鹿，早在爨文化初期便已见于记录，《华阳国志·南中志》曰："云南郡，有熊苍山（点苍山），上有神鹿，一身两头，食毒草。"但应加以区分的是，《华阳国志》所载的"食毒鹿"显系野生，而南诏时期的则为人工驯养，故两者尚不可混为一谈。不过，可以相信驯养野生鹿的肇端，当不晚于爨文化晚期，即唐代初、中叶，延至南诏时方能形成如此之规模。

另外，还要提及的是，在《云南志》卷七所载猪、猫、犬、骡、驴、兔、鸭、鹅等家畜、家禽中，豹亦赫然列名其间，且云："诸山及人家悉有之。"驯养猛兽豹子并将其列入牲畜之属，若非记载有误，亦当是云南古代史上的一大罕事。

其三，牲畜使用范围的扩大。牲畜尤其是大牲畜的用途，在一定程度上也是反映畜牧业发展水平的标志之一。在这一方面，相对古滇文化时期而言，爨文化时期也有较大的发展与进步。据考古学界的意见，古滇人牧养牛羊，首先是为了显示财富和用作祭祀时的牺牲，其次是食用，昆明人则是"食肉衣皮"，赖以生存。进入爨文化时期以后，随着畜牧业的进一步兴旺，牲畜的用途亦日

---

① 樊绰：《云南志》卷七云："通海已南（今滇东南一带），多野水牛，或一千、二千为群。"

趋广泛而呈现出多功能的历史特点。其中，仅以历来在牧业经济中占有头等地位的牛而论，除了继续用作祭祀品和"食肉衣皮"之外，至少还有如下三种用途：

一是耕田犁地。简单说，最迟到了爨文化初期的三国两晋时期，牛已经从以往生产产品逐步转化为重要的生产工具之一，并在爨区腹地和洱海地区从旱地农业向水田稻作农业飞跃的过程中发挥了不可低估的重要作用。当然，这主要是针对以"西爨白蛮"为代表的农耕经济而言。同时，还有一个牛耕究竟以水牛为主还是以黄牛为主的问题有待解决。但不管最终的结论如何，牛耕的普及，对牛本身来说，都是其用途上的一大进步与更新，并反过来促进了牧牛业的发展。

二是负重运输。关于古滇文化时期有无以牛作为运载工具的问题，考古学界迄今尚无报告，但到了爨文化时期却留下了较明确的记载。《华阳国志·南中志》云："南广郡……自僰道（今宜宾）至朱提（今昭通）有水、步道。水道有黑水及羊官水，至险难行。步道渡三津，亦艰阻，故行人为语曰：'……倮降贾子（商贩），左儋七里。'又有牛叩头、马搏（颊）坂，其险如此。"据考，所谓"左儋七里"，"儋"通"担"，意为山路紧贴峭壁，贾人挑担而行，七里不得易肩，故名。而"牛叩头、马搏坂"则是"形容山路之陡峻险狭，牛马登山，头接地，颊触崖，有似叩头搏颊，因以名山"[1]。在这里，"贾子"与牛、马三者并举，均为载重履险之状。爨文化时期以牛为驮运工具，于此可得一证。大概这还是历史文献中有关云南地区畜力长途运输的最早记载，且由此可知，云南早期的货运与后世一样，并非专倚骡马之力而是牛、马兼用。

三是乳制品的加工和食用。古滇文化时期，人们饲养牲畜的主要目的之一是"食肉衣皮"，延至爨文化时期依然如此，但主要是相对"昆明—乌蛮"及其近亲民族"磨些""施蛮""顺蛮"等以牧业经济为主的古代民族而言。对此，历史文献记载颇丰而不胜枚举。爨文化时期的发展，主要是乳制品的加工及其

---

① （晋）常璩撰，刘琳校注：《华阳国志·南中志》，第422页。

食用方法的出现。具体的实例，如前举《华阳国志·南中志》所载晋世兴古郡"僚濮"取桄榔木粉合以牛酥酪食之，《云南志》所说唐代滇西"望蛮"畜沙牛而"妇人惟嗜乳酪"，等等。尤其是后者，既然已经到了"惟嗜"的地步，说明其乳制品加工技术和食用习惯当已渊源匪浅。

总而言之，爨文化时期的牧业经济，亦已达到相当的发展水平，是当时又一更加广阔与坚实的支柱产业，与爨区农业经济共同构成爨文化的物质基础，但同样存在发展不平衡的问题。相对又以"牛马被野"的爨区腹地最为发达，代表着爨区牧业经济的领先水平，其余各地则分别居于不同的发展阶段上，并呈现出各自的区域性特点。其中，广泛分布在爨区内大部分地区的"昆明—乌蛮"及其近亲民族滇东南"和蛮"、滇西北"磨些""施蛮""顺蛮""长裈蛮"以及滇西"望蛮"等牧业民族，又在爨区牧业中发挥着主导性的作用。其发展水平，也以两爨和洱海地区的"乌蛮"较高，已进入了定居、半定居牧业经济阶段；滇池以西至洱海之间的昆明人及滇西"望蛮"，则仍处在"随水草畜牧"和"俗好遨游"的游牧经济阶段；"磨些"和由"乌蛮"中分化出来的"施蛮""顺蛮"等牧业民族，介于上述两者之间。延至唐初以后，洱海周围以南诏（蒙舍诏）为代表的部分西部"乌蛮"逐步由牧业经济向农耕经济转化，并发展成为后世南诏时期的统治民族。

第四节　爨区工商业

工商业包括手工业和商业贸易两个部分，在社会经济中也都占有重要的位置。爨文化时期的工商业不仅同样具有悠久的历史，而且与兴旺发达的农、牧业同步发展，共同组成爨区社会经济的整体结构。其中，爨区的手工业，尤以井盐、矿冶和纺织三大行业最突出，也最具地方民族特色。与此同时，商业贸易也随之获得了较大的发展。

一、爨区井盐业

食盐是人、畜必不可缺的矿物质，位于内陆地区的云南地不临海，境内又极少咸水湖泊，加之交通不便，故掘井取卤煮盐，历来都是满足社会需求和事关国计民生的要害产业之一。在云南古代社会经济中，其地位更为显著和特殊。

爨区的盐井，三国两晋爨文化初期见于记录的凡四处，即建宁郡连然县（今安宁）、朱提郡南广县（今盐津一带及其邻近川、黔部分地区）、云南郡青蛉县（今姚安、大姚）、牂柯郡万寿县（今贵州石阡、贵阳一带）。其中，万寿盐井自汉末废弃后，便一直未能恢复开采，[①]其余三县中，又以连然盐井的历史最悠久，规模最大，代表着爨区井盐开采的最高水平。连然县位于滇池西岸，其井盐生产早在汉"开西南夷置郡县"之初便被载入史册。《汉书·地理志》载："益州郡……连然，有盐官。"盐官是西汉王朝推行盐铁专营政策的产物，是专司盐业生产与销售的职官。西汉曾在全国遍设三十六盐官，连然即为其中之一，足见当时连然井盐的生产规模和产量均已相当可观。延至晋世，《华阳国志·南中志》说："连然县，有盐泉，南中共仰之。"南中，即当时的南中诸郡。由此可知，在爨文化初期，连然的井盐生产又有进一步发展，成为南中诸郡井盐开采的中心和食盐的主要产地。

入唐以后，连然改称安宁，为西爨七大城镇之一。唐代初、中叶，尽管爨区西部陆续兴起了一批盐井，但安宁在爨区井盐业中的原有地位并未因此而丧失，相反还步入了鼎盛阶段。《云南志》卷七说："其盐出处甚多，煎煮则少。安宁城中皆石盐井，深八十尺。城外又有四井，劝百姓自煎。"据此，到了爨文化晚期，安宁盐井的数量，仅城中便不止一个，加上城外四井，总数已十分可观。同时安宁还掌握了开掘深井汲取卤水的高难度技术，故无论是井盐开采量和生产技术，都已达到较高水平，可与后世相媲美。另据《云南志》卷七说，当时的成品盐乃是制成颗粒状，称为"颗盐"，并以此作为计量单位："颗盐每

---

① 《华阳国志·南中志》载："万寿县……本有盐井，汉末时夷民共诅不开，今三郡皆无盐。"按：牂柯郡西晋末年曾分为牂柯、平夷、夜郎三郡，故此云"三郡皆无盐"。

图 5-2：石羊盐井

颗约一两、二两，有交易即以'颗'计之。"

据记载，唐代安宁井盐的消费范围，大约受爨区西部姚安石羊井（图 5-2 至图 5-4）、剑川细诺邓井及沙追井等新老盐井的冲击，较之爨文化初期已有所收缩，而主要是供给东部两爨地区[1]，部分则远销牂柯一带。对此，《南诏德化碑》说："安宁雄镇诸爨要

---

[1] 樊绰：《云南志》卷七载："升麻、通海以来，诸爨皆食安宁井盐。"

图 5-3：石羊盐井

图 5-4：楚雄州大姚县石羊古镇保存至今的制盐作坊（范建华　摄影）

《华阳国志·南中志》和《云南志·名类》等文献记载，南中地区盛产井盐，今安宁、楚雄一带一直沿用汉法打井取卤煮盐的方式制盐。

冲……盐池鞅掌，利及牂牁（即牂柯）。"

　　由于盐业生产在社会经济中的特殊地位，作为爨区盐业中心的安宁城，不仅发展成为西爨地区的一大重镇，而且素来是爨氏统治的经济命脉之一。降及唐中叶开元、天宝年间，这里又一度上升为唐王朝与爨氏家族控制与反控制的斗争焦点，并由此引发了冲突和战争。史载，天宝初年，唐剑南节度"章仇兼琼开步头路，方于安宁筑城，群蛮骚动，陷杀筑城使者"①。唐王朝筑城的用意，当是企图建立据点，把势力伸入爨区腹地，并通过控制安宁盐井以强化对西爨地区的统治。但这样一来，便等于卡住了爨氏家族的脖子，于是立即激起了爨氏的强烈反应。在冲突中，当时爨氏家族在各地的头面人物，几乎都率兵参与

①（唐）樊绰著，赵吕甫校释：《云南志校释》卷四，第128页。

了攻打安宁唐兵的战斗。为此，《南诏德化碑》说："……彼南宁州都督爨归王、昆州刺史爨日进、黎州刺史爨祺、求州刺史爨守懿、螺山大鬼主爨彦昌、南宁州大鬼主爨崇道等，陷杀（筑城使者）竹灵倩，兼破安宁。"

二、爨区矿冶业

云南地质构造复杂，成矿条件优越，矿藏资源极为丰富，故素有"有色金属王国"之美称。据现代地质勘测，云南的矿藏资源具有三大特点：一是矿种全，储量大，在目前世界上已知的140多种有用矿产中，云南有112种，其中铅、锌、锗储量居全国首位，锡、铟、铂、锆居全国第二，铜、镍、磷等居第三；二是分布广，矿点多，品位高，埋藏浅，宜于露天开采，而尤以铜、铁、锡、铅、锌分布最广；三是伴生矿多，典型的如兰坪县金顶，为铅、锌、锗、银、镉五种矿藏伴生的矿区。[①]由于这一得天独厚的自然条件，云南的矿冶业不但起源早，历史悠久，而且自古及今都在社会经济中占有突出地位。考古材料表明，早在相当于殷商时期的距今3000多年前，云南的远古先民，便已学会开采和冶炼有色金属制造青铜器，并于秦、汉之世步入了以光辉灿烂的青铜文化为标志的古滇文化全盛期。

爨文化时期爨区的矿冶业，是古滇青铜文化的继承和发展，同时又有其鲜明的时代特征和显著进步。大致说来，主要表现在以下几个方面：

其一为矿区分布广且各具地方特色。其中，滇东北朱提郡最初以银为大宗，为汉世全国著名的硬通货[②]，故时有"汉嘉金，朱提银"之说[③]。以后转化为以铜为主，银、铅为辅，并就此沿袭下来。滇东南兴古郡则历来以锡为传统优势，兼产银、铅、铜、铁，后来发展成为我国首屈一指的"云锡"产区。滇中、滇

---

① 详见中共云南省委政策研究室主编：《云南省情（1949—1984）》，昆明：云南人民出版社，1986。
②《汉书·食货志》载："银货二品：朱提银，重八两为一流，直一千五百八十（文铜钱），它银一流值千。"
③《诸葛亮集》卷二《汉嘉金书》。

东建宁郡一带汉世产铁、铜和银[①]，爨文化时期虽不复见于记录，但知仍为爨区主要的矿产地之一。滇西矿区以永昌郡较为集中，出铜、铁、铅、锡、金、银、光珠、琥珀、水晶、琉璃等多种矿产[②]，而尤以黄金和光珠为著。

上举各矿区，除部分位于西部永昌郡境内之外，其余大多分布在爨区东部朱提、兴古、建宁三郡，入唐后又多在东、西两爨范围内。因而，仅就矿区的分布而论，也以两爨地区较为发达。

其二为矿产种类多。截至唐中叶以前，云南历史上的矿产，整体上以有色金属为主，后逐渐发展成为有色金属、黑色金属（铁）和非金属矿产并存的局面。其发展脉络，仅以史有明载的品种而言，西汉时主要是银、锡、铜、铅四类，东汉时增加铁、金及非金属矿光珠、水晶、琥珀等，再至爨文化时期又出现白铜（铜、镍合金），从而达到十余种之多。其中，最为突出的又是铁和白铜。

铁制品在古滇文化出土文物中已有少量发现，代表性器物是铜柄铁剑（有的还带包金鞘）[③]。但对于铁的来源，考古学界争议较大，部分学者认为多自邻近的巴、蜀地区输入，另一些人则认为是本地所产，还有的人认为是外来原料本地加工而成。[④]这些看法都有各自的依据和理由，故目前尚无定论。而与此相反，考古学界无大异议的是，延至东汉，云南已确凿无疑地拥有了开采铁矿和冶铸的生产能力，进入爨文化时期以后，又得到了进一步发展。这不仅表现为历史文献对铁矿产地的记载，在东汉滇中滇池和滇西不韦两县的基础上，扩大到滇东南贲古县（今个旧、蒙自）一带[⑤]，同时，也为"梁堆"出土的大量汉、晋铁质兵器和生产生活用具所充分证实[⑥]。另据记载，西晋时期，在宁州府诸职

---

① 《续汉志》载："滇池，出铁。""俞元，装山出铜。""双柏，出银。"

② 见《后汉书·西南夷列传》。

③ 见汪宁生：《云南考古》，昆明：云南人民出版社，1980。

④ 见张增祺：《云南的早期铁器》，见云南省博物馆编《云南铁器时代文化论》，昆明：云南人民出版社，1992。

⑤ 《华阳国志·南中志》载："贲古县，出银、铅、铜、铁。"

⑥ 见孙太初：《云南"梁堆"墓之研究》，见云南省博物馆编《云南铁器时代文化论》，昆明：云南人民出版社，1992。

官中，还设有专司铁业采冶的"铁官令"一职，并由南中大姓人物所充任[1]，说明冶铁在晋世已相当普及。因而可以说，爨文化时期是云南铁器时代大发展的重要阶段。不过，应予强调的是，由于资源和传统等多重原因，尽管冶铁业在爨文化时期取得了较大的发展，但锡、铜、银、铅等有色金属的采冶并未因此而丧失其传统优势，而当是形成了与冶铁并存共茂的新格局。

白铜的出现，是爨文化时期矿冶业的一大辉煌成就。有关白铜的记载，见于《华阳国志·南中志》："堂螂县，因山名也。出银、铅、白铜。"堂螂（堂狼）县属朱提郡，初置于西汉，东汉时省入朱提县，蜀汉复立，晋因之，地当今东川、会泽、巧家一带。对于白铜，汪宁生先生说："白铜是铜镍合金，镍在欧洲是 18 世纪才提炼成功的，而我国远在公元 3 世纪时即已出现，其产地即在盛产银铜的堂狼。"并盛赞道："镍的首次炼成及白铜的合成，是云南古代劳动人民的贡献"，"是一项伟大的创造"。[2]从爨文化的角度讲，则是爨区矿冶业长足进步的又一突出表现。

其三为矿冶技术的提高。矿冶技术主要包括采矿、冶炼及铸锻加工等生产技术，爨文化时期也有较为显著的发展与进步。其中，又以采金、冶铜和造剑三个方面最具代表性。

云南的黄金开采，虽起步较早，但历来均以水中淘金为主要方法。对此，历史文献有充分记载，《华阳国志·南中志》载："博南县（今永平一带），西山高四十里，越之得兰沧水，有金沙，以火融之为黄金。"《水经注·若水》云："兰沧水出金沙，越人收以为黄金。"《蜀都赋》刘渊林注云："永昌有水出金，如糠，在沙中。"因金沙出于水而细如糠麸，故又有"水金""金沙""糠金""麸金"或"金麸"等不同名称。大约到了爨文化晚期，即唐代初、中叶，又出现了一种新的采金技术，即"山金"或"块金"开采法。据《新唐书·南蛮传》卷七说："长川诸山，往往有金，或披沙得之。丽水出金麸。"具体的开采方法，

---

①《华阳国志·南中志》载："大姓铁官令毛诜。"
② 汪宁生：《云南考古》，昆明：云南人民出版社，1980。

《云南志》卷七说："生金，出金山及长傍诸山、藤充（腾冲）北金宝山。土人取法：春冬间先于山上掘坑，深丈余，阔数十步。夏月水潦降时，添其泥土入坑，即于添土之所砂石中披拣。有得片、块，大者重一斤，或至二斤，小者三两、五两，价贵于麸金数倍……麸金出丽水，盛沙淘汰取之。"自此，云南的采金法分为两种，而山金开采术与后世的金矿开采在方法上已较为接近。爨区的黄金产量，亦必然随之大增。延至唐中叶以后，黄金成为南诏政府的一大收入来源。

爨文化时期的冶炼技术及相应的规模，考古学界迄今尚无重大发现，主要之见于文献记载。据《南齐书·刘悛传》说："永明八年（490 年），悛启世祖曰：南广郡界蒙山下，有城名蒙城，可二顷地，有烧炉四所，高一丈，广一丈五尺。从蒙城渡水南百许步，平地掘土深二尺许，得铜，又名古掘铜坑，深二丈，并居宅处犹存……"对此，汪宁生先生说道："这应是汉晋时朱提冶铜旧迹，'蒙城'即今昭通，昭通后世犹称乌蒙。从这条记载可见，当时开矿是选择露天浅矿，故掘下二尺即能得铜矿石……当时，炼炉规模竟大到'高一丈，广一丈五尺'，若所述不是夸大，已与清代冶铜炉大小差不多。"[1]滇东北朱提境内矿区如此，滇东南兴古郡和滇东、滇中建宁郡的情况当不会差距太大。（图 5-5 至图 5-7）

金属的铸造、锻制及镶嵌、装饰加工技术，古滇文化及东汉以青铜器为主，爨文化时期则集中反映在钢铁刀剑上。

爨文化时期钢铁刀剑的制造工艺和技术，散见于南诏史料而又多可上溯到爨文化晚期。其中，尤以铎鞘（亦作"铎稍"）、郁刀、南诏剑及浪剑为著名。

铎鞘为南诏王所专之物。《新唐书·南蛮传》云："铎鞘者，状如残刃，有孔傍达，出丽水，饰以金，所击无不洞。夷人尤宝，月以血祭之。"另据《云南志》卷七云："铎鞘……装以金穿铁笴，所指无不洞也。南诏尤所宝重，以名字呼者有六：一曰绿婆摩求，二曰亏云孚，三曰铎甡，四曰铎摩那，五曰同铎，

---

① 汪宁生：《云南考古》，昆明：云南人民出版社，1980。

图 5-5：昭通市昭阳区出土东汉"建初八年朱提造"铜洗（余腾松　摄影）

昭阳区出土的东汉铜洗底款，器内底阳刻"建初八年朱提造"和双鱼图案，其中"朱提"两字合文，书体古朴，具美学价值，饰双鱼形于上或之中，寓意"年年有余"，中间阳文凸显刻有大吉祥文字或年号产地。铜洗是汉代盥洗用的青铜器皿，类似后世的脸盆。圆形、宽口沿、平底或圈底，腹外常有穿环的两兽耳，器内常饰有双鱼纹寓吉祥之意。汉晋时期朱提生产的铜洗，是一个地域性的拳头品牌，当时邛都、朱提、堂狼是三大生产地。据研究统计：铸有"朱提（今昭通）""堂狼（今巧家县）"款的铜洗，约占全国著录汉洗的四分之一。

图 5-6：云南省会泽县水城出土的堂狼洗（陈秋义、蒋志龙　提供）

图 5-7：云南省会泽县水城出土的堂狼洗铺首
（蒋志龙　提供）

六曰朱笴。"

郁刀即后世所谓"大理刀"。其造法，《云南志》卷七："郁刀，次于铎鞘。造法：用毒药、虫、鱼之类，又淬以白马血，经十数年乃用，中人肌即死。俗秘其法，粗问得其由。"

南诏剑的造法，亦见于《云南志》卷七云："南诏剑，使人用剑，不问贵贱，剑不离身。造剑法：锻生铁，取进汁，如是者数次，烹炼之。剑成，即以犀装头，饰以金碧。"

浪剑则因浪人所造而得名。《云南志》卷七云："浪人诏能铸剑，尤精利，诸都落悉不如，谓之浪剑。"（《新唐书·南蛮传》所记略同）

以上四类利刃，当以铎鞘的造法最为精良，故秘不示人而"俗谓天降非人铸"[1]；其次为郁刀，虽亦"俗秘其法"，但可"粗问"而"得其由"；南诏剑乃普通之物，"不问贵贱"均可佩带，故其造法史载较为具体，系反复锻制而成；浪剑则史缺有间而仅知为"铸"成，当与郁刀和南诏剑的工艺又有所不同。归纳起来，当时已能娴熟地运用锻造、铸造、淬火（热处理）以及镶嵌金玉等多种工艺制造刀剑。至于以白马血淬火并施之毒药、鱼虫之类的秘技，其化学作用便不得而知了。唯上举造剑术问世的时间上限，尚有必要略作考察与说明。

上述各类刀剑，尽管史籍记述时多将其系于南诏时期，但若稍加推敲，便不难看出又多肇自南诏崛起之前的爨文化晚期。例如，铎鞘的由来，据《云南志》卷七说："昔时越析诏于赠有天降铎鞘，后部落破败"，铎鞘遂为南诏所得。此事详见《新唐书·南蛮传》，称开元年间越析诏主波冲死后，"部落无长，以（其）地归南诏。波冲兄子于赠持王所宝铎鞘东北渡泸，邑于怯龙河"，后被阁罗凤所击破，"于赠投泸死，得铎鞘，故王出军必双执之"。（《南诏德化碑》所载略同，且称事在天宝七载阁罗凤即南诏位之前）据此，铎鞘原是越析诏的传世之宝，后被南诏阁罗凤夺为己有。其问世的时间，必不晚于唐开元年间南诏兼并越析之时甚至更早。

---

[1]《新唐书·南蛮传》。

再如浪剑，据《新唐书·南蛮传》记载，贞元十年（794 年），唐王朝遣袁滋册封异牟寻为"南诏王"，南诏王纳贡谢恩，"献铎鞘、郁刀、浪剑"诸物。且云："浪人所铸，故亦名浪剑，王者所佩，传七世矣。"据此，浪剑的由来，更为久远。若以唐贞元十年为限，上推七代约 180 年计，时间可追溯到隋、唐之际南诏始祖细奴逻的时代。

其实，如果以历史的眼光看，铎鞘、郁刀、浪剑尤其是大众型的"南诏剑"等优质钢铁刀剑的出现，与农业生产领域内牛耕铁犁的大面积普及，不仅在时间上大致同步，而且都是爨文化时期钢铁采冶和加工技术提高发展的产物，后至南诏时期又得到了进一步的发扬光大。

三、爨区纺织业

纺织业是人类最古老的生产活动之一，几乎紧随着原始农业的萌发而产生。新石器时代出土文物中的大量陶纺轮，表明早在距今三四千年以前，云南的远古居民便开始了最初的纺织活动。延至古滇文化时期，纺织业已成为社会经济中的重要部分。此后，又经两汉之世的进一步发展，到爨文化时期也出现了百花齐放的局面。

爨文化时期的手工纺织业，是当时社会经济领域内最富于地方民族特色的产业。现谨按纺织材料分丝、麻、棉（木棉）、毛四类略述于下：

丝织　人工植桑养蚕抽丝纺织，是我国古代劳动人民最伟大的发明创造之一，在中原起源极早，相传源于远古时期的黄帝之妻嫘祖。云南偏居祖国西南一隅，丝绸的来源，考古学界讨论较少，出土文物中主要见于江川李家山铜奁（梳妆匣）和针线筒中的少许线状物，虽"经初步鉴定可能是丝线"[1]，但是否为本地产品尚在两可之间。云南的蚕桑和丝织，较早见于记录的是滇西永昌郡一带。《后汉书·西南夷列传》载："（永昌郡）土地沃美，宜五谷蚕桑，知染采文

---

[1] 汪宁生：《云南考古》，昆明：云南人民出版社，1980。

绣。"进入彝文化时期以后，《华阳国志·南中志》又说："永昌郡，有……蚕桑、绵绢、采帛、文绣。"据此，西部永昌郡当是彝区内最先开展丝绸生产的地区，并在汉晋之世便已拥有了植桑养蚕和丝绸纺织、染色、刺绣等配套工艺技术。

入唐以后，彝区的丝织业又有了更大的发展，但生产的中心已转移到洱海周围云南郡一带。据《通典》记载，唐初分布在洱海沿岸的"西洱河蛮"，已"有丝麻女工蚕织之事，出缯绢丝布，幅广七寸以下。早蚕以正月生，二月熟。"详细情况则载于《云南志》卷七："蛮地无桑，悉养柘，蚕绕树，村邑人家，柘林多者数顷，笋干数丈。正月初蚕已生，三月中茧出。抽丝法稍异于中土，精者纺丝绫，亦织为锦及绢，其纺丝为朱紫以为上服，锦文颇有密致奇彩……"根据这些记载，唐代洱海地区的丝绸生产，不仅已形成了可观的规模，而且具备了精纺绸、绫、绢、锦等多种丝织品和印染、织花、刺绣的精加工能力，虽较之内地仍有一定的差距，但在彝区内部无疑已处于领先水平。

对此，值得一提的是，据《华阳国志·南中志》记载，三国两晋时的云南郡尚居于"无蚕桑"的阶段，但到唐代即已发展到如此水平，这不能不说是彝文化时期洱海沿岸的今白族先民——"西洱河蛮"对云南丝绸发展史做出的杰出贡献与不朽功勋。

麻纺　麻纺是云南历史最悠久也最广泛的民族民间纺织活动之一，自古及今长盛不衰。考古材料表明，云南最初的纺织便是从麻纺开始的，古滇文化时期的纺织材料，也是以麻为主。[①]进入彝文化时期以后，在历史文献中频繁出现的各种被称为"布"的纺织品，大部分应是麻织物。其中，技术水平和生产工艺最高的，又当推永昌郡所产"兰干细布"。《华阳国志·南中志》载："永昌郡……有兰干细布，'兰干'，僚言纻也，织成文如绫锦。"据此，当时麻织品原料，主要是苎麻，织成的"纻"（苎麻布），质地精细、图案绚丽的近乎绫锦，堪称云南民族纺织工艺史上的一绝。

棉纺　棉纺是彝文化时期的又一地方民族传统工艺，主要以木棉（即攀枝

---

① 汪宁生：《云南考古》，昆明：云南人民出版社，1980。

花）为原料，是滇西南、滇南沿边湿热地带少数民族利用当地自然资源发展经济的创举之一。爨区的木棉织物，初期以"桐华布"为著，后为"娑罗布"，都是历史上闻名遐迩的地方民族土特产。

历史文献中有关桐华布的记载，始于东汉置永昌郡之后。《后汉书·西南夷列传》载：永昌郡"有梧桐木华（花），绩以为布。"注引《广志》曰："梧桐有白者……其华有白氄，取其氄淹渍，缉织以为布也。"爨文化初期，"桐华布"之称正式见于记录，左思《蜀都赋》曰："布有桐华，麦有桃榔。"而《华阳国志·南中志》所载最详："（永昌郡）宁州之极西南也……有梧桐木，其华柔如丝，民绩以为布，幅广五尺以还，洁白不受污，俗名曰'桐华布'。"又说："云南郡……亦出桐华布。"

入唐后，桐华布不再见于记载，代之而出现的是娑罗布。《云南志》卷七云："自银生城、柘南城、寻传、祁鲜已西，蕃蛮种并不养蚕，唯收娑罗树子破其壳，其中白如柳絮，纫为丝，织为方幅，裁之为笼段，男子妇女通服之。"（《新唐书·南蛮传》所记略同）同书卷四又说："茫蛮部落……皆衣青布短袴露骭，藤篾缠腰，红缯布缠髻，出其余垂后为饰，妇人披五色娑罗笼……"

据考证，桐华布和娑罗布均属木棉纺织品，虽两者是否为同一织物而前后名称不同尚有争议，但可以肯定的是，最迟到了唐中叶爨文化晚期，爨区西、南沿边地带的木棉纺织又有了进一步的发展，不仅产地较之汉、晋已大为拓宽，而且织物的着色技术得以推广运用，由单一本色（洁白）发展为"五色"俱全。

此外，据《后汉书·西南夷列传》和《华阳国志·南中志》记载，汉晋时期永昌郡的纺织品中，与桐华布和兰干细布齐名的，还有所谓"帛叠"（又作"百叠"），但其质地因史料所限不得其详，估计亦为木棉织物。

毛制品　爨文化时期的毛制品主要是毡，文献中往往又作"旃""罽"（音 jì）。毡的质地多为绵羊毛，但与丝、麻、棉织物不同，制作工艺是以擀、揉、压等方法使羊毛结块成形。因而从严格意义上讲，毡属毛制品而非纺织物。

据文献记录分析，毡在爨区内的生产与消费，要比丝、麻、棉织物更为广泛。史载，西晋末年封建政府在爨区腹地建宁等郡大肆搜刮，每年"入牛、金、斿、马，动以万计"①；又说唐代洱海周围地区，"蛮其丈夫一切披毡"②；而滇东南至桂西一带的"桃花人"，服饰特征亦为"披羊皮或披毡"③。说明当时的制毡业不仅产量高，而且产地覆盖面较大。当然，这显然又是与爨文化时期牧业经济发达、畜牧民族人数众多、分布范围广密切相关。毡的种类，除一般的羊毛毡之外，据记载还有"朱罽"和"罽斿"等特殊品种。其中，"朱罽"乃猩猩血染成，工艺较为独特；"罽斿"的特点，以"斿"通"牦"推论④，则当属牦牛毛制品。

四、爨区商贸业

商业贸易是社会经济的有机成分之一，对促进生产发展、活跃经济生活具有不可低估的积极作用。爨文化时期的商业贸易，虽历史文献记载较少，但总的说来，也在古滇文化的基础上有了较大的发展。其时代特征和主要表现如下：

（一）水陆交通的进一步畅通

云南地处青藏高原与中南半岛结合部的内陆腹心地带，境内地形复杂，山川起伏，河流纵横而自古交通不便，故水陆通道的开凿与疏通，历来就是沟通内外交往联系和进行商业贸易的基础与前提之一。据研究，早在公元前三四世纪的古滇文化中期，活动在西南地区的古代居民，便已在崇山峻岭和巨津大川之间，开通了以"蜀—身毒（印度）道"、蜀—交趾（越南）道"和"庄蹻故道"三大干线为框架的古"西南丝绸之路"交通网络，并开始了我国历史上最早的陆上对外贸易和滇、蜀、巴、黔、楚之间的区间贸易。（图 5-8 至图 5-11）

降及爨文化时期，尽管北部巴、蜀地区长期动荡不安，政权频繁更替，爨区内部也出现了爨氏称雄和诸大姓割据的局面，但内外交通与商贸往来并未因

---

① （晋）常璩撰，刘琳校注：《华阳国志·南中志》，第363页。
② （唐）樊绰著，赵吕甫校释：《云南志校释》卷八，第288页。
③ 见樊绰：《云南志》卷四。
④ 《正字通》："斿牛亦作牦牛。"

图5-8：滇南胜境关（范建华　摄影）
南北朝时期天下纷争，南中地区在爨氏统治之下相对中原较为稳定，域内交通得到较大发展。从庄蹻开滇就
一直沿袭至今的滇黔古道，在爨氏核心区内起到了连接东西的干线作用，亦成为后世云南通往中原的主要官
道。云南富源县胜境关的关城、驿道、驿站、关楼至今保存完备，是一座活态的中国交通博物馆。

此而中断，相反还有了一定的发展。其中，最突出的又是红河航道——"步头
路"的开辟与通航。

红河为贯通中、越两国并可由云南腹地直航南中国海的国际水道，发源于
今滇西祥云县和巍山县，上游称礼社江，中、下游分别称元江和红河，自滇东
南流经今越南北部，最后注入北部湾。据中、越两国历史文献记载，由北部巴、
蜀地区取道滇中、滇东南通往今越南北部（古称"交趾"，汉唐时属我国版图）
的陆路通道，最迟不晚于周赧王五十八年（前257年）便已开通[1]，是为"西南
丝路"东部干线之一的"蜀—交趾道"。

---

[1]《水经注》引《交州外域记》云："交趾，昔未有郡县时，土地有雒田，民垦食其田……后蜀王子将
　兵三万来讨……称安阳王。"《越史通鉴纲目》亦云："周赧王五十八年，蜀王子灭文郎国，称安
　阳王。"

图 5-9：滇南胜境驿（范建华　摄影）

相形之下，红河水道的通航要晚得多。根据有关资料分析，对红河水道的开发，虽东汉初年便已有人提及（即"马援上书"），但延至爨文化初期其开通航运的情况才明确见于记录。较早的如《晋书·陶璜传》称，西晋武帝太康元年（280 年）晋灭吴统一后，曾下令裁减天下州、县兵，陶璜上书说："宁州兴古，接据（红河）上流，去交阯郡千六百里，水陆并通，互相维卫，州兵未宜约损，以示单虚。"据此，当时红河航道业已畅通，故陶璜作如是议论。

入唐后，红河航道称"步头路"并大量见诸史籍，如《云南志》卷一说："从安南上水至峰州两日，至登州两日……至贾勇步五日。已上二十五日程，并是水路。"同书卷六又说："通海城南十四日程至步头，从步头船行沿江三十五日程出南蛮……"据方国瑜先生考证，"贾勇步"和"步头"分别为红河航道上

图 5-10：滇南胜境关关楼（范建华　摄影）

图 5-11：滇南胜境关门洞（范建华　摄影）

的两大水陆码头，位于今河口、元江两县。^①由安南（今越南河内）溯水而上，至贾勇步（今河口）登陆可辗转滇东南各地，若继续沿江上行抵达步头（今元江），便进入了爨区腹地。

红河航道的开通，是云南古代交通史上的一大盛事，不仅在"蜀—交趾道"的基础上又开辟了一条对外交通的大动脉，而且打通了由爨区腹地通往外部世界的出海口，对于沟通两爨地区与南部交趾—安南一带直至海外的交往联系和商贸往来，都具有重要的历史意义。

另据历史文献的记载，与红河航道开通的同时或稍前，在取道爨区西部永昌郡通往今缅甸、印度诸国的"蜀—身毒道"下段，也开通了一条连接印度洋的出海通道，并有西方商人泛海而来。这条水道，与红河航道并见于《三国志·魏书·乌丸鲜卑东夷传》裴松之注引《魏略》，云："大秦（古罗马帝国）道既从海北陆通，又循海而南，与交趾七郡外夷比，又有水道通益州、永昌，故永昌出异物。"惟其走向，限于史料而不得其详，据史念海先生考证，即今缅甸伊洛瓦底江航道。^②

（二）商业贸易的持续发展

爨文化时期，随内外交通的进一步畅通和农业、牧业尤其是手工业的全面繁荣，爨区的商业贸易亦持续发展，并集中体现在以下几个方面：

一是交易品种明显增多。据记载，古滇文化时期的商业贸易，主要是向北部巴蜀地区输出牛、马等大牲畜和"僰僮"（僰人奴隶），同时输入铁器（包括原材料）和"蜀布"等纺织品并部分转口海外。降及爨文化时期，综合有关资料的记载，爨区对邻近地区和海外的贸易，交易品种至少已发展成为畜产品、矿冶产品、纺织品以及中药材等若干门类。其中，除输出畜产品为传统项目之外，其余多为新增品种，特别是各类有色金属制品、原料和桐华布、兰干细布等棉、麻织物，以及升麻、附子、麝香等中药材，都是当时蜚声海内外的名、

①　方国瑜：《滇史论丛》第一辑，上海：上海人民出版社，1982。

②　见史念海：《河山集》，西安：陕西师范大学出版社，1999。

特、优产品。而尤其值得一提的是，堂狼出产的铜、镍合金白铜，曾被辗转贩往波斯，称为"中国石"①，并在中亚、西亚乃至南欧地区产生过一定影响。与此相反，琉璃、轲虫（海贝）、蚌蛛（珍珠）、珊瑚等来自海外的"异物"，又沿古"西南丝绸之路"源源不断输入爨区并转口内地，爨区西部的重要商埠永昌，遂由此而名噪一时。

二是本地商人开始出现。据记载，秦汉时活动在古"西南丝绸之路"上的主要是巴蜀商人，如西汉初年的滇、蜀贸易，据《史记·西南夷列传》载，乃是"巴、蜀民或窃出商贾，取其筰马、牦牛、僰僮……"而西汉中叶澜沧江、怒江西岸"滇越"地区对缅、印地区诸国的商贸，也主要是"蜀贾奸出物者或至焉"②。进入爨文化时期以后，巴、蜀商人"一统天下"的局面被打破，并逐渐形成了巴蜀商贾、本地商人与印、缅等外籍侨商三分天下的新格局。其中，最值得称道的又是本地商人开始出现并明确见于记录，早期如《华阳国志·南中志》所载活动在僰道、朱提和南中首府味县之间的五尺道上的"庲降贾子"。入唐以后，又有往来于河赕（今大理）、永昌、腾冲直至今缅北一带"蜀—身毒道"中、下段的"河赕贾客"③，等等。这些本地各民族商人的出现，不仅壮大了"西南丝绸之路"上商人队伍的阵容，而且自此揭开了云南商贸史的新篇章。以后，滇籍商贾与云南地区的商贸事业同步发展，并最终于南诏、大理国时期开始在商贸领域内占据了主导地位。

三是地方市场初步形成。市场是商品交易的载体和场所，爨区商业贸易的发展，除交易品种的增多和本地商人的出现之外，地方市场的初步形成也是最显著的标志之一。市场在云南地区的起源和发展，最初的形态为古滇文化时期出现的农贸集市，"即以'赶街子'的方式交换剩余的农副产品"④，以后随社会经济的发展，到爨文化时期遂形成了一系列区域性的地方市场，其中较典型的

---

① 汪宁生：《中国西南民族的历史与文化》，昆明：云南民族出版社，1989。
②（汉）司马迁：《史记·大宛列传》，第3166页。
③ 见樊绰：《云南志》卷三。
④ 汪宁生：《云南考古》，昆明：云南人民出版社，1980。

又当推食盐市场的出现。如前所述，食盐是人、畜所必需的矿物质，但食盐的生产需要具备相应的矿脉和专门的设备与技术，因而对大多数人来说，难以实现自给自足而必须依赖交换和市场。于是，在爨区内部，便率先出现了以盐井为中心的区域性地方市场。著名的如三国两晋之时的连然（安宁）盐井，史称"南中共仰之"，即整个南中大部分地区依赖其供给食盐。从理论上讲，这已经是一个较完整意义上的区域性地方专业市场。

进一步说，在爨区内部，地方市场尚远不限于井盐的产地市场连然（安宁）一城，据记载还有分布在"西南丝绸之路"交通网络沿线的步头、永昌、朱提、晋宁以及南中首府味县（今曲靖市麒麟区）等，也都是当时重要的水陆商埠或具有地方市场功能的中心城市。正是由于这些地方市场的存在及频繁的商贸往来，爨区内部各地区各民族之间，打破了地域、民族、经济类型以及政治因素的界限而结为区域性的整体，并为后世更大范围和交往联系更为密切的区内统一市场的形成奠定了基础。

（三）交易方式与交易媒介的多样化

爨文化时期的商品交易，从历史文献的零星记载看，主要方式当以易货贸易即物—物交换为主，同时辅以缯帛、海贝等作为交换媒介而呈现出多样化的特点。

缯帛是当时充当一般等价物的交易媒介之一，主要见于《云南志》卷八的记载："本土不用钱，凡交易缯帛、毡罽、金银、瑟瑟、牛羊之属，以缯帛幂数计之，云某物色值若干幂。"在这里，缯帛不仅是拥有价值和使用价值的普通商品，而且在交换中具有价值尺度和流通手段等特殊功能，已明显地具备了货币的基本属性。

以海贝作为交换媒介，则见于《新唐书·南蛮传》："以绵帛及贝市易，贝大若指，十六枚为一觅。"根据这一记载，海贝与缯帛一道，都是当时较为通行的交换媒介。但对其在云南地区的流通，学术界有较大争议。部分学者据晋宁石寨山、江川李家山等古滇文化考古遗址出土的大量海贝及历史文献的记载认定，云南以贝作为货币，"上自两汉，下迄明代"而相循不绝；另一部分学者则认为，贝币源于唐中叶以后的南诏时期，"以前只作为装饰品使用，还没有作为货币"。[①] 两种观点都有各自的根据和理由，故对此还有待进一步讨论。不过可以肯定的是，即使是迟至南诏时期贝币才流通起来，在此之前也必然有一个发展过程，时间当不晚于爨文化后期。

此外，据考古学界报告，在滇东北、滇东以及滇中一带的不少汉、晋古墓"梁堆"中，都曾有过数量不等的古钱币出土。其中，"钱币以五铢钱为最多，也有少量货布、大泉五十、直百五铢"[②]，反映了当时内地货币在爨区内也有一定程度的流通。特别是"直百五铢"，据考为蜀汉初年以来的新币种，故其流入南中的时间上限必不早于爨文化初期，唯其流通使用情况，则限于史料而不得其详了。

综上所述，爨区的工商业，与兴旺发达的农、牧业同步，也展现出百花齐放的繁荣局面。其中，在社会经济中占有特殊地位的井盐业，历来以西爨重镇安宁盐井为中心，开采技术和生产规模均已十分可观。矿冶业亦以东部两爨地区为重心，滇东北的铜、滇东南的锡和滇中的铁，构成了爨区矿冶业的三大支点，并由此确立了矿冶生产在云南经济结构中的显著位置和矿区分布的基本格局。与此同时，滇东北白铜的问世，滇西黄金开采技术的更新，以及洱海地区钢铁刀剑制造技术的进步，标志着云南矿冶业的发展已完成了历史性的突破而达到了又一个新的高度。纺织业则始终以爨区西部相对领先，永昌地区的兰干细布、桐华布、帛叠，以及后来居上的洱海区域的丝绸，都是民族民间纺织工艺百花园里的奇葩。商业贸易发展的标志和时代特征，则集中表现为以红河水道通航为代表的内外通道的进一步畅通，交易品种明显增多，本地商人开始出现，地方市场初步形成，以及交易方式和交换媒介的多样化，等等。

---

① 方国瑜：《滇史论丛》第一辑，上海：上海人民出版社，1982。
② 孙太初：《云南"梁堆"墓之研究》，见云南省博物馆编《云南铁器时代文化论》，昆明：云南人民出版社，1992。

第六章

爨区文化

第一节 爨区文化的文化学思考

在云南文化发展史上，一般认为主要有秦汉时期的古滇文化，魏晋南北朝至唐中叶的爨文化和唐宋时期的南诏、大理文化。进行这样的概括，实质上是侧重于一定历史时期的文化所呈现出的独特性。具体而言，古滇文化是侧重于考古学范畴的滇池区域所呈现出来的青铜文化的独特性；南诏、大理文化也是偏重南诏、大理政权时期，统治区域内文化的独特性；同样，爨文化也是指爨氏统治区域内文化所呈现出的独特性。将三种文化的命名相比较，就不难发现其涵盖和界定了一定的区域，同时也强调了文化创造者的一定族属的代表性，这种代表性更多地是以统治者的族属来确定的。从这个意义上说，爨文化也就是以爨氏家族为代表的民族群体在爨区内所创造的文化的总和。

对于爨文化的把握，学术界说法不一。或认为是以氏文化为基调，融合了濮人和僰人的文化，又深受汉族文化的影响。或界定为爨氏统治南中时期，该地各民族所创造之一切物质文化与精神文化之总和，其表层文化是汉式文化，中层文化是夷叟文化，深层文化是濮越文化。或界定为汉文化和土著文化以横向联合方式有界线地并存，局部出现融合。或认为是以夷文化为代表的地方性文化。但不管怎样界定，谁都无法否认土著文化和汉文化在局部地区和文化的某些层面发生联系的历史事实。为了说明这一历史事实，下面进行纵向描述和一些动态性的分析。

青铜文化时代，在滇池区域，由于滇王归顺西汉王朝，汉武帝设益州郡辖24县，首府定于晋宁，汉文化便逐步进入滇池区域，并呈加大趋势。反映在考古材料上，就是大量汉式器物出土于滇王族的墓葬中。具体而言，晋宁石寨山二期、三期墓，江川李家山二期墓，出土了大量的汉式器物。墓葬时代越晚，汉式器物的数量也越多。至西汉末和东汉初，墓葬出土的器物与中原地区基本相同。值得注意的是，这些汉式器物表现出以下两个特点：一是汉式器物往往与其他区域性特色浓厚的青铜器物共存于一个墓葬中；二是有些纯汉式器物应属于滇人仿制。根据这两个特点，可知道滇人的上层社会已经接受了汉族文化，而不仅仅是政治上的归顺。同时，滇人对汉文化的认同，并非本族文化与汉文化融合后的认同，因为本族文化特征的器物与汉文化特征的器物是迥然有别的。这种认同为滇池区域的滇人认识汉文化提供了契机，同时也为汉文化向更广大的区域影响土著民族提供了条件。征之文献，文齐在益州"造起陂池，开通溉灌，垦田二千余顷"①，益州之民"咸赖之"。其"民"之中当包括土著民族。同时，文齐还"率厉兵马，修障塞，降集群夷，甚得其和"②。"夷和"现象的出现，正是汉族文化与土著文化融合所需要的良好的外部环境。但"夷和"现象并不代表没有反抗，由于汉族官吏"赋敛民财什取五"，"苛施一切之政"，故土著民族"杀郡守""杀略吏人"之事也时有发生。

进入东汉以后，汉族政权常常威恩并用，军事征服和安抚"化夷"两种方式并举。建武二十三年（47年），汉军大破哀牢夷，哀牢首领谓耆老曰"汉威甚神"，并遣使"归义贡奉"。但这次讨伐，汉王朝乃是就地"募发越巂、益州、永昌夷汉九千人讨之"，与西汉及王莽时期调集巴蜀、南阳诸地军队前来镇压的做法明显不同，实为联合夷人组成军队。这对进入军队的夷人理解和认同汉族文化，从而实现融合是十分有利的。在军事征服的同时，还强调在南中郡县任职官吏"化行诸夷""开晓殊俗"的作用，"先是，西部都尉广汉郑纯为政清絜，化行夷貊，君长感慕，皆献土珍，颂德美……夷俗安之"③。惠栋曰："《华阳国志》云纯独清廉，毫毛不犯，夷汉歌咏。"越巂太守张翕"政化清平，得夷人和。在郡十七年，卒。夷人爱慕，如丧父母"，以至于安帝元初六年（119年）

①（宋）范晔撰，（唐）李贤等注：《后汉书·西南夷列传》，第2846页。
②（宋）范晔撰，（唐）李贤等注：《后汉书·西南夷列传》，第2846页。
③（宋）范晔撰，（唐）李贤等注：《后汉书·西南夷列传》，第2851页。

平定卷夷大牛种的反叛后，张翕之子张湍继任越巂太守时，"夷人欢喜，奉迎道路，曰：'郎君仪貌类我府君。'后湍颇失其心，有欲叛者，诸夷耆老相晓语曰：'当为先府君故'"①。东汉顺帝时，益州刺史种暠"在职三年，宣恩远夷，开晓殊俗，岷山杂落皆怀服汉德"，白狼等也"复举种向化"②。但由于封建官吏在本质和目的上都是要以汉文化来"化行诸夷"，所以对官吏个人人格的认同，就成为文化融合的前提和契机。然而，官吏个人对"抚夷"和"治夷"的把握是存在着差距的，因此这种融合媒介具有相当的不稳定性。缺乏有效的手段来制约官吏的个人行为和个人喜好，"夷和"的情势也就不稳定。

　　三国初年诸葛亮率军平定南中后，实施其《隆中对》中提出的"南抚夷越"的政策。一是劝令南中大姓"出金帛，聘策恶夷为家部曲，得多者奕世袭官，于是夷人贪货物，以渐服属于汉"③；二是"诸葛亮乃为夷作图谱。先画天地、日月、君长、城府；次画神龙，龙生夷及牛、马、羊；后画部主吏乘马幡盖，巡行安恤；又画（夷）牵牛负酒，赍金宝诣之之象，以赐夷，夷甚重之"④，利用直观的形式将汉族与土著民族的统治方式融会在一起，从而使两种不同的文化融合。除此之外，也沿用汉以来通常采用的官吏"化行诸夷"的方式，如董和"迁益州太守……与蛮夷从事，务推诚心，南土爱而信之"⑤，马忠"处民夷之间……处事能断，威恩并立，是以蛮夷畏而爱之"⑥。

　　与汉族政权和汉族官吏所采取的策略和措施有别的是居于云南而成为大姓的汉族上层的做法。他们由于十分熟悉土著文化和心态，所以能利用土著文化来达到自己的目的。如孟获"为夷、汉所服"，当"益州夷复不从闿"时，"闿使建宁孟获说夷叟曰：'官欲得乌狗三百头，膺前尽黑，螨脑三斗，斲木构三丈

① （宋）范晔撰，（唐）李贤等注：《后汉书·西南夷列传》，第2854页。
② （宋）范晔撰，（唐）李贤等注：《后汉书·西南夷列传》，第1827页。
③ （晋）常璩撰，刘琳校注：《华阳国志·南中志》，第357页。
④ （晋）常璩撰，刘琳校注：《华阳国志·南中志》，第364页。
⑤ （晋）陈寿撰，（宋）裴松之注：《三国志·蜀书·董和传》，第979页。
⑥ （晋）陈寿撰，（宋）裴松之注：《三国志·蜀书·马忠传》，第1049页。

者三千枚，汝能得不？'夷以为然，复从阁"①。又如雍闿为达到目的，假鬼教曰："张裔府君如匏壶，外虽泽而内实粗，杀之不可，缚与吴。"②。

采取措施有差的原因，主要是大姓所处的环境已不同于内地，面对与之处于同一区域的土著，必须熟悉、掌握当地土著文化，以实现两种异质文化的调适、共处，达到生存的目的。因此，遍查仅有的文献，很少看到当地少数民族反抗大姓或大姓采取武力征服土著民族的记载。相反，郡县官吏则多是游宦云南，不受生存目的的制约，所以熟悉土著文化与否，常取决于官吏个人的认识和个人的修养。当然，其采取的方式也就缺乏稳定性。

降及晋世，由于西晋王朝推行"攘夷"政策，对少数民族"专权威刑，鞭挞殊俗"，大肆"征伐诸夷"，引起反抗，"破坏郡县，没吏民"，"攻围州城"，一时间郡县政权与"夷人"的矛盾急剧恶化。当然也有一些明智的汉族官吏，利用土著"其俗征巫鬼，如诅盟，投石结草"的习俗，常以"诅盟要之"或"共盟此社（明月社）"③，以缓解与土著之间的矛盾，但已无补于大局。

与此不同的是，大姓与当地夷人的关系却更加融洽，具体又表现在"遑耶"关系的缔结上。《华阳国志·南中志》说："与夷为姓曰'遑耶'……世乱犯法，辄依之藏匿。或曰：有为官所法，夷或为报仇。与夷至厚者谓之'百世遑耶'，恩若骨肉，为其逋逃之薮，故南人轻为祸变，恃此也。""遑耶"关系缔结之后，责任和义务也随之出现。原来依靠郡县政权的大姓转向与夷人上层通婚，借用"晋弱夷强"的优势"轻为祸变"，摆脱郡县政权的"绳纪"，形成文化上保持原有传统，政治上摆脱郡县政权控制的局面。具体的例证如大姓李睿被杀之后，其"遑耶"夷帅于陵承大怒，与毛诜之"遑耶""扇动谋反"④，重创晋军。此外，史载晋世"南人言论，虽学者亦半引'夷经'"⑤。联系上下文意，此"南人"应

①（晋）常璩撰，刘琳校注：《华阳国志·南中志》，第352页。
②（晋）常璩撰，刘琳校注：《华阳国志·南中志》，第351页。
③（晋）常璩撰，刘琳校注：《华阳国志·南中志》，第364页。
④（晋）常璩撰，刘琳校注：《华阳国志·南中志》，第370页。
⑤（晋）常璩撰，刘琳校注：《华阳国志·南中志》，第364页。

指徙居南中的汉族移民。由此可知，南中大姓对土著语言的熟悉程度很高。一旦语言不再成为障碍，文化交流的进程和文化融合的程度也就加快加深了。

南北朝时期，云南仍是"蛮夷众多，齐民甚少"，且所管群蛮"不识教义"，因而内地王朝派来的官吏也只能沿袭前朝之法，"推心抚慰，示以威德"，致使"夷僚感之，风俗遂改"。但遍查史载，内地王朝忙于改朝换代，烽烟四起，真正派遣并进入云南的官吏屈指可数。而且，爨氏家族早已称雄南中，封建王朝对云南的影响力减弱到最低限度。爨氏家族之所以能独统南中，除了内地王朝无暇顾及和两晋官吏挑起大姓火并，使爨氏家族有机会扩充地盘外，更深层也更主要的原因应该是大姓与土著上层的关系以及采取的措施得当有关。实际上，自汉而至隋初，郡县政权与大姓在对南中的争夺上，前者逐渐弱于后者，最后造成爨氏独统南中就是事在必然的。同时，根据这样的历史演变轨迹的规律，也就注定了以爨氏家族为代表的地域性文化——爨文化一开始就是以文化融合为其最典型的特征的，当然也注定了其融合的程度是十分有限的。因为爨氏独统南中，与内地的封建王朝若即若离，从而具有相当强的封闭性。一方面是爨氏所传习的汉文化缺乏新鲜血液的注入，严重滞后且双方通婚后后代处于双重文化的氛围之中，稳定性不强，借用夷文化并吸收夷文化的趋势突现；另一方面夷人的势力虽未居统治地位，但与大姓有"遑耶"关系且势力极强，客观环境存在汉族逐步与夷化的趋势。然而，重新统一中国的隋朝势力力图打破这种态势，最初也为爨氏所接受，但终无结果。唐朝政权试图进入南中时，曾一度扶持爨氏，但不久便被吐蕃的军事行动打断了。

由于爨氏统治时期所形成的上述文化态势，土著民族虽不像两汉时期那样有部落联盟形成的"王侯"和"夷帅"，但却在获得比较轻松的外部环境后，继续保持着自己的文化传统，且有一定的发展。与此同时，土著上层和靠近爨氏统治核心区域的土著下层群众也逐步与以爨氏为代表的汉族移民及其后裔进行融合。这里需要说明的是，学术界通常把爨氏统治区域的文化和以爨氏为代表的文化等而视之，从而以广大的统治区域内的各种文化类型、文化差异来断定爨文化的形态和内涵，得出爨文化性质的种种结论。事实上，文化与区域虽肯定是有密切联系的，但又不能完全等同起来。因为云南地理环境差别甚大，爨氏家族统治的中心区或分中心区都在平坝，而山区则多为土著，其虽然在政治上归顺于爨氏，但文化上却不可能完全归属于爨氏家族所保有的文化，自然也就不可能用爨氏家族在平坝地区保有的文化来指代山区土著的文化，反之亦然。

综此，我们不赞成把爨文化说成是一个区域性的文化整体，而是根据历史事实，把爨文化的构成分为汉族文化、汉族文化与土著文化的融合体和土著文化等三个部分，三个部分合起来方可称为爨文化，否则对爨文化的概括和描述便是不完整的。因此，在下列章节中具体论述爨文化时期的文学艺术、宗教、习俗等方面的内容时，都将把爨文化的三个组成部分贯穿始终。至于学术界在传承关系上把爨文化界定为一种上承古滇文化、下启南诏大理文化的区域性地方民族文化的观点，我们认为也有道理，并将在具体论述爨文化的文学、艺术、宗教、习俗等问题时加以阐释，予以证明。

第二节　爨文化时期的文学艺术

爨文化时期的文学艺术方面的材料特别少，最重要也最能反映爨区文学艺术水平的首推曲靖东晋《爨宝子碑》（图 6-1 至图 6-3）和陆良刘宋《爨龙颜碑》。

《爨宝子碑》，碑高 1.83 米，宽 0.68 米。碑文共 13 行，每行 30 字，碑额 15 字，碑尾有题名 13 行，每行 4 字，均正书。现据原碑录文于下：

晋故振威将军建宁太守爨府君之墓

君讳宝子，字宝子，建宁同乐人也。君少禀瑰伟之质，长挺高邈之操，通旷清恪，发自天然，冰洁简静，道兼行苇。淳粹之德，戎晋归仁，九皋唱于名响，束帛集于闺庭。抽簪俟驾，朝野咏歌。州主簿治中别驾举秀才本郡太守，宁抚氓庶，物物得所。春秋廿三，寝疾丧

图 6-1：爨宝子碑（范建华 摄影）

现存于云南省曲靖市第一中学校园内的《爨宝子碑》在中国书法艺术史上是由隶向楷过渡的实物标志，被康
有为称为"古今神品第一"。1961 年被列为第一批全国重点保护文物，有重要的史料价值和文化价值。

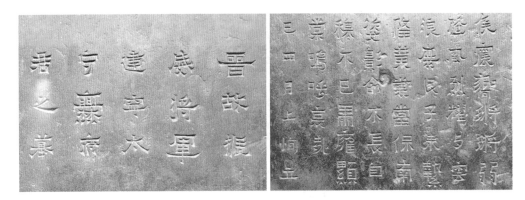

图 6-2：《爨宝子碑》碑文局部（范建华　摄影）

图 6-3：位于曲靖市第一中学校内的爨碑亭

官，莫不嗟痛，人百其躬。情恸发中，相与铭诔，休扬令终，永显勿翦。其辞曰：

山狱吐精，海诞陼光。穆穆君侯，震响琳琅。弱冠称仁，咏歌朝乡。在阴嘉和，处渊流芳。宫宇数刃（仞），循得其墙。馨随风烈，耀与云扬。鸿渐羽仪，龙腾凤翔。矫翮凌霄，将宾乎王。鸣鸾紫闼，濯缨沧浪。庶民子来，挚维同响。周遵绊马，曷能赦放。位才之绪，遂居本邦。志邺方熙，道隆黄裳。当保南岳，不骞不崩。享年不永，一匮始倡。如何不吊，歼我贞良。回枪圣姿，影命不长。自非金石，荣枯有常。幽潜玄穸，携手颜张。至人无想，江湖相忘。于穆不已，肃雍显相。永维平素，感恸忾慷。林宗没矣，令名遐彰。爰铭斯诔，庶存甘棠。呜呼哀哉！大亨四年岁在乙巳四月上旬立。

主簿扬磐

录事孟慎

西曹陈勃

都督文礼

都督董彻

省事陈奴

省事杨贤

书佐李仿

书佐刘覍

幹吏任升

幹吏毛礼

小吏杨利

威仪王□

《爨宝子碑》碑铭文辞典雅，讲究对仗、声律，辞章华丽，语意流畅，且音韵铿锵，节奏感强，具有较高的文学造诣。整个碑文采用骈体笔法，叙述职官及事迹，应用散句，初具四六格的雏形。铭文部分多用"四四"，句式整齐，颇具六朝风采。

《爨宝子碑》的主要成就还是在书法艺术上。该碑自出土以来，研究者颇多，评价褒贬不一，但褒者居多。其中以康有为、李根源的品鉴最具代表性。康有为《广艺舟双楫》认为，《爨宝子碑》"上为汉分之别子，下为真书之鼻祖"，体在"隶楷之间，可以考见变体源流"，书法的美学特征和艺术成就"端朴若古佛之容，厚重古拙；体势飞扬，用笔如长枪在戟，直来直往，沉着而痛快"。李根源则说："字体似郛休、谷朗，而下笔刚健如铁，姿媚如神女，非郛、谷所及，亦古今碑志中之创格。"① 康、李二人都敏锐地观察到了《爨宝子碑》所体现出的美的对立统一，即端朴古拙与体势飞扬，刚健如铁与姿媚如神女的结合统一，印证了古希腊赫拉克利特所说的"互相排斥的东西结合在一起，不同的音调造成最美的和谐，一切都是斗争所产生的"。

具体而论，粗重厚实和刚健如铁是通过强化三角点、折弯与横画两端的"雁尾"的方强，使锋芒外露，同时通过"善用曲"，夸张撇、捺及竖画下端形成浑厚圆转的曲弧大挑钩，达到飞扬和姿媚的效果，从而在点画的方强与圆弧曲线的用笔中达到对立统一的美。

字的结构，不求平稳、匀称，反而在字的某一部分随意夸大，从而出现减笔，头重脚轻，左小右大，或反之，失当失法，却又稚拙可爱。

章法方面，远看行间匀称，间隔清晰；细观则字大小无规，斜正无度，宽窄无则，其节奏韵律却动人心魄。

整碑结构，序辞部分体势浑圆，活泼多姿，"善用曲"，多隶意。正文后半部分及尾部题名体势方整拘谨，方折顿挫，少曲致，多楷意；正文前半部分及碑额，似隶非隶，似楷非楷。整碑风格求同存异，感情和笔力相融，达到顺乎自然的境界。

总之，《爨宝子碑》通过局部的夸张、强调和变形，使书法中的曲致、方

_____

① 李根源：《滇碑题跋·爨宝子碑》，见《曲石文录》。

图 6-4：《爨龙颜碑》碑首（王洪斌　提供）
《爨龙颜碑》的形制，完全体现出深厚的汉文化特色，又不失南中鲜明的
地域特点，青龙、白虎、朱雀、玄武和碑穿表现得栩栩如生，书家与刻家
均具有深厚的文化素养和艺术修养。整碑就是一个浑然一体的艺术瑰宝，
体现出独特高超的技艺水准。

圆、斜正、刚柔、动静推向极致，从而形成对立统一的独特的艺术风格，形成
《爨宝子碑》总的美学特征——朴拙美。

较《爨宝子碑》晚 53 年的《爨龙颜碑》（图 6-4、图 6-5），碑高 3.38 米，
宽 1.46 米。碑首有双蟠龙纹，其下有一穿，左右各有日纹和月纹，日中刻踆鸟，
月中刻蟾蜍。碑额 24 字，碑文共 24 行，每行 45 字，碑阴有题名。现据拓片将
全碑抄录如下：

宋故龙骧将军护镇蛮校尉宁州刺史邛都县侯爨使君之碑[①]

君讳龙颜，字仕德，建宁同乐县人。其先世则少昊、颛顼之玄胄，
才子祝融之渺胤也。清源流而不滞，深根固而不倾。夏后之盛，敷陈
五教，勋隆九土。纯化洽于千古，仁功播于万祀。故乃耀辉西岳，霸

---

① 原文参见方国瑜主编：《云南史料丛刊》第一卷，第236–239页。

图 6-5：爨龙颜碑（范建华　摄影）

王郢楚，子文铭德于春秋，班朗绍踪于季叶。阳九运否，蝉蜕河东，逍遥中原。班彪删定《汉记》，班固述修《道训》。爰暨汉末，采邑于爨，因氏族焉。姻娅媾于公族，振缨蕃乎王室。乃祖肃，魏尚书仆射、河南尹，位均九例，舒翮中朝。迁运庸蜀，流薄南入，树安九世，千柯繁茂，万叶云兴。乡望标于四姓，邈（邈）冠显于上京。瑛豪继体，于兹而美。祖，晋宁、建宁二郡太守、龙骧将军、宁州刺史。考，龙骧辅国将军、八郡监军、晋宁建宁二郡太守，追谥宁州刺史、邛都县侯。金紫累迹，朱黻充庭。君承尚书之玄孙，监军之令子也。容貌玮于时伦，贞操超于门友。温良冲挹，在家必闻。本州礼命主簿，不就，三辟别驾从事，史正式当朝，靖拱端右。仁笃显于朝野，清名扇于退迩。举义熙十年秀才，除郎中。相征西镇，迁南蛮府行参军，除试守建宁太守。部符本邦，衣锦昼游，民歌其德，士咏其风，于是贯伍乡朝，本州司马长史。而君素怀慷慨，志存远御，万里归阙，除散骑侍郎。进无怵容，退无愠色，忠诚简于帝心，芳风宣于天邑，除龙骧将军、试守晋宁太守。轺车钺斧，金章紫绶，荣戟幢幰，袭封邛都县侯。岁在壬申，百六遘衅，州土扰乱，东西二境，凶竖狼暴，缅戎寇场。君收合精锐五千之众，身伉矢石，扑碎千计，肃清边嵎。君南中磐石，人情望归，迁本号龙骧将军、护镇蛮校尉、宁州刺史、邛都县侯。君姿英雄之高略，敦纯懿之弘度，独步南境，卓尔不群，虽子产之在郑，蔑以加焉。是以兰声既畅，福隆后嗣者矣。自非恺悌君子，孰能若斯也哉！昊天不吊，寝疾弥笃，享年六十一，岁在丙戌十二月上旬薨。黎庶痛悼，宋夷伤怀，天朝远感，追赠中牢之馈也。故吏建宁赵次之、巴郡杜长子等，仰怀仁德，永慕玄泽，刊石树碑，褒尚然烈。其颂曰：

巍巍灵山，峻高迢递。或跃在渊，龙飞紫闼。邈邈君侯，天姿瑛哲。缙绅踵门，扬名四外。束帛戋戋，礼聘交会。优游南境，恩沾华裔。抚伺方岳，胜残去煞。悠哉明后，德重道融。绸缪七经，骞骞匪躬。凤翔京邑，曾闵比踪。如何不吊？遇此繁霜，良木摧枯，光辉潜藏。在三感慕，孝友哀伤。铭尔玄石，千载垂功。

祖已薨背，考志存铭记，良愿不遂，奄然早终。嗣孙硕子等及乎哀感，仰寻彝训，永慕高踪，控勒在三，仲秋七月，登山采石，树立玄碑。表殊勋于当世，流芳风于千代。故记之。

宁州长子骥弘早终，次第骥绍、次弟骥暄、次弟骥崇等，建树此碑。

大明二年，岁在戊戌，九月上旬壬子朔，嗣孙硕□、硕□、硕□、硕万、硕思、硕罗、硕闳、硕俗等立。

匠碑，府主簿益州杜苌子

文，建宁爨道庆作

（以下为碑阴题名）

府长史建宁爨道文

司马建宁爨德文泯

录事参军武昌郡尉刘觐

功曹参军建宁孟庆伦

仓曹参军建宁爨□登

户曹参军建宁周贤

中兵参军雁门郡王□文

（谨按：上七人上层前排）

府功曹建宁爨□

主簿建宁赵道生

（谨按：上二人上层中排）

别驾建宁爨敬祖

治中晋宁赵世伐

主簿建宁爨德□

主簿建宁孟叔明

西曹益宁杨琼子

西曹晋宁路雄

（谨按：上六人上层后排）

镇蛮长史建宁爨世明

司马建宁叶顺清

录事参军建宁毛玮予

功曹参军朱提李融之

仓曹参军牂柯谢国予

户曹参军南广杨道育

中兵参军建宁爨孙记

（谨按：上七人中层前排）

蛮府功曹建宁李□祖

主簿建宁孟令孙

主簿建宁孟顺德

（谨按：上三人中层中排）

门下建宁爨连迫

录事弋阳郡舒征

西曹建宁周令活

户曹建宁陈世敬

省事安□舆稚□

书佐建宁孟罗

幹张孙明

（谨按：上七人中层后排）

录事孟林

西曹刘道善

户曹尹仲常

记室张叔熬

朝直张世保

麾下部督王道盈

□□彦头

□□□文

□□康

（谨按：上九人下层前排）

门下张得

录事万敬

西曹尹开

户曹耒叔子

省事李道学

书佐单仲

幹盛庆子

（谨按：上七人下层后排）

《爨龙颜碑》的文学成就，前人已有评说："碑文体制古茂，亦得汉人碑文遗法，非唐宋人所及"，"碑文辞藻颇富"[1]，"文既瞻畅，颂亦雅饬"[2]。整个碑文骈散结合，以散为主，骈文辅之。散文具有秦汉之风，骈文主要采取四四和六六两种基本格式，大有魏晋风范。文句对仗协韵，使语言富于音乐美，尤其是颂辞，既用四四句，又用古韵，更显精制，且辞藻和用典极为讲究，体现出很高的文学修养。

《爨龙颜碑》的书法艺术同样被世人称道。康有为《广艺舟双楫》认为，《爨龙颜碑》"下笔如昆刀刻玉，但见浑美；布势如精工画人，各有意度，当为隶楷极则"，并作"铁石纵横体势奇，相似笔法孰传之？汉经已后音尘绝，惟有《龙颜》第一碑"之绝句加以推崇。清代著名学者范寿铭《循园金石文字跋尾》

---

① 见阮福：《滇南古金石录》，上海：商务印书馆，1936。

② 见由云龙：《定庵题跋》。

在广泛研究南北朝时期碑刻的基础上，把有关碑刻与《爨龙颜碑》相比较，认定《爨龙颜碑》的书法特点是"书体方劲""无一姿媚之态"，有"隽逸之姿"。因而享有康有为所称"神品第一"之美誉。

具体而论，字的书写，不再过分强调笔画的粗实厚重，点、竖、撇、捺更注意曲线；字的结构虽也有大小，但基本上讲究字体大小一致和间隔行距的相等。总之，《爨龙颜碑》不像《爨宝子碑》以稚、拙、奇、巧取胜，而是靠笔力雄强，参差茂美取胜。

《爨宝子碑》和《爨龙颜碑》代表了这一时期爨区文学和书法艺术的最高水平。其他的碑刻，从《爨龙骧刻石》和昭通后海子东晋壁画墓题记等材料看，文字内容只是立碑刻石的时间、墓主人名字或简要生平，无文学色彩。文字书写也多为一般的隶书，毫无艺术特点。

绘画艺术方面，目前仅有昭通后海子东晋壁画墓（图6-6）和昆明官渡羊甫头壁画墓的两种。

后海子东晋壁画墓的壁画绘于四壁：北壁主要绘的是墓主人像及起居用具和奴仆武士形象；东壁上排是动物和楼阙，下排表现的是行猎和送葬的情景；西壁反映的是夷汉部曲的人物形象；南壁则绘武士、朱雀等。综此，壁画上层描绘的是天国景象，下层则是人间的现实生活。就题材内容而论，后海子东晋墓壁画与我国辽阳、甘肃等地发现的魏晋壁画有相似之处，即都具有表现现实生活的优良传统，描绘有少数民族人物形象，有反映死者生前地位和权势的画面。但两者又不完全一致，后海子东晋墓壁画有反映神话和宗教的题材，与汉代石刻画像的题材一致，或者从某种意义上讲，与滇池区域青铜器物上的题材性质一致。

昆明官渡羊甫头晋墓壁画，在一壁上绘有三个人物形象，双手平伸微下垂，似舞蹈，发式、服饰十分清楚。其他三壁上没有发现壁画，估计是被盗损的缘故。

从绘画艺术看，两处晋墓的壁画都用毛笔画成，以线条勾画形象轮廓，人物、比例不甚讲究，施彩也不注意部位，技法粗劣，似为一般匠人所为。

雕刻艺术方面，也有一些零星材料。在爨文化出现之前，滇池区域青铜文

图 6-6：昭通后海子霍承嗣墓
壁画组图（范建华　摄影）

化的雕塑水平已达到相当的高度。早期阳线铸纹，有太阳纹、涡旋纹、牛纹、蛙纹、孔雀纹等；中晚期出现刻画绘和阴线铸纹，有狩猎、上仓、舞蹈、放牧、饮宴等题材，富于生活气息，此外还有不少浮雕、圆雕的雕塑品。阴线铸纹、刻画、雕塑等手法强调总体布局和造型，使内容和形式达到统一。随着滇文化的消失，如此画面丰富、雕刻精美的青铜器再未出现过，但这些艺术手法不会消失，只是应用的对象发生了变化。也就是说，在爨文化时期，人们把线刻雕塑的技艺用于石质品上。当然，爨区有关的雕刻制品主要承继的还是汉族的传统，只是部分借用了当地土著民族的雕塑技艺。

东汉时期，昭通发现的石棺上面雕有西王母、屋宇、飞鸟、怪兽等形象，雕刻手法细腻，结构严谨，疏密得当，具有相当的艺术水准。滇池区域，据文献记载，《益州太守碑》碑侧有龙纹，碑座为龟蛇造型。惜实物已失，雕刻技艺无法获知。但西山区出土的一方形石板，上刻朱雀，强调布局，线刻细腻，也具有一定的艺术价值。

两晋至隋也有一些材料。在官渡云山村、羊甫头村等地的晋墓顶部压有一方石，石上用浅浮雕的手法雕有十二瓣莲花，单瓣方尖，具有早期特点。中间是线刻圆形花心，用黑、红、土黄等颜色勾边，并在莲花上着色，使其栩栩如生。且莲花花心与莲瓣的比例恰当，直线和弧线的处理娴熟，加之莲花周围线刻或彩绘的云纹，卷曲有致，极有灵动之感，具有较高的艺术水平。值得指出的是，这类作品是把浮雕和壁画中的着色结合运用，使雕塑作品既有立体感，又有绘画的笔墨情趣和色彩美感。

在官渡云山晋墓中还出土了一件极为小巧的雕塑琥珀蛙。蛙蹲坐，后腿蜷曲踏地，前腿蜷曲于胸，巧妙地利用前后腿的蜷曲作为四点支撑全身。蛙嘴微张，有孔从躯体中部穿过，以便穿系。刀法简洁，造型生动传神。

据方国瑜先生考证，1965年发现《爨龙骧刻石》时，刻石后壁嵌有小石兽一对，惜未能详细描述小石兽形象和雕塑技艺，只有录此作为爨区雕刻艺术的一个佐证。不过，《爨龙颜碑》的材料却可稍稍弥补缺憾。碑额上部浮雕双蟠龙和朱雀，其下正中有穿，穿之左右各雕日月，日中有踆鸟，月中有蟾蜍，其中尤以双蟠龙浮雕最为精湛。

爨氏衰微时期，安宁唐《王仁求碑》碑额中央雕有戴冠人物坐像，碑座以龟蛇为趺。人物形象细腻，龟的雕刻刀法粗犷，但很传神，具有相当的艺术价值。1989 年，在《王仁求碑》后山箐发现一座唐墓，据考即为王仁求墓。墓中出土石侍女俑人 1 件，头发下垂，饰以发式，面部丰满，着交领衫，长裙，足尖微露，站立于方形底座上，具有典型唐代风格，雕刻水平也比较高。

雕塑艺术在中原极为发达，历史十分悠久。云南新石器时代至青铜时代的漫长历史岁月里，迄今为止很少发现陶塑品。但进入两汉时期，陶塑品在云南比较多见，常见的有仓、灶、井、屋、水田、池塘、鸡、鱼、狗、俑（吹箫、抚琴、庖鱼、侍立）等。生产、生活类的陶塑品一般技艺粗劣，只塑其轮廓，简单模仿现实中的实物；动物类的陶塑品相对细腻、精致，鱼要塑出鳞甲，狗要塑出眼睛、卷尾，更有甚者，还施以淡彩，给人栩栩如生的感觉。至于水田模型，则强调鱼、螺、莲蓬等塑品的总体布局。人物类陶塑，以呈贡归化东汉墓出土的几个陶俑最为典型，服饰、动作、面部表情都十分逼真，细腻传神，极具艺术价值。

两晋至隋，因无材料而无法论说，但到唐初，安宁王仁求墓中出土了一批彩绘骑马俑、女俑和马、骆驼、牛、羊、猪、犬、鸡、鹅等动物类塑品，彩绘大部分已剥落，现残留红、白二色。其陶塑题材和陶塑技艺，深受中原影响，具有相当的艺术价值。

综此，从东汉至唐初的材料，似可说明陶塑艺术并不是云南土著民族的艺术形式，随着汉族移民的进入，这一艺术形式也随之传入云南，在爨区一直流行。

爨区音乐艺术方面的材料十分罕见，仅从呈贡归化东汉墓中出土的吹箫俑、抚琴俑中可看出使用的乐器箫和琴，至于艺术水平则尚难评说。不过，从《爨宝子碑》《爨龙颜碑》铭文用韵词、强调文辞的音乐性来看，亦应大致同于内地。

爨区土著民族的文学艺术情况，限于较直接的材料甚少，只能根据一些间接材料来加以分析。

首先，在文学方面，《华阳国志·南中志》载："夷人大种曰'昆'，小种曰

'叟'……夷中有桀黠能言议屈服种人者，谓之'耆老'，便为主。论议好譬喻物，谓之'夷经'。"刘琳校注曰："夷经，世代相传的一些格言、譬喻等，不一定是文字记录。"[1] 此说甚是，如彝族有文字也只能是汉代，其他土著民族可能更晚。故所谓的文学，也只能是口传文学。但其中毕竟也出现了一些基本的文学创作手法，如"夷经"中的"好譬喻物"即比喻手法。具体的例证，如"张裔府君如瓠壶，外虽泽而内实粗，杀之不可，缚与吴"[2]。虽为汉人之言，但夷人听后服从，足证其言合乎夷人的格言、譬喻体例。稍后的材料是《彝族诗文论》，其作者举奢哲，据推算应为南北朝时人，是彝族古代最著名的经师、史家、思想家、政治家、教育家，也是著名的诗人、作家和文艺理论家，甚至还精通医药和工艺美术。在《彝族诗文论》中，举奢哲强调文学作品的真实性和情感因素，注重生动性和形象性，重视想象在作品中的作用。这样的美学观、文学观，应该说是十分有价值的，并且在实践中已经运用。其中所说的文学作品的形象性，主要通过比喻等手法来加以体现，前引"夷经"的例证已具备了这方面的特征。至于其他土著民族在文学方面的情况，因无材料不得而知。

音乐舞蹈方面，《上林赋》有"文成颠歌"之语，文颖曰："颠，益州滇（池）县，其民能作西南夷歌也。"颜师古曰："颠，即滇字也。"据此可知滇池区域曾有西南夷歌，但具体内容却无法知晓。《蛮书》卷八《蛮夷风俗》记滇西南诏时"俗法：处子、孀妇出入不禁。少年子弟暮夜游行闾巷，吹葫芦笙，或吹树叶，声韵之中，皆寄情言"[3]。虽是较晚的材料，但估计爨文化时也是如此。尽管歌的具体内容和音调旋律不可得而知，但乐器的情况却十分清楚。滇池区域、滇西青铜文化中就有葫芦笙、铜鼓、编钟，其中铜鼓、葫芦笙流传的时间甚长，后世多数土著民族都使用过。

舞蹈方面，滇池区域青铜文化中材料比较多，根据研究，常见的舞蹈形式有独舞、二人舞、四人舞和多人集体舞，或分作徒手舞、器具舞、巫舞。进入

---

[1]（晋）常璩撰，刘琳校注：《华阳国志·南中志》，第364页。

[2]（晋）常璩撰，刘琳校注：《华阳国志·南中志》，第351页。

[3]（唐）樊绰撰，向达校注：《蛮书校注》卷八，北京：中华书局，1962，第210页。

爨文化时期，虽无材料证明这些舞蹈形式依然存在，但相信不会失传。因为经过认真比较，傣族的摆手舞、鱼舞都跟古滇文化的舞蹈有明显的渊源关系。

绘画艺术方面，直接反映这一历史时期土著民族情况的材料甚少，但有些间接材料可以作为旁证。一是碧江、沧源、丘北、麻栗坡、石林、耿马等县都发现了崖画，虽不能断定崖画的最晚年代处于爨文化时期而成为其组成部分，但至少可以说明爨区土著民族居民的祖先对雕刻艺术是有一定了解的。二是宜良阿陆笼崖刻画中 35 号刻石左侧上部刻有一个光芒四射的太阳，右侧是二架犁具。根据云南出现犁具的历史和宜良的历史地理情况，有理由认为崖刻年代已属爨文化时期。其崖刻粗糙，技法稚拙。三是《华阳国志·南中志》记诸葛亮为"夷作图谱"，"夷甚重之"。滇池区域青铜文化中曾发现类似的图谱，说明图谱记事、表事是云南土著民族的传统，到三国时土著民族继续使用。四是《后汉书·西南夷列传》讲到哀牢"九隆神话"时说："种人皆刻画其身，象龙文。"另据《南诏野史》"哀牢山下，有妇名奴波息，生十女，九隆弟兄娶之，立为十姓，董、洪、段、施、何、王、张、杨、李、赵，皆刻画其身，象龙纹，于衣后着尾……而南诏出焉"等记载，可以证明土著民族对绘画艺术也有所掌握。

至于汉族移民与云南土著民族在文学艺术上的融合，肯定也是存在的。尤其反映在题材方面，如羊甫头晋墓顶石莲花的花心不是全涂成一色，而是中间有类似铜鼓面上芒纹的纹饰，这种纹饰绝非汉族的传统，而此墓又是汉人墓葬，足证土著民族的纹饰题材已进入汉族移民的艺术表现中。又如诸葛亮为"夷"所作图谱中，也含有土著民族文化特征的题材。

第三节　爨文化时期的宗教

爨氏统治时期的宗教情况因史缺有间而只能根据零星材料进行分析。在分析过程中，爨区汉族移民和土著民族的宗教情况仍将分别论述，至于两者的融合，若有涉及便附带述之。

汉族移民及其后裔的宗教情况，经过分析归纳，大致包括祖先崇拜、鬼神崇拜、圣贤崇拜和佛教、道教等，现阐述如下：

祖先崇拜，是从灵魂崇拜与图腾崇拜发展而来的，其成熟形态产生于父权制和私有制出现之后，作用是确立和巩固父系血统关系，以保证权力和财产的正常继承和分配。因此，祖先崇拜后来成为我国封建社会的官方宗教和正统信仰。南中汉族祖先崇拜的主要表现是祭祀祖先。昭通城南白泥井"梁堆"墓前出土的《孟孝琚碑》，碑文中的"四时祭祀，烟火连延，万岁不绝，勋于后人"之句，反映的正是四时祭祖，以保子孙万代不绝的思想。《爨宝子碑》《爨龙颜碑》虽未明确提及祭祖，但勒石树碑，述其远祖，分列子孙之名，也正是祖先崇拜的具体表现。

鬼神崇拜，也是中国传统宗教的重要组成部分，与天帝崇拜和祖先崇拜并存。其中天帝为百神之首，祖先神为百鬼之先，百神百鬼则各有自己的特殊性与管辖范围，如山川之神、日月之神。在爨氏统治时期，汉族移民的鬼神崇拜也一如内地。如《华阳国志·南中志》载诸葛亮作图谱，有"日月君长"一语，便是日月崇拜的例证。《爨龙颜碑》碑额刻日月，日中刻踆鸟，月中刻蟾蜍，也可作为旁证。

圣贤崇拜，是把有传说根据或实有的人物赋予神性或半神性，作为崇拜的对象。敬奉的主要目的不是出于血缘上的动机，重点在功德。《爨龙颜碑》中把颛顼奉为始祖而自视为祝融之后，昭通画像砖上刻伏羲、女娲形象，《华阳国志·南中志》记为文齐等立祠加以祭祀等，都是圣贤崇拜的具体表现。

此外，爨文化的宗教中还存在对动物进行神化加以崇拜的现象。具体而言，《爨龙颜碑》上有朱雀、青龙的形象，虽缺玄武、白虎，但其模式仍是以四灵为基调，而且四灵中的动物配置在传统中也有差别，或者配置不全。《礼记·礼运》曰："何谓四灵？麟、凤、龟、龙谓之四灵。"《礼记·曲礼》则说："行前朱雀而后玄武，左青龙而右白虎……"四灵真正定型是到汉代，《三辅黄图》曰："苍龙、白虎、朱雀、玄武，天之四灵，以正四方。"但根据全国各地的考古材料，四灵不全者依然存在，《爨龙颜碑》亦在此列，其中含义尚不得而知。

道教。《爨龙颜碑》中有"阳九"之说，《爨宝子碑》中有"至人无想，江湖相忘"的词句，明显可以看出道家思想在爨区汉族移民中的浸润。事实上，道教的发源地在四川而自汉始，汉民移居云南者多系从四川迁入，且始终不绝，因此道教从四川传入云南也在情理之中。

佛教。《华阳国志·南中志》载霍弋"其善参毗之（礼）〔体〕"。参毗，有人释为辅佐，也有人认为就是原始佛教。不过，依上下文意，释为辅佐更为准确。但这并不否认佛教在当时的南中出现。梁堆墓中属两晋至唐初的覆斗形石室墓中，墓顶石刻有莲花图案，周围绘有云气纹。莲花纹在中原和云南的汉墓中都未发现过，只有到了两晋南北朝时期才流行起来，而此时又正是佛教普遍传入中国汉族上层社会的重要历史阶段。因此，对莲花图案的认识，似乎不能仅从装饰性和艺术性的角度来理解，而可视为佛教传入云南的产物。在佛教中，莲花代表净土，所以莲花图案的出现，与佛教有关。此外，唐《王仁求碑》碑额雕双龙及一龛佛像，立碑年代在公元 698 年，其地在西爨境内，时当爨氏衰微时期。从佛像雕于碑额来看，爨文化中的确存在佛教因素。而且从摆在碑额的位置来看，已一改碑额刻日月的习惯，足证佛教在爨区的传播达到了相当的水平。再则，云南地处西南丝绸之路的要冲，《华阳国志·南中志》中又有"身毒之民"的记载，佛教传入爨地也就不言而明了。但也应看到的是，其信仰的普遍程度还相当低，这既与土著民族重巫鬼的宗教环境有关，也与佛教尚未把佛教与土著巫鬼信仰结合起来不无关联。

云南土著民族的宗教，记载最多的就是"巫鬼"，《华阳国志·南中志》谈到南中"昆、叟""其俗征巫鬼，好诅盟"，并具体指出朱提郡"俗妖巫，惑禁忌，多神祠"，牂柯郡"俗好巫鬼"，似乎滇东北一带"鬼巫"之风尤盛。《华阳国志·南中志》又载雍闿假鬼教哄骗"夷、叟"，"夷、叟"信而拘张裔。虽仅此一处提到"鬼教"，但记载明确，似乎可信。若此，到了三国时期，南中的"巫鬼"是否已形成了统一鬼教呢？限于材料，不敢妄断。

进入唐代，"鬼教"之名不复见于记录，"鬼主"之称则不绝于史。《蛮书》

云：“（乌蛮）大部落则有大鬼主，百家二百家小部落亦有小鬼主。一切信使鬼巫，用相制服。”《新唐书·南蛮传》亦云：“夷人尚鬼，谓主祭者为鬼主，每岁户出一牛或一羊，就其家祭之，送鬼迎鬼又有兵，因以复仇云……大部落有大鬼主，百家则置小鬼主。”《宋史·蛮夷传》也记，“夷俗尚鬼，谓主祭者为鬼主，故其酋长号都鬼主”。同期的碑刻文献还明确记录有“螺山大鬼主爨彦昌”“南宁州大鬼主爨崇道”“南宁州司马威州刺史大鬼主爨崇道”“两爨大鬼主爨崇道”“和蛮大鬼主孟谷悞”“大鬼主都于”、白蛮“鬼主董朴”以及勿邓大鬼主苴蒿、苴梦冲，两林都大鬼主苴那时、丰琶大鬼主骠傍，等等。据考证，在滇东北包括贵州西北和四川凉山、滇西、滇东南等地区都有“鬼主”之称呼出现，但以爨区东境为盛，信奉者除乌蛮外，还有和蛮、白蛮等土著民族及部分汉族。

对鬼主的解释，论说甚多，或认为巫鬼教是“夷族”中源于祖先崇拜的一种原始宗教，或认为鬼教就是指宗族的祖先祭祀，要求参加者必须有共祖关系或承认有共祖关系。对此，我们认为仅把“鬼教”解释为祭祖或祖先崇拜是比较片面的，它应该是一种比较原始而具泛神特质的宗教，主要内容是自然崇拜、图腾崇拜、祖先崇拜。其中祖先鬼魂以及由灵魂不灭信仰而产生的各种各样的鬼，占有绝对的支配地位。因为我国汉族自古以来对鬼的表述，有如《墨子·明鬼》所说，“古之今之不为，非他也，有天鬼，亦有山水鬼神者，亦有人死而为鬼者，但以祭人鬼为主”。少数民族对鬼的认识，也不仅限于祖先，如景颇族就把鬼分为天上的鬼、地上的鬼和家鬼三类。

如果说鬼巫或鬼教在汉晋时期只是一种信仰而散布于信徒中，没有一定的组织形式加以规范的话，那么到了隋唐时期，鬼教便已经具备了一定的组织形式，即鬼主。据史料记载，鬼主原本是祭鬼的“主祭者”，到了此时，主祭者已与部落制度、部落政治乃至军事制度紧密联系，小部落则有小鬼主，大部落有大鬼主，再往上还有“都大鬼主”。关于都大鬼主，其性质虽目前尚无法论说，但无论如何，鬼主既是部落祭鬼的主持者，又是政治军事的首领，显示出政教合一的倾向。至于爨氏家族担任大鬼主，则完全是出于政治需要而对土著民族宗教制度的借用。因为从"两爨大鬼主""南宁州大鬼主"等称谓来看，与其所统治的地域是密不可分的，与部落鬼主的性质却迥然有别。

图腾崇拜。据《华阳国志·南中志》载，哀牢夷"其先有一妇人，名曰沙壶，依哀牢山下居，以捕鱼自给，忽于水中触一沉木，遂感而有娠。度十月，产子男十人。后沉木化为龙出，谓沙壶曰：'若为我生子，今在乎？'而九子惊走。唯一小子不能去，陪龙坐，龙就而舐之。沙壶与言语，以龙与陪坐，因名元隆……共推以为王……由是始有人民，皆象之，衣后着尾，臂胫刻文……南中昆明祖之，故诸葛亮为其图谱也"。文中说明，哀牢人是龙的后代，故将龙形刻画于身以示其种，且昆明人也"祖之"。同书载诸葛亮"为夷作图谱"，"次画神龙，龙生夷"。两相印证，除了说明哀牢与昆明、叟的关系外，更重要的是反映了哀牢夷等民族中存在着图腾崇拜。图腾崇拜是随氏族制的形成而产生的最早宗教形式之一，实质上是原始的自然崇拜与原始的祖先崇拜的结合体。在图腾崇拜中没有个人独立灵魂的概念，而是与图腾紧密联系的集体灵魂概念。一般而言，对图腾不进行献祭仪式，而只举行巫术仪式。人们相信每个人都是图腾祖先的化身，需要通过文身等手段来加以体现。此外，相关的还有《华阳国志·南中志》中的一段记载："有竹王者，兴于遯水。有一女子浣于水滨，有三节大竹流入女子足间，推之不肯去。闻有儿声，取持归破之，得一男儿。长养，有才武，遂雄夷（濮）。氏以竹为姓。捐所破竹于野，成竹林，今竹王祠竹林是也。"夜郎国疆域东面已包括今昭通、巧家、会泽、东川、曲靖一线。《后汉书》认为其竹王即夜郎侯，但许多学者不以为然，认为其仅是一个部落首领。侯也罢，部落首领也罢，其以竹为姓的图腾崇拜却是事实。《华阳国志》把夜郎郡列为南中地域，也在爨氏统治范围内，所以把以竹作为图腾之宗教现象归于爨文化内加以叙述，想必也不致大谬。而且，在新中国成立前的滇桂交界处和云南澄江的彝族中，有的仍崇拜竹，亦可资佐证。

植物和动物崇拜，应属自然崇拜的范畴，与各民族对自然界的认识和生产力发展水平有关，属原始宗教的遗留。爨文化时期，土著民族对植物、动物崇拜的现象比较普遍，惜记载阙如，仅能据《华阳国志·南中志》了解一二。

动物崇拜，《华阳国志·南中志》记，滇池县"池中有神马，或交焉，即生骏驹，俗称之曰'滇池驹'，日行五百里"。此为神化马，加以崇拜。同书述云南郡"有熊仓山，上有神鹿，一身两头，食毒草"。对鹿的崇拜，内地古已有之，尤以楚为著，将鹿与虎结合组成镇墓兽。云南的具体情况虽不得而知，很可能已视为神鹿加以崇拜。

植物崇拜，《华阳国志·南中志》载，兴古郡"多鸠僚、濮。特有瘴气，自梁水、兴古、西平三郡少谷。有桄榔木，可以作面，以牛酥酪食之，人民资以为粮，欲取其木，先当祠祀"。欲取其树干中之淀粉，须先祭祀祷告后方可砍伐，这正是古人树木崇拜的表现，即把桄榔木视作有生命同时又给人们带来温饱的神树。神树因具有神性，按全世界通行的禁忌原则不能砍伐，但又并非绝对，因为树与人类生活密切相关，不可能完全遵从于禁忌原则，尤其像桄榔树对鸠僚、濮人来说更是如此。为了解决类似的生活需求与严格禁忌的矛盾，通常采取的办法是先祭祀祈祷，把祭祀仪式改变为自赎性仪式，或用物品贿赂树神，以免遭到惩责，或用祝词、歌舞、乞请打动树神，原谅其逾越和违反禁忌的行为，"先当祠祀"应属此类。

自然神灵崇拜，《华阳国志·南中志》反映出来的是山、水崇拜。如滇池县"有（黑）水神祠祀"，道光《云南通志稿》谓黑水即昆明盘龙江，上有黑龙潭，旁有龙祠，即古黑水祠；又如蜻蛉县"（禺同）山有碧鸡金马，光影倏忽，民多见之，有山神"。两条材料虽均系于汉代，但所说的两个地方都在爨区内，且后来这些地方仍信奉山、水之神，故此可以认为爨文化时期这些地方的人仍在崇拜山神、水神。事实上，古代对山、水的崇拜最为多见，汉族也是如此，如《礼记·祭法》云："山林、川谷、丘陵，能出云为风雨，见怪物，皆曰神。"

第四节　爨文化时期的各种习俗

民俗作为一种社会的物质和文化现象，不仅是社会普遍遵从以约束行为的标准，而且具有相对稳定性的特点，形成一定的模式世代相传。但在传承中，民俗事象总是处于不断变化的状态中，承担着历史、教育、娱乐的功能。由于各个民族所处的社会环境和自然环境的不同，其拥有的习俗也就存在着种种差别，正如《汉书·王吉传》载王吉上疏说："是以百里不同风，千里不同俗，户异政，人殊服，诈伪萌生，刑罚亡极，质朴日销，恩爱浸薄。"爨文化时期也是如此。一方面是相继迁入南中的汉民族移民，无论在居住习俗、服饰习俗，还是社会民俗、人生仪礼、精神民俗、游艺民俗等方面，都继续传习和保持着汉族传统，其主要原因是汉族进入之后采取了聚居的方式，在土著文化包围中开辟出一块传习汉文化的环境。同时也因为封建王朝在云南的"置郡""置吏""戍兵"而形成一定的威慑力，加之四川与云南及东、西部交通的畅通，使迁入的汉族移民的外在的传习环境也比较良好，从而形成与内地汉族同质的文化结构、文化内容和文化心态。当然，这仅仅是就主体而言。另一方面，迁入的汉族移民所处的自然环境和社会环境比之迁入前的地区发生了改变，必须面对与之处于同一区域的土著民族，故无论是出于生存的本能还是功利目的，在极力保持其习俗的稳定的同时，还必须吸收土著文化中对自己有用的部分，并对自身的习俗进行适当的调整。

与此相对立，由于多居"山林""高山"，以及自身文化特质的制约，当地土著民族的习俗仍具有相当强的稳定性，并与汉族移民的习俗相区别，但在不少民俗事象上已逐渐与汉族融合，从而发生了一系列的变异。

下面分别介绍汉族移民和土著民族的习俗。

（一）汉族移民习俗

居住习俗　在昭通后海子东晋霍氏墓壁画中，墓主人的楼阙和房屋都使用斗拱（图6-7）；昆明西山发现的阙跟内地的完全一致；1956年昭通发现的石棺上雕刻的图案中的屋宇形象同于内地。同时，从死者的居室——墓葬的筑造来看，或砖砌四壁，小砖券顶，砖铺地，或四壁石砌，青砖铺地，其铺砌技术、墓葬形制都与内地相同；保山龙王塘发现一处东汉晚期建筑遗址，出土筒瓦、瓦当等，其纹饰有饕餮纹、朱雀纹、五铢钱纹、菱形纹、草叶纹、乳钉纹，均是内地同类器物中比较流行的装饰图案。

图 6-7：后海子东晋霍氏墓壁画中的房屋（范建华　摄影）

服饰习俗　服饰习俗也同于内地汉族。呈贡归化东汉墓所出的抚琴俑、吹箫俑、鱼俑等，其服饰与内地发掘出土的同期同类俑相同；昭通后海子东晋墓壁画北壁墓

图 6-8：昭通后海子东晋墓壁画北壁墓主人（范建华　摄影）

主人，戴平底小冠，穿汉式右衽宽大袍服，侍从也着汉装（图 6-8），西壁手持环首刀和骑马者均着汉装；羊甫头晋墓的三位妇女穿右衽袍服，着靴，也与内地同期相同；1989 年安宁发掘的唐初王仁求墓中，无论武士还是妇女彩陶俑，其衣着皆与内地同期相同。总之，自汉至唐初，现有发现的材料表明，云南的汉族在服饰方面与内地完全一致，且能跟上各个时期汉式服装的变化。当然，也有些汉族因为其他原因，部分改变服饰习俗，与土著民族的服饰习俗相融合。如《蛮书》说："裳人，本汉人也。部落在铁桥北，不知迁徙年月。初袭汉服，后稍参诸戎风俗，迄今但朝霞缠头，其余无异。"

亲属称谓和名字　从《爨龙颜碑》称"祖""考"，及《三国志·蜀书·李恢传》称爨习为"姑夫"等来看，与内地称谓一致；取名字，名与字同，如宝子字宝子，也是内地两晋、南北朝的习俗。此外，以名首字相同表行辈，也与内地相同，如《爨龙颜碑》中龙颜之子名弘、绍、喧、崇，孙子名硕万、硕思、硕罗等。

谥号、避讳习俗　古代汉族凡帝王、后妃、百官、鸿儒及忠勇节烈之人死后，朝廷均会给其一个特殊"号"，便是谥号。谥号源于西周，到汉晋时期，谥法益严。谥号分美谥、恶谥两种，爨龙颜被追谥为宁州刺史和邛都县侯，属于美谥。

避讳，是一种综合性的语言禁忌习俗，牵涉到字音、字义、字形诸方面的禁忌。从其内容看，主要有为帝王讳、为尊者讳、为长者讳与自讳四种形式，或国讳、家讳、圣人之讳、宪讳。其中，家讳指亲属内部之讳，宪讳指下属对官长的名讳。据考，此俗起源于周朝，秦汉之后，讳禁日严，其核心都是对被避讳者姓名的禁忌。大小爨碑中的讳，应当属家讳和宪讳。

立碑习俗　碑铭习俗起源于汉世，分为述德铭功纪事之碑和死人墓前之碑等若干类型。在其发展过程中，各个历史时期碑之形制、所刻内容、辞章结构等又有不同的时尚。《爨龙颜碑》的碑制，有穿，穿上为蟠龙，旁一日一月，月中有蟾蜍，日中有踆鸟，皆循古制，大致同于内地魏晋碑俗，属墓碑类型。

丧葬礼俗　由于材料较为丰富，可以归纳为以下几种：

停丧待葬。《礼记·王制》："天子七日而殡，七月而葬。诸侯五日而殡，五月而葬。大夫、士、庶人三日而殡，三月而葬。"文献和考古材料表明，内地汉族多遵守《礼记》之制，有停丧待葬之习，云南的汉族移民也同样存在。如，《孟孝琚碑》中记孝琚卒于"□□□□□□丙申"，"□□□□□□□十月癸卯于茔西起攒，十一月乙卯平下"，卒时月份虽不清楚，但根据建坟与下丧的时间间隔推测，其丧葬遵守了"三月而葬"的规定。另据《蛮书》卷八云："西爨及白蛮死后，三月内埋殡，依汉法为墓。"这也说明停丧待葬习俗的存在。

归葬。《孟孝琚碑》记碑主卒于父亲武阳县令任所，汉桓帝永寿三年归葬朱提祖茔。古代汉族家族观念、故里观念极强，特别强调死后归葬祖茔。《史记·酷吏列传》载，尹齐任淮阳都尉，诛人甚多，"及死，仇家欲烧其尸，尸亡去归葬"。《汉书·韦贤传》载韦贤之子玄成死时要求"不胜父子恩，愿乞骸骨归葬父墓"。同书亦记廉范"祖父遭丧乱，客死于蜀汉，范遂流寓西州。西州平，归乡里，年十五辞母西迎父丧……归葬"。

改葬。昭通后海子壁画墓墓主人像旁，有题记八行，其中有"六十六□薨。先葬蜀郡，以太元十□年二月五日改葬朱提越渡余，□来归墓"等句。提到改葬习俗，这也是内地汉族传统的习俗。《后汉书·杨震传》说，杨震死后，"岁余，顺帝即位，樊丰、周广等诛死，震门生虞放、陈翼诣阙，追讼震事，朝廷咸称其忠。乃下诏除二子为郎，赠钱百万，以礼改葬于华阳潼亭，远近毕至。先葬十余日，有大鸟高丈余，集震丧前，俯仰悲鸣，泪下沾地，葬毕乃去"。又《三国志·吴书·妃嫔传》"孙亮全夫人"条引《搜神记》曰："孙峻杀朱王埋于石子岗，归命即位，将欲改葬之，冢墓相亚不可识别，而官人颇识。"

葬埋习俗 汉族的葬埋之习，相传日久，渐成定制。其中主要有：其一，衣衾装殓。《汉书·杨王孙传》称："裹以币帛，鬲以棺椁，支体络束。"又，《后汉书·张奂传》云："但地底冥冥，长无晓期，而复缠以纩绵，牢以钉密，为不喜耳。"两汉时期的南中砖室墓常见麻织物残片，应是衣衾装殓所致。魏至晋唐初详情不知，但《王仁求碑》有"张于神明之器，附于绞衾之物"等辞，似可作为衣衾装殓之制存在于云南汉族移民中的佐证。其二，棺椁。《汉书·朱云传》说："遗言以身服敛，棺周于身，土周于椁，为丈五坟。"云南砖室墓中常发现漆皮、棺木残片和铁钉，可知爨区汉族移民一直遵循棺椁之制。其三，随葬丰富。自远古以来，葬埋之习，多强调"事死以事生"，重视把死者生前所用之器或仿作之明器埋入墓中，供死者在幽冥世界里享用。延至汉代，大行厚葬；魏晋伊始，盛倡薄葬。云南汉族移民也一如内地，砖室墓中，汉代随葬器物多，魏晋稍少，且随葬器物的组合、形制均合乎内地习俗。

墓而起坟与墓祭。《礼记·檀弓》载孔子说："吾闻之，古也墓而不坟。"郑玄注："土之高者曰坟。"坟，封土堆也。考古材料证明，封土堆到春秋晚期、战国早期才出现。以后，其高度、体量便有了规格上的规定。孔子改葬父墓，

"于是封之，崇四尺"。《周礼·春官·冢人》注引《汉旧仪》云："列侯坟高四丈，关内侯以下至庶人各有等差。"《王仁求碑》也说："古不高坟，传孔丘而共立。"但在具体实施过程中，常不遵守。东汉以前的云南青铜文化墓葬，几乎没有封土堆。以后至唐初，云南汉族移民的墓葬又都有封土堆，但多未遵守规定，高而巨大。《王仁求碑》中所记"崇期封茔"就是最好的概括。

随着起坟习俗的盛行，墓祭之风大兴。王充《论衡·四讳篇》云："古礼庙祭，今俗墓祀……墓者，鬼神所在，墓祀之处。"又，《后汉书·明帝纪》注引《汉官仪》云："古不墓祭，秦始皇起寝于墓侧，汉因而不改。"墓祭始于何时，学术界尚无定论，但据东汉崔寔《四民月令》记载每年二月"于冢墓祀之"，故可以肯定，至少在汉代，内地墓祭已作为一种制度而被肯定下来，经历代而不衰。迁入云南的汉族，也应倡行墓祭，才会有《孟孝琚碑》中"四时祭祀，烟火连延"之辞。

（二）土著少数居民的习俗

居住习俗　1957 年 3 月，在剑川海门口清理出一处青铜文化遗址。文化层中发现桩柱 224 根，木桩上架有横梁，柱、梁均有人为加工痕迹。桩与桩排成基本相等的间隔，应属于房门开于内的栅居。1964 年 3 月，祥云大波那清理木椁铜棺墓一座。出土铜铸屋宇模型两件，屋顶作"人"字形，屋壁立柱由地面插至屋顶，中间隔成上下两层，屋宇作一楼一底；铜棺作干栏式屋宇。滇池区域也出土有干栏式铜房屋模型。顶作马鞍形，分上下两层，上层三面有栏杆，中间有一小龛，下层正面有一宽梯通达上层。据此，滇池、洱海两大区域都有建干栏式房屋的传统。其在汉晋、隋唐时的传承情况，详情不得而知，但据《蛮书》记："凡人家所居，皆依傍四山，上栋下宇，悉与汉同，惟东西南北，不取周正耳"；"裸形蛮……作栏舍屋"；"茫蛮部落……楼居，无城郭"。这些记载均表明，爨地土著民族主要的居住形式是干栏式房屋。至于其他居住形式，因文献和考古材料缺乏不得而知，故搁此不论。

服饰习俗　昭通后海子东晋墓壁画西壁下部第二、第三列计 27 人，科头跣足，头顶梳尖髻，形如今天四川凉山彝族的"天菩萨"，身着披毡，亦与彝族相同。如此装束，与爨地的何种土著民族有关无法考知，但墓在昭通，属"东爨乌蛮"境内，且又与今天的彝族服饰相似，故推测当与乌蛮的服饰有关。（图6-9、图6-10）

图 6-9：霍承嗣墓壁画所反映的当地部族人群的服饰（范建华　摄影）

图 6-10：霍承嗣墓壁画所反映的当地部族人群的服饰（范建华　摄影）

哀牢服饰，《华阳国志·南中志》永昌郡曰："后着十尾。"《后汉书·西南夷列传》记哀牢种人："衣皆着尾。"同书又载："永昌太守郑纯，与哀牢夷约，邑豪岁输贯头衣二领。"据此，哀牢人的服饰为：着贯头衣，衣后有尾。

以上所述，除古滇文化青铜器上的服饰情况外，为目前已知的较早材料，稍后则以《蛮书》卷四所记最为详细。如：施蛮"男以缯布为缦裆袴……男女终身并跣足"；顺蛮"与施蛮略同"；长裈蛮"其本俗皆衣长裈曳地，更无衣服，惟披羊皮"；磨些蛮"男女皆披羊皮"；寻传蛮"俗无丝绵布帛，披婆罗笼，跣足"；金齿蛮等"……以青布为通身袴，又斜披青布条。绣脚蛮……衣以绯布，以青色为饰"；茫蛮部落"皆衣青布袴，藤篾缠腰……妇人披五色娑罗笼"；黑䴏濮"妇人以幅布为裙，贯头而系之，丈夫衣毂皮"；望蛮外喻部落"以青布为衫裳，联贯珂贝、巴齿、真珠，斜络其身数十道"；白蛮"丈夫、妇人以白缯为衣，下末过膝"；栗粟两姓蛮"丈夫、妇人以黑缯为衣，其长曳地"。

把上述服饰与滇池区域青铜器上有关的服饰材料进行比较，探讨其间的联系，以汪宁生先生的成果最令人信服。汪先生把青铜器图像上男女均穿有直条纹短袖之衣，有的男子外披毛皮的，与昆明族联系；把与此服饰相近，只是衣袖稍长的与叟联系；把妇女上穿短袖之衣，下系无褶紧身裙，有的外加披风或肩着披巾，男子上穿短袖之衣或赤身，下系围腰者，与金齿蛮等相联系；把穿长裤、裤上有纹点者与长裈蛮相联系。从其比较研究中，可以了解各土著民族服饰习俗流变的概貌。

衣尾习俗　衣尾，是指在衣服后襟附着一块形状不一的后下摆，或是在缝制动物皮衣时特意保存其尾巴，或者在人体背后直接挂一动物之尾。据研究，这一习俗起源甚早，流传甚广。《后汉书》载，哀牢夷"种人皆刻划其身，象龙文，衣皆着尾"。《太平御览》卷七百九十一《四夷部》引《永昌郡传》说："永昌郡西南千五百里徼外有尾濮，尾着龟形，长三四寸。"就现存文献看，爨地的哀牢夷和濮人均有衣尾习俗。但考古材料中衣着尾的现象比较多见，云南耿马、沧源、文山等地崖画中都有衣着尾的人物形象，滇池区域青铜器图像上也有衣着尾的形象。衣尾，并非是纯粹的装饰，它作为一种自觉的、富于文化意义的习俗，与原始宗教的信仰有关，即是动物崇拜和图腾崇拜的产物。

猎头习俗　这是全世界范围内曾普遍存在过的一种习俗。滇池区域的青铜文化中，部分兵器及铜扣饰上有滇人男子、武士手提人头归来的情景。在一件图分五栏的刻纹铜片上，第三栏正中有一长形人头纹饰器，器身刻有四个人头。如此种种，均为猎头习俗的反映。随着滇文化的消亡，猎头习俗仍然存在。李京《云南志略》说："罗罗，即乌蛮也……酋长死，以豹皮裹尸而焚，葬其骨于山，非骨肉莫知其处。葬毕，用七宝偶人，藏之高楼。盗取邻境贵人之首以祭，如不得，则不能祭。"虽所记为元代的情况，但由此可以推知爨文化时期的乌蛮也有猎头习俗。又，《太平御览》卷七百九十六引《永昌郡传》食人之说，当为误传，其实应是猎头习俗。

文身习俗　《山海经·海内南经》有"雕题国"，郭璞注云："点涅其面，画体为鳞采，即鲛人也。"《楚辞·招魂》王逸注云："雕画题额，言南极之人，雕画题额。"《墨子·公孟》载："越王勾践，断发文身。"《庄子·逍遥游》称："越人断发文身。"《礼记·王制》也说："东方曰夷，被发文身，有不火食者矣；南方曰蛮，雕题交趾，有不火食者矣。"凡此文献，均记述古代越人或南蛮有文身习俗。滇池区域青铜文化中就有文身习俗的反映，晋宁石寨山出土的铜鼓上刻一盛装骑士，其裸露的小腿上画有一蛇；另一青铜剑上刻画手持短剑的裸体武士，腿上也有花纹。汉晋至隋唐初，云南仍广泛存在文身习俗，前引《华阳国志·南中志》和《后汉书》均记哀牢夷"刻划其身，象龙纹"，也就是在身上文龙纹。《太平广记》卷四百八十一说："越人习水，必镂身以避鲛龙之患。今南中有绣面獠子，盖雕题之遗俗也。"《蛮书》亦云："绣脚蛮则于踝上腓下周匝刻其肤为文彩……绣面蛮初生后出月，以青黛傅之如绣状。"直至近代，独龙族妇女、白族男子仍传沿着古老的文身习俗。

盟誓习俗　盟誓在我国古代是一种广为流传的文化事象。云南古代土著民族也十分重视盟誓，《华阳国志·南中志》述南人"其俗征巫鬼，好诅盟，投石结草，官常以盟诅要之"。所谓盟誓，《礼记·曲礼》说："约信曰誓，莅牲曰盟。"孔颖达疏："盟者，杀牲歃血，誓于神也。盟之为法，先凿地为方坎，杀

图 6-11：三十七部会盟碑（刘普章　摄影）

图 6-12：会盟碑亭（范建华　摄影）

现存于云南省曲靖一中校园内的《大理段氏与三十七部会盟碑》，1961 年被列为第一批国家级保护文物。该碑所反映的是大理国与地处原爨氏核心区的东方三十七蛮部之间的盟约誓词。这一盟誓文化的实物资料正说明了爨氏部族间盟誓习俗的长期延续，并在其政治生活中占有十分重要的位置。

牲于坎上，割牲左耳，盛以殊盘，又取血盛于玉敦，用血为盟书，成，乃歃血而读书。"《礼记》的记载和孔颖达的疏，表明盟誓过程十分程序化、仪式化。云南土著民族的盟誓在保持其"投石结草"习俗的同时，因与汉族官吏结盟立誓，估计其过程中也融入了汉式盟誓的文化形式和内容。（图 6-11、图 6-12）

丧葬习俗　《蛮书》载："西爨及白蛮死后，三日内埋殡，依汉法为墓。稍富室广栽杉松。蒙合及诸乌蛮不墓葬。凡死后三日焚尸，其余灰烬，掩以土壤，唯收两耳，南诏家则贮以金瓶，又重以银为函盛之，深藏别室，四时将出祭之，其余家或铜瓶铁瓶盛耳藏之也。"由此可知，白蛮丧葬，和汉族大致相同。乌蛮火葬，学术界多以为源于羌人火葬习俗，实际上是跟佛教密宗传入云南有关。因为先秦至南诏之前，云南虽有大石墓、石棺墓，但主要还是盛行土葬，如滇池区域青铜文化、洱海区域青铜文化基本上都是土葬。《华阳国志·南中志》载哀牢人被汉人大败，且"杀其六王。哀牢人埋六王。夜，虎掘而食之"，由此看，其埋葬六王之方式也应是土葬。

第七章

爨氏的衰亡

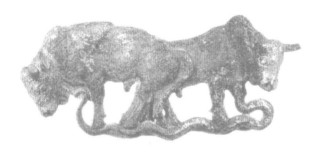

第一节　隋王朝对南中的经略

隋初的南中仍为爨氏所独霸。毋庸讳言，爨氏统治的前期和中期（两晋南北朝时期），中原战事频繁，给社会生产力带来了很大破坏，人民流离失所。而在爨氏的统治范围内，尽管亦有内乱纷争等现象，但总的来说，社会秩序相对稳定，各部落有着较好的社会环境从事生产活动，并且生产水平有所提高，生产力得到进一步发展。《小爨碑》所云"宁抚氓庶，物物得所"和《隋书·梁睿传》所载"南宁州……户口殷众，金宝富饶"就是部分真实写照。

尽管这样，独霸一方的割据局面的存在，对于促进各族人民之间各方面的进一步交流，促进社会的进步，始终是不利的。政治上的统一是历史的要求，割据心理和行为方式迟早要被淘汰。一旦大的政治环境发生变化，即统一的中原王朝政权出现，势必与之发生碰撞，爨氏也就面临着新的危机和挑战。如何解除危机和主动迎战呢？爨氏统治者受长期以来形成的观念和运作方式束缚，很难制定出新的方略来适应新形势的变化。危机正在逼近，爨氏面临着严峻的考验。

公元 581 年，隋王朝建立。对于刚刚建立的雄心勃勃的隋王朝来说，改变南中的政治局面，认同自周秦以来"溥天之下，莫非王土，率土之滨，莫非王臣"的华夏正统观念，实现"大一统"的政治格局，无疑是其国力强盛的具体显示。是故对南中的经营，势在必行，问题在于选择有利的时机和采取何种方式来付诸行动而已。其实，早在北周、隋交替之际，后来的隋文帝杨坚已命梁睿进讨益州。在夺得剑南之地，被任命为益州总管后，梁睿于大象二年（580年）上书杨坚说："南宁州，汉世牂柯之地，近代已来，分置兴古、云南、建宁、朱提四郡，户口殷众，金宝富饶，二河有骏马、明珠，益、宁出盐井、犀角。晋泰始七年（271年），以益州旷远，分置宁州。至伪梁南宁州刺史徐文盛，被湘东征赴荆州，属东夏尚阻，未遑远略。土民爨瓒遂窃据一方，国家遥授刺史。其子震，相承至今。而震臣礼多亏，贡赋不入，每年奉献，不过数十匹马。其处去益，路止一千，朱提北境，即与戎州接界……僻土服远，今正其时。幸因平蜀士众……即请略定南宁。"① 梁睿的上书，虽得到杨坚的赞赏，但此时正值杨坚即将取代北周建立隋朝之际，故未得到答复。

不久，梁睿又上书说："拓土开疆，王者所务。南宁州，汉代牂柯之郡，其地沃壤，多是汉人，既饶宝物，又出名马。今若往取，仍置州郡，一则远振威名，二则有益军国。其处与交、广相接，路乃非遥。汉代开此，本为讨越之计。伐陈之日，复是一机。以此商量，决谓须取。"② 隋文帝因天下初定，民心不安，经略南宁州的时机还未成熟，故对梁睿上书中所提的建议没有及时采纳。及至灭掉南方的陈后，梁睿的建议才得以付诸实施。

大约在隋文帝开皇五年（585年），杨坚任命韦世冲（即韦冲）为南宁州总管，深入爨区，持节抚慰。同时，隋文帝杨坚又派遣王长述率领军队作后盾，前往南宁州。尽管韦世冲对于此事不赞成，并上书隋文帝，但无济于事。后因王长述在征途中病死，爨地才免受战火之灾。

韦世冲到达南宁州后，采取怀柔政策，"爨震及西爨首领皆趋府参谒"③。韦世冲在南宁州设总管府的同时，并置恭州、协州、昆州，隶属总管府，梁睿的建议得到实现，初步达到了隋王朝经略南中的目标。隋在南宁州以州代郡，把南中地区原来的州、郡、县三级地方行政机构改为州、县二级，初步改变了自晋永嘉以来南中郡县庞杂的混乱局面，标志着隋王朝的统治在南中地区得到了一定程度的深化和加强。但韦世冲任命土长为刺史县令，爨翫被委任为昆州刺史，保持其对西爨故地的统治，与梁睿建议削弱土长势力、加强统治的意图大

---

① （唐）魏徵等撰：《隋书·梁睿传》，第1126页。
② （唐）魏徵等撰：《隋书·梁睿传》，第1127页。
③ （唐）魏徵等撰：《隋书·韦冲传》，第1270页。

有区别。这种做法，是与南中地区的历史背景和现实状况有直接联系的。秦汉以来，中原王朝势力从未对南中地区进行过从上至下全面而卓有成效的统治，地方势力一直是基础行政单位或部分中层行政单位的实际统治者，独立的地方观念一直在很大程度上充满着人们的头脑。把中原或内地的统治方式简单地移植过来，并且大刀阔斧地除旧布新，建立全如内地似的行政管理体制，全部削弱土长势力和除却其影响，是非常艰难的，同时也会引起土长的强烈对抗，战火不可避免。韦世冲所采取的怀柔政策，自有其客观原因，它使隋王朝与南中地区关系的和平解决变成现实。

不足的是，韦世冲在当时不可能解决南中的实质性问题，即南中的实际控制权并没有完全掌握于隋王朝手中，爨氏的影响和势力仍然很大，尽管业已受到了相当程度的削弱。

因关键性的问题没有得到解决，和平并没有维持多久。引发矛盾的导火索的出现，使问题的解决方式变成了韦世冲所不愿看到的——诉诸武力。事件发生的导火索是这样的，正当南中刚刚出现安定局面的时候，不少的边官将吏却为非作歹，"其（即韦世冲）兄子伯仁随冲在府，掠人之妻，士卒纵暴，边人失望"[1]。以爨玩为首，不堪忍受的诸爨氏及土长们发起了反抗，隋王朝在南中的统治瓦解，韦世冲所做的一切努力均付诸东流。

此后，隋王朝随即调派大军远征。

开皇十七年（597 年），隋文帝派史万岁为行军总管，率军征讨南中爨氏。隋军从西川出"清溪关道"，进入云南，"入自蜻蛉川（今云南永仁、大姚），经弄栋（今姚安），次小勃弄（今云南弥渡）、大勃弄（今云南祥云），至于南中……渡西二河（今洱海），入渠滥川（今大理凤仪），行千余里，破其三十余部，虏获男女二万余口"[2]。

在隋大兵迫近南中腹地的情况下，诸爨氏面临着关键性的抉择：是再战，

---

① （唐）魏徵等撰：《隋书·韦冲传》，第1270页。
② （唐）魏徵等撰：《隋书·史万岁传》，第1355页。

是投降？事实上已无可选择。昔日辖区广袤、兵多粮足、内部相对统一的状况不复存在，辖区缩小，一败再败，兵微将寡、粮草缺乏的现实，尤其是面临着"爨瓒既死，子震、翫分统其众"，兵力、权力不易集中，难以再战的困境。在这种情况下，爨氏被迫"遣使请降，献明珠径寸，于是勒石颂美隋德"①。战争带来的灾难得以减低到一定程度。

"万岁遣使驰奏，请将翫入朝，诏许之。爨翫阴有二心，不欲诣阙，因赂万岁以金宝。万岁于是舍翫而还。蜀王时在益州，知其受赂，遣使将索之。万岁闻而悉以所得金宝沉之于江，索无所获。以功进位柱国。"②史万岁回师后，受到较大打击的诸爨氏仍然控制着南中。

第二年（598年），由于多种原因，爨翫再次发起了对隋王朝的反抗。"蜀王秀奏万岁受赂纵贼，致生边患，无大臣节。上令穷治其事，事皆验，罪当死。"③之后，隋王朝以爨翫反抗为借口，派大军征讨南中爨氏。公元602年春，大将军刘𬱟之率兵先行，杨武通为行军总管领兵继进。鉴于史万岁受贿行私，隋王朝又令蜀王杨秀派人监军。杨武通等破阻南下，斩将夺关，深入诸爨腹地，终破爨氏大部，"爨翫等惧而入朝，文帝诛之，诸子没为奴"④。爨氏的反抗被镇压，其势力受到沉重打击，但隋王朝却未能继续经营。《太平御览》说："不收其地，因与中国绝。"最终导致南中陷入了诸爨氏各霸一方的境况。这对南中各地之间和南中与中原各地的经济文化交流是极为不利的。

隋王朝对南中的经营，使曾一度中断了的边疆与内地的关系连接了起来，这是有其积极意义的，尤其是省郡代州的地方行政机构的改革措施的推行，使南中郡县制由三级转为二级，有利于加强南中与中原的政治统一，为以后唐王朝对南中的经营提供了一定的条件。但是隋王朝在南中很少实施政治设施建设和较为有效的行政管理，以及经济、文化等方面的举措，是故南中与内地的联

---

① （唐）魏徵等撰：《隋书·史万岁传》，第1355页。

② （唐）魏徵等撰：《隋书·史万岁传》，第1355页。

③ （唐）魏徵等撰：《隋书·史万岁传》，第1355页。

④ （宋）欧阳修、宋祁撰：《新唐书·南蛮传》，第6315页。

系不够，也就难以加快南中的社会化进程。不仅如此，几次大规模的征伐对南中经济文化的破坏是巨大的，给各民族带来了灾难。

第二节　唐朝初年对南中的经略

隋王朝远征南中，给诸爨氏以严重打击，在将爨氏重要首领爨翫等押解到隋廷诛杀后，随即放弃了对南中的经略。隋王朝在南中的行政管理系统崩溃，爨氏实力受到严重削弱，已无力控制局面，导致南中地区一时群雄并起，争战不已，使本来已多次遭到破坏的社会经济更是雪上加霜，社会政治局面混乱不堪。历史呼唤着重建新的社会秩序，需要结束分裂割据的局面，需要建立适合南中地区实际的行政管理体系。隋王朝的统治出现了危机，自拔无力，难以再经略南中。历史的重任需要新的承担载体出现。

公元 618 年（武德元年），唐王朝建立。为了迅速统一全国，唐王朝所采取的一个重要措施就是积极开展对已经与中原王朝中断了近二十年联系的南中地区的经营。这是一个较为重要的问题，解决这个问题的首要任务是认识南中地区的历史和现状，其次是确定经营的方式（羁縻政策或武力征伐）。自两晋以来，诸爨一直是南中地区的实际控制者，作为有影响的方土大姓，虽然经过多次大规模战争的打击，实力受到了很大削弱，但经历近四百年的政治积累，其根既深，其叶还茂，潜在的实力与作用仍然是不可低估的。要安定南中，使其重新纳入中原王朝的郡县体制之中，非暂时扶持和依靠爨氏不可。隋王朝的几次大规模南征均得不偿失，故武力经略方式不到万不得已的时候决不能采用。正是明智地考虑到上述两个方面，唐高祖李渊登基之后，很快就恢复了被隋处死的爨翫的儿子爨弘达的自由，委任其为昆州刺史，并将其父遗体带回故土安葬。为了报答唐王朝的恩德，爨弘达回到南中后，尽其努力来联络两爨诸部归附唐朝；与此同时，益州刺史段纶派遣俞大施深入南宁州，"治共范川，诱诸部皆纳款，贡方物"①。结果，诸爨全部于武德三年（620年）归顺，唐王朝的羁縻政策初见成效。为巩固其成效，真正控制爨地，以便实行长久的统治，唐王朝在行政管理制度上采取了一系列措施：公元621年，于南宁州味县（今云南曲靖市麒麟区）复置南宁州总管府，辖"南宁（今曲靖市）、恭（今昭通市）、协（今贵州西部）、昆（今滇中地区）、尹、曾、姚、西濮、西宗（在今楚雄州境内）等九州"②。

上列九州是唐王朝通过南宁州总管府所能控制的范围，仅仅是南中地区的部分，距离统治整个南中地区，还需进一步地经略。况且，这九州的统治能否持久巩固，也须引起高度重视。是故，在设置南宁州总管府之后，接着命嶲州都督府长史韦仁寿为检校南宁州都督，寄治于越嶲（今四川西昌），每年到爨区腹地抚慰一次，以便联络双方之间的感情和掌握各方面的情况。武德七年（624年），唐王朝改南宁州总管府为都督府，筑城立公廨，任命爨弘达为都督，其听政令于嶲州都督府（今四川西昌）。南宁州都督府，辖西宁（豫）、豫（靡）、西平（盘）、利（微）、南北（匚）、磨（褒）、南笼（钩）七州，与前九州合为十六州③。武德八年（625年），将南宁州都督府移于味县。南宁州都督府管辖范围较前有所扩大，标志着唐王朝统治的进一步深入。贞观八年（634年），改南宁州为郎州，"仍设都督府。因郎州为羁縻都督府，所以由戎州（今四川宜宾）都督府统辖"④。"后又设靖州，贞观二十二年（648年）设置麻州，贞观二十三年（649年）设置望、求、邱、览等州。麟德元年（664年）分南宁州西部之地设姚州都督府。"⑤郎州辖地有所收缩，但仍属管辖的有三十六州，也即《旧唐书·地理志》所说，天宝元年（742年）戎州都督所统辖的三十六州。开元五

① （宋）欧阳修、宋祁撰：《新唐书·两爨传》，第6315页。
② 尤中编著：《云南地方沿革史》，昆明：云南人民出版社，1990。
③ 林超民编写：《云南郡县两千年》，见方国瑜主编：《云南地方史讲义》参考资料，云南广播电视大学1984年编印。
④ 江应樑主编：《中国民族史》，民族出版社，1990。
⑤ 林超民编写：《云南郡县两千年》，见方国瑜主编：《云南地方史讲义》参考资料，云南广播电视大学1984年编印。

年（717年），又复名南宁州都督府。唐王朝在爨区腹地设置的机构，其名称的几经改变，其辖区的时伸时缩，反映了唐政治势力的不断深入。因时而改，因势而变，这是成功经略南中的关键之所在。当然，从某种程度上说，也折射出唐王朝对爨氏统治的不放心。作为一个统一的帝国，是不允许出现地方割据势力的，爨氏的兴盛使得唐王朝时有防范，但由于忙于西北战事，解决突厥问题，不可能投放更多的精力于南中地区，而南中地区的实际情况也不适合把内地的管理制度简单地移植过来，唐王朝只能利用土长来控制南中地区。因此，从爨弘达于武德七年（624年）任南宁州都督开始，一直到爨氏衰亡的一百多年间，爨氏承袭南宁州都督之职不变。爨氏既是南中的土长，又是朝廷的命官，奉唐王朝为正朔，向朝廷贡赋，与朝廷保持着较为密切的政治经济关系，是朝廷在地方实行统治的实际执行者。正是这样，唐王朝在爨区腹地的统治才得以深入和长期稳定。换句话说，唐王朝的羁縻政策的实施，换来了唐初期爨区腹地经济的发展和社会的安定。

　　爨区腹地的政治稳定仅是唐王朝经营南中的第一个重要目标，而整个目标的实现，还须向南宁以外的其他地区拓展。故唐王朝在爨区腹地设置行政机构，通过爨氏来进行实际统治的同时，也深入到爨氏腹地外围的西部——西洱河地区。这是唐王朝经略南中的另一个重点。武德四年（621年），唐王朝派巂州治中吉弘纬出使南宁，专门到西洱河地区招抚昆明蛮诸部，在爨区腹地归附的影响下，加之昆明蛮诸部势力分散，吉弘纬达到了预期的目的。同年十二月，昆明蛮"遣使朝贡，因求内附，自是每岁不绝其使"[1]。其时，唐王朝还派安抚大使李英到达西洱河地区，并设置姚州（今姚安、大姚一带）作为经营西洱河地区的重要据点。接着韦仁寿率兵五百人到达西洱河，"开地数千里，称诏置七州十五县，酋豪皆来宾见，即授以牧宰，威令简严，人人安悦"[2]。统治机构的设置，土长豪帅被重用，表明唐王朝对西洱河地区的经营深入了一大步。贞观

---

[1] 《唐会要》卷九十八。
[2] （宋）欧阳修、宋祁撰：《新唐书·韦仁寿传》，第5617页。

年间，松外蛮经常与唐发生冲突，一度阻隔了唐从蜀地经西洱河通往天竺（今印度）的道路，嶲州都督刘伯英上书建议唐王朝出兵征讨松外蛮，打通西洱河至天竺（今印度）的通路。建议被唐太宗采纳，唐王朝便于公元648年（贞观二十二年）派右将军梁建方率领大军征讨"松外蛮"。征战胜利后，梁建方又派兵攻打西洱河蛮，降其部落七十二所，其首领杨盛投降臣服，西洱河大首领杨同外、东洱河大首领杨敛、松外首领蒙羽还亲自到唐廷朝拜，被授以官秩。为了有效统治西洱河地区，保证西洱河—天竺（今印度）道的畅通和阻止吐蕃的南下，鉴于此前经营西洱河过程中出现曲折反复的情况，唐王朝不愿南宁州爨氏力量扩大，而在贞观三年（629年）于南宁州与西洱河之间的糜州（今云南元谋）设置都督府，管辖糜（今云南元谋）、望（今楚雄禄丰县广通）、谝罗（今禄丰）三州及青蛉（今云南大姚）、弄栋（今云南姚安）等县。糜州都督府所处位置非常重要，是经营西洱河地区和招抚其他地区的一个重要基地。都督府设治后，由于辖区内部落众多，关系复杂，社会进化程度差别很大，管理较为困难，尤其是官吏贪婪残暴，税多役繁，政治黑暗，引起白水蛮、勃弄、弄栋诸部的强烈反抗。永徽二年（651年），白水蛮进攻糜州都督，战况激烈，糜州都督府招抚无效，唐王朝命将军赵孝祖为郎州道行军总管，于公元652年率大军征讨白水蛮及大、小勃弄。唐军经过苦战，大破诸部，平定了这一地区。显庆元年（656年），西洱河大首领杨栋附显、和蛮大首领罗祈率部归附了唐朝，唐对西洱河地区的统治得到恢复和扩大。这种巩固要想持续有效，仅依靠糜州都督府的力量是不够的，而此时，吐蕃势力强大起来，不时南下，原来已归附唐王朝的西洱河诸部落在吐蕃的军事胁迫下，不时投降吐蕃。设置新的统治机构，扩大巩固对西洱河地区的统治，势在必行。麟德元年（664年），唐将李英设置的姚州移治弄栋川（今云南姚安），升格为都督府，"每年差募五百人镇守"[1]，并委派势力较强的部落土长为刺史，进行羁縻统治。唐对西洱河地区的统治进一步加强了。通过上述的招抚、征讨、设置机构、委派官吏等一系列举

---

①《通典》卷一百八十七。

措，唐王朝在西洱河地区的经略行为颇见成效。

唐朝初期对南中的经略，先以爨区腹地为重点，尔后转移到洱海地区。先后有序、有主有次的经略策略，安定了隋以来南中较为混乱的政治局面，加强了南中与中原王朝在政治、经济、文化等方面的联系，使洱海地区分散的各部落在政治上得到了一定程度的统一，为当地的社会经济发展起到了促进作用，也为后来南诏的兴起和发展提供了客观条件。尽管稳定的时期不太长，但南中地区的稳定，是唐王朝经略成功的具体表现，也是唐王朝统治势力深入和巩固的结果。当然，唐王朝的羁縻政策及其指导下的"以州制州"或"以夷治夷"的策略，虽然起到了对南中加强统治的暂时效果，但给后来南中地区的纠纷和混乱局面带来了不良影响，也为爨氏统治的灭亡埋下了伏笔。

第三节　南诏的崛起

唐朝初年，滇西洱海一带居住着众多的部落，其中的基本居民主要是乌蛮和白蛮。二者的社会进化程度不同，乌蛮的社会经济文化水平较低，相对而言，白蛮的经济文化水平要高一些。乌蛮诸部经过互相争夺兼并，剩下六个实力相当、互不臣服的部落，称为"六诏"。六诏之一的蒙舍诏，其地在今天云南省巍山县，位于其他诸诏的南面，故又称"南诏"。南诏所控制的范围不过弹丸之地，因此正当唐王朝开南中之际，南诏贵族同其他五诏一样，接受了唐王朝在洱海地区设置州县和充任州刺史的现实。但当梁建方于贞观二十二年（648 年）征松外蛮至西洱河地区，赵孝祖于永徽三年（652 年）征伐白水蛮，大破西洱河诸蛮的时候，南诏首领乘机灭了西洱河蛮，取得了有利的发展条件，势力很快凌驾于其他诸诏之上。接着南诏首领细奴逻派儿子逻盛炎于永徽四年（653 年）到长安朝拜，唐高宗接见了他，并任命他为巍州刺史，并依照惯例赐给礼物。尔后，南诏又多次遣使到长安朝拜、贡献，由此取得其他诏所没有的政治优势。

但由于吐蕃势力南下伸入洱海地区，双方联系一度中断。

吐蕃是在唐初兴起于青藏高原的地方政治势力。随着政治势力的强大，吐蕃统一了青藏高原，成为一个强大的地方政权，很快就给唐安定南中的政策带来了严重的威胁。公元680年，吐蕃攻下了唐朝设在茂州西部的安戎城，深入到洱海地区，"西洱河诸蛮皆臣吐蕃"。唐朝被迫罢弃姚州。形势稍后好转，唐晋宁州刺史爨乾福和安宁州刺史王善宝于公元688年请求重建姚州都督府，建议被采纳。在重建姚州都督府的支持下，洱海以北的浪穹部落脱离吐蕃归附于唐朝。唐朝御史李知古想很快控制这一地区，但采取的发兵筑城、加重赋敛、随意掠夺和欲消灭浪穹等部的过激手段，引起群蛮的怨恨，遂赕诏主傍名等重新投向吐蕃，引来吐蕃军队攻打李知古，结果李知古被斩首，姚州与巂州的道路隔绝。唐又失去了对洱海地区的控制。

唐朝与吐蕃在洱海地区的激烈争夺关系重大，胜则与西北地区配合，形成对吐蕃的钳形包围，败则危及唐王朝的统治。因此，夺取洱海地区，巩固已取得的在南中地区的控制权，就显得极为关键。要做到这一点，就必须依靠洱海诸蛮。而在唐朝与吐蕃争夺洱海地区的过程中，洱海诸蛮中的一些贵族们"或叛或附"，此时归附唐朝脱离吐蕃，彼时投向吐蕃反叛唐朝。南诏在洱海诸蛮的南部，在唐王朝看来，南诏既没有投向吐蕃，受吐蕃的影响较小，又表面上保持着对唐朝的臣服、友好的关系。于是，唐朝就决定选中南诏，支持其统一洱海地区，以便依靠南诏抗击吐蕃。是时，爨区腹地的爨氏势力已经坐大，不但不能依靠，相反应在适当时机予以削弱。这就是唐王朝的策略和选择。

在唐王朝的支持下，南诏开始了用武力统一洱海地区的"合六诏为一"的军事行动。公元730年左右，南诏发兵征讨邻近的蒙巂诏。兼并其地后，南诏开始向西洱河进军。从公元734年开始，南诏首领皮逻阁率兵攻下石桥城（今云南大理下关），其子阁罗凤在唐御史严正诲的配合下取得石和城（今云南大理凤仪），取得了出入洱海腹地的重要关口。公元736年，在唐剑南节度使的支持下，南诏攻破越析诏，据其领地。公元737年，南诏取得太和城（今云南大理太和）之后，继续攻打其他河蛮，至公元738年，南诏最终兼并了其他五诏，占据其地，合六诏为统一的南诏。唐支持南诏吞并五诏，统一洱海地区共同抗击吐蕃的愿望达到。为嘉奖南诏首领皮逻阁的功勋，公元738年册封皮逻阁为"云南王"，赐名蒙归义。一个以皮逻阁为首的统一的南诏政权在洱海地区出现，南诏崛起了。

第四节　爨氏的灭亡

南中爨氏经过隋朝征南战争的打击，实力受到了很大的削弱。当唐朝建立，爨氏的显要人物爨弘达被唐高祖委派为昆州刺史后，势力得以逐渐复振。至公元642年爨弘达晋升为南宁州都督时，爨氏成了爨区腹地的实际统治者。其时，唐王朝忙于处理与西北地区的民族关系，主要是与突厥的关系，未能集中更多的精力经略南中，爨氏子孙承袭南宁州都督之职，直至唐天宝年间灭亡为止。

南诏首领皮逻阁被唐王朝封为"云南王"，唐王朝利用其来阻止吐蕃的南下。南诏虽曾一度遏制了吐蕃势力的扩张，但作为新兴的奴隶主政权，南诏是富于扩张性的，是不会轻易驯服于唐王朝的。皮逻阁被封为"云南王"的第三年，唐剑南节度使章仇兼琼收复被吐蕃攻占的安戎城，截断了吐蕃南下西洱河的道路。西洱河地区的危机暂时解除了，唐王朝为了防备南诏和加强对爨部的控制，需要"调用安南都护府（今越南北部）的军事力量介入云南地区，增加其在云南的军事力量"[1]。因之，交通就成为问题的关键。按照唐王朝的决定，天宝初年，剑南节度使章仇兼琼在滇池西修筑安宁城（今云南安宁），"以此为据点，经过爨地，开通由戎州至滇池、由巂州经姚州至滇池的道路，然后从安宁南下开通步头沿红河直达安南的道路"[2]，把安南都护府、戎州都督府、巂州都督府、姚州都督府、郎州都督府连接起来。"安宁雄镇，诸爨要冲，山对碧

---

① 陆韧：《试论天宝战争与开步头路》，载《思想战线》，1997（5）。

② 江应樑：《中国民族史》，民族出版社，1990。

鸡，波环碣石，盐池鞅掌，利及烊欢，城邑绵延，势连戎棘，乃置城监，用辑携离，远近因依，间阎栉比。"① 另外，"安宁城中皆石盐井，深八十尺，城外又有四井，劝百姓自煎……升麻、通海已来，诸爨蛮皆食安宁井盐"②。安宁城的修筑，既不利于南诏向东扩张，又使其处于唐朝两面夹击的范围内。尤其对诸爨氏而言，食盐被控制，赋税与劳役加重，更为重要的是，爨氏将被唐王朝置于严密的监督之下，也就意味着雄霸一方局面的终结。为渡过面临着的危机，维护既得的政治权力，诸爨氏联合起来，在南宁州都督爨归王的统领下，围攻安宁城，杀死了筑城使竹灵倩，占据了安宁城。关于这次事件的起因、参与者等，《南诏德化碑》说得很清楚："初，（剑南）节度使章仇兼琼不量成败，妄奏是非。遣越巂都督竹灵倩置府东爨，通路安南。赋重役繁，政苛人弊。南宁州（今曲靖市）都督爨归王、昆州（今昆明）刺史爨日进、黎州（今华宁）刺史爨祺、求州（今玉溪）爨守懿、螺山（今昆明西北郊）大鬼主爨彦昌、南宁州大鬼主爨崇道等陷杀竹灵倩，兼破安宁。"③

事件发生后，唐王朝立即派大军征讨，同时又命令南诏首领皮逻阁密切配合，"归义师次波州，而归王及崇道兄弟爨彦璋等千余人诣军门拜谢，请奏雪前事。归义露章上闻，往返二十五日，诏书下，一切释罪"④。爨氏的危机并没有消除，唐朝再次修筑安宁城，同时，唐和南诏策划一系列行动来打击、削弱直至消灭爨氏。爨地分为两部分已经有很长的时间了，实力又多次受到隋唐王朝的限制和打击，加之各宗支之间并不能很好地统一和协调，以至于爨氏内部还常发生纷争。开元二十二年（734 年）前后，张九龄代唐玄宗草拟的《敕安南首领爨仁哲等书》就反映了这种情况："敕安南首领归州刺史爨仁哲、潘州刺史潘明威、僚子首领阿迪、和蛮大鬼主孟谷悮、姚州首领左威卫将军爨彦徵、昆州刺史爨嗣绍、黎州刺史爨曾、戎州首领右监门卫大将军南宁州刺史爨归王、

---

① 《南诏德化碑》，转见方国瑜主编：《云南史料丛刊》，第二卷，第380页。
② 樊绰：《云南志校释·云南管内物产》，第262页。
③ 《南诏德化碑》，转见方国瑜主编：《云南史料丛刊》，第二卷，第378页。
④ 樊绰：《云南志校释·名类》，第128页。

南宁州司马威州刺史都大鬼主爨崇道、升麻县令孟耽：卿等虽在僻远，各有部落，俱属国家，并识王化。比者时有背叛，似是生梗；及其审察，亦有事由：或都府不平，处置有失；或朋仇相嫌，经营损害。既无控告，自不安宁，兵戈相防，亦不足怪也。然则既渐风化，亦当颇革蛮俗。有须陈请，何不奏闻？蕃中事宜，可具言也。今故令掖庭令安道训往彼宣问，并令口具。有不稳便，可一一奏闻。秋中已凉，卿及百姓并平安好！遣书，指不多及。"大敌当前，还在互相争斗，殊不知，唐王朝的计划已经在进行了：侍御史李密继章仇兼琼后经营南中，利用"安宁事件"所加剧的爨氏内部矛盾使其自相残杀。《南诏德化碑》说："其李密忘国家大计，蹑章仇兼琼诡踪，务求进官荣秩，密阻扇东爨，遂激崇道，令杀归王。"爨归王是南宁州的行政首领，爨崇道是宗教领袖。在信奉鬼教的南中地区，爨氏实行政教合一的统治方式，它紧紧维系着爨氏内部的统一。行政领袖亦是宗教领袖。不知什么原因，从什么时候起，政教已经分离，到此时，爨崇道才有可能杀死爨归王。

爨归王被杀后，"议者纷纭，人各有志，王务遏乱萌，思绍先绩，乃命大将军段忠国等，与中使黎敬义，都督李密，又赴安宁，再和诸爨。而李密矫伪居心，尚行反间，令崇道谋杀日进。东爨诸酋并皆惊恐曰：'归王，崇道叔也，日进，弟也，信彼谗构，杀戮至亲，骨肉既自相屠，天地之所不祐。'乃各兴师，召我同讨"[1]。爨氏的内乱，正是南诏所企盼已久的，这给皮逻阁把势力扩展到南宁州提供了可乘之机。而爨归王妻子阿姹此时又扮演了一个极为重要的角色。阿姹出身乌蛮种类，与南诏统治集团有种族关系，在爨归王被害后，率兵与爨崇道相峙，并暗派使臣到南诏向皮逻阁求援。这正中皮逻阁下怀。史载，阿姹"私遣使诣蒙舍川求投，归义即日抗疏奏闻。阿姹男守隅遂代归王为南宁州都督，归义仍以女妻之，又以一女妻崇道男辅朝"[2]。皮逻阁布下了阴谋，使得"崇道内怀忿愧，外示和平，犹与守隅母子日夜攻伐"。

①《南诏德化碑》，转见方国瑜主编：《云南史料丛刊》，第二卷，第378页。
② 樊绰：《云南志·名类》，第129页。

阿姹"又诉于归义，兴师问罪。行次昆川，信宿而曲轭川溃散，崇道南走黎州。归义尽俘其家族羽党，并杀辅朝而取其女。崇道俄亦被杀，诸爨由是离弱"①。南诏取得了非常优越的地位。皮逻阁于天宝七载（748 年）死去，其子阁罗凤继其位，承其志，迫使爨守隅离开爨地，和妻子迁到洱海区河赕居住，使已经没有多少实力的爨氏群龙无首。同时"遣昆川城使杨牟利以兵围胁西爨，徙二十余万户于永昌城……是后自曲靖州、石城、升麻川、昆川，南至龙和以来，荡然兵荒矣"②。至此，爨氏遭到毁灭性打击，称霸南中四百余年的历史也随之结束。

隋朝经营南中，改革其地方行政机构，省郡设州，把东汉末年以来的州、郡、县改为州、县二级，有其积极意义。但隋朝发动大规模征伐战争，给南中的社会经济带来了很大破坏，同时对诸爨氏的势力给予沉重打击，导致南中出现了近二十年群龙无首的局面。隋对南中的经营基本上是不成功的。

唐朝建立后，采用羁縻政策经营南中，先是积极扶持诸爨，通过爨氏对南中实行统治。后来把主要精力放在经营洱海地区，支持南诏，六诏合一，结果南诏崛起。诸爨氏在南中势力的逐步壮大，引起唐王朝的不满。当吐蕃的威胁暂时被解除后，唐王朝开始削弱爨氏势力，修筑安宁城，通步头路。唐朝边官挑拨离间，诸爨首领自相残杀，诸爨的内乱，加之未形成一股统一势力，在南诏首领皮逻阁采用阴谋瓦解其力量和大举进攻的形势下，爨氏的统治不可避免地灭亡了。南中的政治经济文化中心转移到洱海区域的大理，爨文化成了历史的辉煌。代之而起的便是云南历史上又一辉煌的新篇章——南诏大理文化。

---

① 樊绰：《云南志·名类》，第129页。
② 樊绰：《云南志·名类》，第129页。

附 录

附录一：爨文化时期（223—748 年）大事年表

东汉末（中平元年至建安二十五年）

爨氏寻根。曹魏时任河南尹的爨肃，因军功而食邑于爨地，故以地为氏。《爨龙颜碑》文称其"迺祖肃，魏尚书仆射，河南尹，位均九例，舒翮中朝。迁运庸蜀，流薄南入，树安九世，千柯繁茂，万叶云兴"。爨肃亦被称为南中爨氏始祖。

公元 223 年（蜀汉彰武三年）

南中大姓联合反蜀。刘备病死，后主刘禅继位，诸葛亮主理国政，"南中诸群并皆叛乱"，以大姓雍闿、孟获、朱褒，叟帅高定为主，联合反蜀。蜀汉因新遭大丧，内忧外患，而未能加兵征讨。

公元 225 年（蜀汉建兴三年）

诸葛亮南征。经过三年治理，蜀国内部稳定发展，对外调整了与孙吴的敌对关系。诸葛亮便于是年春，亲率大军征南，分兵三路直逼南中。东路由马忠率领向牂柯进征朱褒，中路由李恢率军自平夷（今贵州毕节）南下建宁（今云南曲靖）直捣雍闿、孟获老巢，西路主力由诸葛亮亲自率领至越巂（今四川凉山）讨伐高定。战争进行得颇为顺利，先是叛军内部发生内乱，高定部曲杀了北上支援的雍闿，而诸葛亮趁机杀了高定，追逐南逃的孟获与之决战于盘江两岸。经过几次大战，始让孟获心悦诚服，表明心迹："军公天威也，南人不服（按：当作'复'）反矣。"时马忠亦平牂柯，三羊会师建宁。十二月，亮还成都，平定了反叛三年的南中地区，巩固了蜀国的后院。

公元 225 年（蜀汉建兴三年）

庲降都督迁治于味（今曲靖市麒麟区）。诸葛亮平定南中反叛后，以"攻心为上"的战略方针，在南中地区依然重用大姓势力，不留兵，调整南中行政区划，将原南中的益州、牂柯、越巂、永昌四郡分析为七郡，"改益州郡为建宁郡，分建宁、永昌为云南郡，又分建宁、牂柯为兴古郡"，加上原有的越巂、朱提两郡，合为"南中七郡"。以南中人士李恢为庲降都督统领之，并将庲降都督府从平夷县移至南中腹地的建宁郡首邑味县。庲降都督是一个军事管制机构，主要是蜀汉政权用来招徕抚降南中大姓和叟帅的机构，它把原南中分散的、各不相属的四郡统一成为庲降都督治下的统一体，南中作为行政区划的统一概念才真正开始出现。

公元 263 年（曹魏景元四年）

霍弋降魏。是年，魏将钟会、邓艾率军伐蜀大胜，魏代蜀，后主刘禅降，蜀亡。南中地区庲降都督霍弋举南中降魏，仍为庲降都督，南中转归曹魏统治。两年后（265 年），司马炎篡魏，建立西晋王朝，南中遂归西晋统治，霍弋继续任庲降都督。

公元 271 年（晋泰始七年）

设置宁州。是年晋武帝以益州地广，分益州建宁、兴古、云南，交州之永昌，合四郡为宁州。"统县四十五，户八万三千。"（《晋书·地理志》）并任命鲜于婴为刺史。宁州的设置，对南中而言是十分重要的历史事件。自汉武帝开边，设郡县于西南夷地区，汉之益州、越巂、牂柯、永昌四郡，均分别隶属于巴蜀益州，四郡之间并无隶属关系。蜀汉至晋设庲降都督，虽把南中七郡纳入一个整体统归庲降都督统治，但庲降都督是一个军事管制机构，并非一级行政机构。而宁州的设置则把过去一直隶属于巴蜀益州的南中地区变成了一级地方行政机构，成为全国十九州之一，与巴蜀益州同等地位。自此，原西南夷地区和继后称之为南中地区的以今云南为主体的广大西南地区，真正成为了直属中央王朝的一级地方行政机构，中央王朝从而加大了对南中地区的控制。

公元 302 年（晋太安元年）

南中大姓第一次反晋斗争。西晋王朝设置宁州后，强化了对南中地区的统治，后又几经反复，太康三年（282 年），"武帝废宁州入益州，立南夷校尉以护之"（《晋书·地理志》）。后又于元康中（291—299 年），"改南夷校尉曰镇蛮校尉"（《晋书·职官志》）。把南中七郡重置于军事统治之下，这必然引起南中大姓的不满。加之对南中各部族征收繁重的供贡、牛、金、旃、马，动以万计，大姓弟子举"秀才贤良"也要受南夷校尉的控制，王朝派出的流官与南中大姓之间的矛盾加激，终于引发了建宁大姓毛诜、李睿，朱提大姓李猛等的反叛。事因建宁太守杜俊夺毛诜、李睿的部曲，朱提太守雍约压制李猛，促使大姓联合起来反抗，驱逐杜、雍，南夷校尉李毅出兵镇压，杀毛诜、李猛，李睿出逃。反抗虽被镇压，但矛盾却在深化。

公元 339 年（咸康五年）

爨琛独霸南中。西晋末年，天下纷争，巴蜀益州为关中流民首领李特、李雄父子所据。公元 306 年，李雄在成都称帝，国号为成，史称成汉。公元 317 年，琅琊王司马睿在建康（今南京）即晋王位，改元，史称东晋。宁州遂成为成汉和东晋争夺的重要之地。时任东晋宁州刺史的王逊暴治于南中，南中大姓多有不满，时有反叛。公元 324 年，成汉主李雄遣其叔父李骧率兵自越嶲进攻宁州，王逊派姚岳、爨琛等大姓迎敌，双方战于堂狼（今会泽），姚、爨获胜，未擒杀李骧。王逊大怒，责罚姚岳，自己震怒而亡。逊死，东晋王朝派尹奉为宁州刺史，尹奉碌碌无为。公元 332 年，李雄再度派兵攻宁州，兵至朱提（今昭通）遭到太守董炳抵抗，相持不下，尹奉派建宁太守霍彪、大姓爨琛等驰援董炳。董炳因被困日久而出降，宁州尽为李雄所得。东晋势力退出宁州。公元

347年，东晋桓温伐蜀，成汉亡，南中复为东晋所有。

进过两晋之交数十年纷争，王朝在宁州的统治受到削弱，大姓各势力之间相互攻伐，致使其势力亦日益削弱。争斗的结果，最后剩下霍彪、孟彦、爨琛三家势力最大。他们又从各自利益出发或投靠东晋，或依附成汉。起初，霍彪依靠成汉支持充任宁州刺史，而孟彦则与之相反投靠东晋。故至咸和九年（334年），成汉"分宁州置交州，以霍彪为宁州刺史，建宁爨琛为交州刺史"（《晋书·成帝记》）。再至咸康五年（339年）三月，东晋"广州刺史邓岳伐蜀，建宁人孟彦执李寿将霍彪以降"（《晋书·成帝记》），并乘机兼并了霍家部曲。李寿闻讯立即派兵追击，孟彦被杀，霍、孟两大姓同归于尽，最后只剩下爨琛独得南中。自爨琛始，爨氏家族开始了对南中地区的独霸。时南北对峙，中央王朝无力顾及南中，南中在爨氏统治下，一方面受王朝之封或自领宁州刺史，使其统治具有合法性，一方面在南中内部实行独立统治。一直到唐中叶，历经四百余年，成就了云南历史上一段特殊的辉煌。

公元420—589年（刘宋永初元年至隋开皇九年）

中央王朝遥授宁州刺史。公元420年，东晋大将刘裕废晋恭帝司马德文，改国号宋，改元永初，是南朝开始。南朝又经历了刘宋、萧齐、萧梁和陈的更迭，北方则由北魏分裂为东魏、西魏，东魏又被北齐所代，西魏被北周所代，之后北周灭北齐统一北方，杨坚取北周而代之改为隋，最后隋灭南方的陈，全国复归一统。南北朝时期对宁州的经略十分有限，无论谁主南朝，其主要敌人是北朝，无暇顾及宁州，往往是任命一个空的宁州刺史，人并不到位，而是在成都或南京遥领。爨氏也正是利用了这一点，表面上接受王朝统治，实质上自己控制，也奉王朝为正朔。王朝则有时直接任命爨氏中的最强者为宁州刺史，以获取自己名誉上的统治地位。

公元546年左右（萧梁大同末年）

徐文盛对宁州的经略。据《梁书·徐文盛传》载："徐文盛……大同末，以为持节，督宁州刺史。先是，州在僻远，所管群蛮不识教义，贪欲财贿，劫篡相寻，前后刺史莫能治。文盛推心抚慰，示以威德，夷獠感之，风俗遂改。"徐文盛的"推心抚慰"很得民心，经略产生了积极效果，诸爨亦服其治。但不久发生"侯景之乱"，徐文盛赴荆州参加平叛，离开宁州。此后王朝再也没派刺史到宁州，宁州则完全为爨瓒父子所控制。

公元557—581年（北周）

北周改宁州为南宁州。自晋设宁州以来，南中地区一直称宁州。北魏时期（386—534年）在今甘肃省设宁州，习惯称之为北宁州，周因之，为了有所区别，北周便将原设在南中的宁州改称"南宁州"，一直沿用至唐，均称南宁州。

公元580年（北周大象二年）

梁睿上书王朝经营南宁州方略。自徐文盛离开宁州后，王朝完全失去了对宁州的控制，北周时还遥授爨瓒父子为宁州刺史。大象二年，益州总管梁睿上书朝廷，分析了宁州的形势，提出了经略宁州的方略。"睿时威震西川，夷獠归附，唯南宁酋帅爨震（爨瓒之长子，次子翫）恃远不宾。睿上书曰：'窃以远抚长驾，王者令图，易俗移风，有国恒典。南宁州，汉世牂柯之地，近代已来，分置兴古、云南、建宁、朱提四郡。户口殷众，金宝富饶，二河有骏马、明珠，益、宁出盐井、犀角。晋泰始七年，以益州旷远，分置宁州。至伪梁南宁州刺史徐文盛，被湘东征赴荆州，属东夏尚阻，未遑远略。土民爨瓒遂窃据一方，国家（北周）遥授刺史。其子震，相承至今。而震臣礼多亏，贡赋不入，每年奉献，不过数十匹马。其处去益，路止一千，朱提北境，即与戎州接界。如闻彼人，苦其苛政，思被皇风。伏惟大丞相（杨坚）匡赞圣朝，宁济区宇，绝后光前，方垂万代，辟土服远，今正其时。幸因平蜀士众，不烦重兴师旅，押獠既讫，即请略定南宁。自卢、戎已来，军粮须给，过此即于蛮夷征税，以供兵马。……一则以肃蛮夷，二则裨益军国。'"（见《隋书·梁睿传》）后又再次上书，反复强调了经略南宁州的重要性和必要性。虽然杨坚很认同梁睿的看法，但"然以天下初定，恐民心不安，故未许之"（《隋书·梁睿传》）。

公元585年（隋开皇五年）

韦世冲持节南宁州。是年，杨坚代北周称帝，建立隋王朝，结束了自东晋以来南北朝对峙的局面，必然对周边各少数民族地区的割据独立政权进行经略，强化大一统国家对周边的控制。爨氏统治几百年的南宁州便首当其冲。开皇五年，隋文帝杨坚任命韦世冲"为南宁州总管，持节抚慰。复遣上柱国王长述以兵继进。……冲既至南宁（今曲靖），渠帅爨震及西爨首领皆趋府参谒，上大悦，下诏褒扬之"（《隋书·韦冲传》）。在隋王朝强大的军事政治力量威胁下，爨氏不得不表示归服，将梁睿的方略变成了现实。

公元597年（隋开皇十七年）

爨翫反隋与史万岁征讨。爨翫，北周南宁州刺史爨瓒次子。隋初，韦世冲任南宁州总管，翫与袭父瓒南宁州刺史的长兄震，率诸爨降。韦世冲依靠爨氏集团，稳定了南宁州局势，而韦世冲侄子韦伯仁却借其势无恶不作，引起爨人不满。史载："其（韦世冲）兄子伯仁随冲在府，掠人之妻，士卒纵暴，边人失望。"（《隋书·韦冲传》）于是，以爨翫为首的地方贵族们便发起了反叛。《隋书·史万岁传》记载："先是，南宁夷爨来降，拜昆州刺史，既而复叛。"开皇十七年，隋王朝"遂以（史）万岁为行军总管，率众击之。……破其三十余部，虏获男女二万余口。诸夷大惧，遣使请降，献明珠径寸，于是勒石颂美隋德。万岁遣使驰奏，请将翫入朝，诏许之。爨翫阴有二心，不欲诣阙，赂万岁以金宝。万岁于是舍翫而还。蜀王时在益州，知其受赂，遣将索之。万岁闻而悉以所得金宝沉之于江，索无所获。……明年，爨翫复反，蜀王秀奏，万岁受赂纵贼，致生边患，无大臣节。上令穷治其事。事皆验，罪当死。"随即，隋文帝又派"大将军刘哙之讨西爨也，帝令上开府仪同三司杨武通将兵继进"（《资治通鉴·隋纪》）。杨武通兵至南宁州，"翫惧而入朝"，文帝下令诛杀爨翫，"诸子没为奴"，爨氏遭到沉重打击。

公元618年（唐武德元年）

唐在南宁州设羁縻州县。唐朝立国，拓疆开土，"武德元年开南中"（《新唐书·地理志》），设置羁縻州县。所谓羁縻州县，就是在原边疆少数民族地区利用其原有部落统治，"即其部落列置州县，其大者为都督府，以其首领为都督、刺史，皆得世袭"。"贡赋版籍，多不上户部"，"并无税赋供输"，仅由土长岁贡差发。从武德元年至贞观年间（627—649年），唐王朝一共在南中地区设置了南宁州（今曲靖）、曲州（今昭通）、邆备州（今大理邓川）等羁縻州共104个，每个州下属数量不等的县若干。唐设置羁縻州，利用当地土著上层实施统治，这必然要依赖于统治南中几百年的爨氏家族。虽经史万岁、杨武通征讨，爨氏统治受到沉重打击，但这并没有从根本上动摇爨氏在南中的统治根基。唐经略南中实行羁縻政策，首先便是把被隋王朝没为官奴的爨翫之子爨宏达及其家人释放，并任命其为昆州刺史，"持其父尸归葬"。这样，爨氏家族在南中的势力又得以恢复，不过其控制范围已大大缩小在建宁、晋宁、兴古等原爨氏统治核心区了。爨氏虽"复长其民"，但唐王朝又在洱海区域扶持新兴崛起的南诏，使其对南中爨氏形成有力牵制。

公元738年（唐开元二十六年）

南诏崛起。隋王朝对爨氏的打击，使地处洱海区域的各少数民族迅速崛起，唐初形成了六个势力较大的乌蛮、白蛮部落，史称"六诏"，即蒙舍（以今巍山为中心）、蒙嶲（以今漾濞为中心）、浪穹（以今洱源为中心）、邆赕（以今洱源邓川为中心）、施浪（以今洱源青索为中心）、越析（以今宾川为中心）。蒙舍诏地处各诏之南，故又称南诏。在唐王朝的支持下，南诏开始了用武力统一洱海地区的"合六诏为一"的军事行动。公元730年，发兵征讨蒙嶲诏兼并之；公元734年，攻占石桥城（今大理州下关），取得了攻入洱海腹地的重要关口；公元736年，占越析诏地；公元738年，南诏最终灭了其他五诏，实现了六诏合一战略目标，统一了洱海地区，唐王朝为嘉奖南诏首领皮逻阁的功勋，册封皮逻阁为"云南王"，赐名蒙归义。以皮逻阁为首的统一的南诏政权在洱海出现，南诏崛起，成为唐王朝抗击吐蕃和牵制爨氏的重要力量。

公元748年（唐天宝七年）

南诏灭爨。爨宏达返回故地，公元642年被晋升为南宁州都督，重新作为南中的实际统治者，控制着南中地区，尤其是爨氏统治的中心腹地。其后代子孙亦承袭南宁州都督之职，一直到天宝年间爨氏灭亡为止。唐王朝为了进一步控制南中地区，天宝初年，由剑南西川节度使章仇兼琼在爨氏腹地修筑安宁城（今昆明市安宁），以此为据点，经过爨地，开通由戎州（今宜宾）至滇池，由嶲州（今西昌）经姚州（今大姚）至滇池的道路，然后从安宁城南下开通步头（今建水）沿红河直达安南（今越南河内）的道路。这样就把安南都护府、戎州都督府、嶲州都督府、姚州都督府、朗州都督府（今曲靖）连接起来。对于爨氏腹地而言，筑安宁城、开步头路，无疑是把其置于唐王朝的严控之下。安宁还是诸爨食盐的供应地，在这样的背景下，诸爨为自身利益联合起来共同拒唐。在南宁州都督爨归王的统领下围攻安宁城，杀死筑城使竹灵倩。事件发生后，唐王朝立即派大军征讨，同时命南诏王配合讨爨。此时爨氏集团内部也发生了激烈的内讧，作为行政首领的南宁州都督爨归王与诸爨大鬼主爨崇道发生了火拼，杀死了爨归王。归王妻阿姹本系乌蛮出生与南诏同属一族，于是阿姹求助于皮逻阁，这正中了皮逻阁下怀，派兵协助阿姹及其子爨守隅讨伐爨崇道，崇道兵败出走黎州，随即被杀。"诸爨由是离弱。"公元748年，皮逻阁死，其子阁逻凤继位，迫使爨守隅离开爨地，与其妻迁到洱海河赕居住，使已没实力的爨氏群龙无首。同时"遣昆川城使杨牟利以兵围胁西爨，徙二十余万户于永昌城（今保山）。……是后自曲靖州（今昭通）、石城（今曲靖）、升麻川（今马龙）、昆川（今昆明），南至龙和以来，荡然兵荒矣"（《云南志·名类》）。至此，爨氏遭到毁灭性打击，称霸南中四百余年的历史随之终结。

附录二：参考文献

司马迁：《史记》，中华书局点校本，1959。

班固：《汉书》，中华书局点校本，1962。

司马彪：《续汉书》，中华书局点校本，1965。

范晔：《后汉书》，中华书局点校本，1973。

（晋）陈寿撰，（宋）裴松之注：《三国志》，中华书局点校本，1959。

房玄龄：《晋书》，中华书局点校本，1974。

沈约：《宋书》，中华书局点校本，1974。

萧子显：《南齐书》，中华书局点校本，1974。

魏收：《魏书》，中华书局点校本，1974。

令狐德棻：《周书》，中华书局点校本，1971。

魏徵：《隋书》，中华书局点校本，1973。

李延寿：《北史》，中华书局点校本，2013。

刘昫：《旧唐书》，中华书局点校本，1975。

欧阳修、宋祁：《新唐书》，中华书局点校本，1975。

薛居正：《旧五代史》，中华书局点校本，1976。

欧阳修：《新五代史》，中华书局点校本，1974。

常璩撰，刘琳校注：《华阳国志》，巴蜀书社，1984。

樊绰撰，向达校注：《蛮书校注》，中华书局，1962。

樊绰撰，赵吕甫校释：《云南志校释》，中国社会科学出版社，1985。

李林甫撰，陈仲夫点校：《唐六典》，中华书局，1992。

杜佑撰，王文锦、王永兴点校：《通典》，中华书局，1988。

王溥：《唐会要》，中华书局，1955。

李昉：《太平御览》，中华书局，1960。

佚名：《白古通记》，云南省图书馆藏本。

马端临：《文献通考》，中华书局，2006。

司马光：《资治通鉴》，中华书局点校本，1956 年版，1976 年印刷。

司马光：《资治通鉴考异》，上海古籍出版社，1997。

李焘：《续资治通鉴长编》，中华书局，1992。

范成大著，胡起望、覃光广校注：《桂海虞衡志》，四川民族出版社，1986。

郭松年：《南诏纪行》，云南省图书馆藏本。

倪辂辑，木芹会证：《南诏野史会证》，云南人民出版社，1990。

李京、王叔武校注：《云南志略辑校》，云南民族出版社，1986。

郑颙、陈文：景泰《云南图经志书》，上海古籍出版社，2005。

周季凤：正德《云南志》，上海书店影印本，1990。

李元阳：万历《云南通志》，云南省图书馆藏本。

刘文征撰，王云校释：天启《滇志校考》，云南民族出版社，1999。

王叔武：《云南古佚书钞》，云南人民出版社，1996。

佚名：《爨古通纪浅述校注》，尤中校注，云南人民出版社，1989。

谢肇淛：《滇略》，云南省图书馆藏本。

诸葛元声撰，刘亚朝校点：《滇史》，德宏民族出版社，1994。

倪蜕辑，李埏校注：《滇云历年传》，云南大学出版社，1992。

顾祖禹：《读史方舆纪要》，中华书局点校本，2005。

范承勋：康熙《云南通志》，文渊阁《四库全书本》影印本，中国文献出版社，1998。

鄂尔泰：雍正《云南通志》，文渊阁《四库全书本》影印本，中国文献出版社，1998。

潘锡恩：嘉庆《大清一统志》，上海古籍出版社，2008。

师范：《滇系》，云南通志局，光绪十三年（1887 年）。

揣振宇：《滇省夷人图说》，中国社会科学出版社，2009。

黄元治：康熙《大理府志》，康熙三十二年（1693 年）刻本。

黄德巽：康熙《罗平州志》，康熙五十七年（1718 年）刻本。

崔乃镛纂修，梁晓强校注：雍正《东川府志》，云南人民出版社，2006。

何暄、李家珍撰，梁晓强校注：《古越州志》，云南人民出版社，2010。

毛玉成：咸丰《南宁县志》，咸丰二年（1852 年）刻本。

檀萃辑，宋文熙校注：《滇海虞衡志校注》，云南人民出版社，1990。

阮福：《滇南古今石录》，中华书局，1985。

周钟岳：《新纂云南通志》排印本，云南省通志馆，1949。

韩国磐：《魏晋南北朝史纲》，人民出版社，1983。

方国瑜：《云南史料丛刊》，云南大学出版社，1998。

谭其骧：《中国历史地图集》，地图出版社，1982。

方国瑜：《中国西南历史地理考释》，中华书局，1987。

方国瑜：《云南地方史讲义》，云南广播电视大学讲义，1983 年印。

方国瑜：《滇史论丛》，上海人民出版社，1982。

方国瑜：《方国瑜文集》，云南教育出版社，1994。

马曜：《马曜文集》，云南人民出版社，2008。

马曜：《云南简史》，云南人民出版社，1983。

徐嘉瑞：《大理古代文化史稿》，中华书局，1978。

江应樑：《中国民族史》，民族出版社，1990。

尤中：《中国西南的古代民族》，云南人民出版社，1980。

尤中：《中国西南边疆变迁史》，云南教育出版社，1987。

尤中：《云南民族史》，云南大学出版社，1994。

尤中：《中国西南民族史》，云南人民出版社，1985。

尤中：《中华民族发展史》，云南出版集团公司·晨光出版社，2007。

尤中：《尤中文集》，云南大学出版社，2009。

何耀华：《云南通史》，中国社会科学出版社，2011。

林超民：《云南郡县两千年》，云南广播电视大学教材，1983 年印。

林超民：《林超民文集》，云南人民出版社，2008。

张增祺：《滇国与滇国文化》，云南美术出版社，1997。

张增祺：《云南建筑史》，云南美术出版社，1999。

张增祺：《云南冶金史》，云南美术出版社，2000。

张增祺：《中国西南民族考古》，云南人民出版社，1990。

汪宁生：《云南考古》，云南人民出版社，1992。

李昆声：《云南文物古迹》，云南人民出版社，1984。

李昆声：《云南艺术史》，云南教育出版社，1995。

云南省博物馆：《云南人类起源与史前文化》，云南人民出版社，1991。

云南省博物馆：《云南铁器时代文化论》，云南人民出版社，1992。

杨学政：《云南宗教史》，云南人民出版社，1999。

陈征平：《云南工业史》，云南大学出版社，2007。

袁国友：《云南农业社会变迁史》，云南人民出版社，2017。

夏光辅：《云南科学技术史稿》，云南科技出版社，1992。

王文光等：《云南的民族与民族文化》，云南教育出版社，2000。

王文光等：《云南民族的历史与文化概要》，云南大学出版社，2009。

施惟达等：《云南民族文化概说》，云南大学出版社，2004。

刘小兵：《滇文化史》，云南人民出版社，1991。

蒋志龙：《滇国探秘——石寨山文化的新发现》，云南教育出版社，2002。

《南方丝绸之路文化论》编写组：《南方丝绸之路文化论》，云南民族出版社，1991。

孙太初：《鸭池梦痕》，云南人民出版社，1992。

杨莼：《三碑点校注译》，云南教育出版社，1992。

方铁：《西南通史》，中州古籍出版社，2003。

黄懿陆：《滇国史》，云南人民出版社，2004。

云南省文物考古研究所：《曲靖八塔台与横大路》，科学出版社，2003。

云南省文物考古研究所、昆明市博物馆、官渡区博物馆：《昆明羊甫头墓地》，科学出版社，2005。

云南省文物考古研究所、昆明市博物馆、晋宁县文物管理所：《晋宁石寨山——第五次发掘报告》，文物出版社，2009。

云南省文物考古研究所：《会泽水城古墓群发掘报告》，科技出版社，2014。

后　记

继 2001 年 8 月云南大学出版社初版问世后，本书先后获得滇版图书二等奖、入选"云南文库·当代云南社会科学百人百部优秀学术著作丛书"。值《云南文化史丛书》之《爨文化史》再版之际，就相关问题作如下说明：

第一，关于本书的编撰。本书的前身，为本人主持完成的云南省哲学社会科学"八五"规划重点项目《爨史纲要》最终研究成果，到 2001 年列入"民族文化文库·文化史论丛书"，由美国哥伦比亚大学美中艺术交流中心、美国福特基金、云南省社会科学院和云南省社会科学联合会全额资助出版时，遵从专家意见更名为"爨文化史"，并作了较大篇幅的修改补充。

第二，关于本书的作者。由于是从社科规划研究项目成果转化而来，因而从严格意义上讲，本书是一份凝聚着集体智慧与辛勤劳动的结晶。参加项目研究的人员，主要有范建华、鲁刚两位教授，还有分别承担了部分章节初稿撰写工作的昆明市文化局李安民、中共云南省委党史办杨新旗和曲靖市文物管理所田世清。本书作为丛书之一，原打算做重大修改，因杂事缠身而未能遂愿，不过也对近年来一些文物考古新成果和最新研究成果进行了归纳，特别是在实物资料奇缺的情况下，本人力所能及地进行实地田野考察，最大限度地征集各种图片，以丰富本书的内容，同时也尽可能地实现丛书图文并茂的出版愿望。

第三，当本书再次订正修改充实出版之际，我要特别向为本书做出贡献的鲁刚、田世清两位英年辞世的学兄表示万分感谢，及深深地悼念！对曾参与本书撰写的李安民、杨新旗两位学弟表示诚挚的谢意！

范建华

2018 年 8 月于昆明寒舍

编辑后记

    《云南文化史丛书》为中共云南省委宣传部的重点文化工程，由云南省社会科学界联合会组织国内相关领域著名学者撰写，自史前时期至近现代，从各个历史阶段、不同层面构筑起较为完整和全面的云南文化史。《爨文化史》为丛书之一种，在有限的史料基础上，对爨文化时期的民族、政治、经济、文化的发展及其衰亡进行了全面的论述，构筑起一部较为完整和全面的爨文化史。

    历史上的爨文化，上接古滇文化，下启南诏大理文化，由于其文化构成的多元性，爨文化史在政治、经济、文化等方面都与其他时期的文化有着显著的区别。

    又因这一时期相关的原始文献奇缺，且尚无大量的考古资料做支撑，学术界对爨文化时期的研究相对较少，而系统地对其进行全面、立体论述的更是寥寥。本书的出版，弥补了这方面的空缺。兹对以下问题进行说明：

    一、书稿中有"夷汉""夷帅""夷裔""夷民""夷系""夷化"等词，都作专有名词对待，其定义和解读亦基于历史背景，并无歧视之意。且学界和主流媒体亦不乏此类表述。本书遵从原著，不作修改。

    二、书稿所资材料多为"二十五史"及《华阳国志》，史籍称少数民族为"××蛮""××夷"等，对确需保持原文者，本书遵循历史文献，不作更改。对其中偶有的歧视性用字或描述，则作适当处理。

广西师范大学出版社